제3판

보육학개론

박희숙 · 김란옥 · 김정실 · 우정순

창지사

머리말

과거에는 맞벌이 여성의 자녀를 보호하기 위한 단순한 목적으로 어린이집에 대한 수요가 있었으나, 최근의 보육은 선택적 복지에서 보편적 복지로 수혜범위가 확대되었고, 영유아 돌봄 기능에서 교육적 기능까지 그 영역이 확장되는 특징을 보인다. 더 나아가 이제는 어린이집 시설과 환경, 운영, 교육 내용 및 교직원, 안전 영역에 대한 질 높은 보육이 요구되고 있다. 또한 우리 사회 가족구조와 기능의 변화, 핵가족화, 다양한 가족의 등장 및 여성의 경제활동 증가와 다양화 등으로 인해 보육에 대한 국가적 · 사회적 책임이 더욱 필요하게 되었다. 영유아 무상보육, 아동수당 도입, 국공립어린이집의 확충, 아버지육아휴직 등 보육정책의 변화 또한 급격히 이루어질 전망이다. 따라서 저출산 시대를 극복하고 국가 인재로 키워 경쟁력 있는 미래 세대를 준비하기 위해 현대의 보육은 아동의 성장과 발달을 올바르게 촉진하기 위한 양질의 프로그램과 다양한 보육 수요를 충족할 수 있는 여건, 면밀한 평가제도 등을 절실하게 필요로 한다.

『보육학개론』은 우리 사회 보육의 중요성과 필요성, 그리고 하루가 다르게 변화하는 정책을 토대로 한 어린이집의 이해와 표준보육과정 및 누리과정, 평가제도 등 보육정책에 맞추어 보육의 전 과정에 필요한 부분을 중심으로 집필하도록 노력하였다.

본서는 모두 12장으로 구성되었다. 제1장에서는 보육의 개념과 의의를, 제2장에서는 보육의 배경이 되는 아동의 권리, 사회문화적 필요성과 중요성, 제3장에서는 보육과 발달에 관하여 기술한다. 제4장에서는 영유아보육사상과 역사, 우리나라 보육 역사를 살펴보고, 제5장에서는 영유아보육법을 중심으로 보육제도를, 제6장에서는 보육교직원을 알아본다. 제7장에서는 보육과정, 제8장에서는 어린이집의 운영을, 제9장에서는 부모참여와 지역사회 연계에 대해 다룬다. 제10장에서는 보육평가 및 관찰, 제11장에서는 어린이집 평가제를, 제12장에서는 다양한 특수보육에 관하여 전개한다.

저자들의 오랜 현장 경험과 강의 경험을 토대로 집필하였으나, 어린이집에 대한 부모의 기대감과 요구의 확장, 영유아와 보육에 대한 인식 변화는 보육에 대한 다양한 논의를 더욱 가속화시키고 있어 늘 새로운 보육 주제와 정책 변화 등이 역동적으로 생겨날 수밖에 없음을 통감하면서, 부족하고 수정할 부분은 앞으로 계속적으로 보완해 나가려고 한다.

마지막으로 본서가 집필되기까지 여러 가지로 도움을 주신 많은 분들께 감사를 드린다.

2019년 7월

저자 일동

차 례

제3장 보육과 발달

제4장 영유아보육 사상과 역사

제5장 보육의 제도와 정책의 이해

/ 제12장 / 특수보육

제1장
보육의 개념과 의의

CONTENTS

1. 보육의 개념

1) 보육이란

초기 보육의 개념은 영유아들을 보호·양육함을 주로 하여 '아이를 맡긴다'는 탁아(託兒, day care)의 의미로서, 이는 어머니 혹은 주 양육자에 의한 일관적인 양육이 어렵거나 취업모의 자녀를 낮 동안 보호하는 기능을 우선으로 하는 개념이었다.

그러나 현대에 오면서 영유아들의 보호받고 교육받을 권리와 영유아교육의 중요성에 대한 사회적 인식이 확산되고, 기혼여성의 취업이 반드시 저소득층의 경제적 필요조건이 아니라 모든 계층 여성의 자아실현 및 일할 수 있는 권리 신장을 위한 일반적인 선택이 되면서 보육의 개념은 변화하게 되었다. 이는 취업모의 필요에 의한 보호·양육 중심의 탁아에서 영유아의 최선의 성장과 발달을 지원하는 것을 중심에 두고 영유아와 부모, 가족 모두를 위한 포괄적인 프로그램을 제공하는 것으로의 변화를 의미한다.

즉, 이러한 변화에는 두 가지 의미가 포함된다. 첫째, 보육의 개념에 발달적·교육적 기능이 강조되었다. 과거의 단순한 보호기능을 넘어서 영유아의 건전한 성장과 발달을 돕는 교육적 경험을 중요하게 인식하여 'Education(교육)'과 'Care(보호·양육)'의 두 용어를 합하여 'educare'라는 용어를 보육과 동일하게 사용하게 되었다(Caldwell, 1991; Smith, 1996). 우리나라는 1991년 1월에 영유아보육법을 제정하면서 '탁아'라는 용어를 '보육'이라는 용어로 대신하게 되고 교육의 기능을 강화하게 되었다. 이에 보육의 목적을 "보호자의 근로 또는 질병, 기타 사정으로 인하여 보호하기 어려운 영아 및 유아를 심신의 보호와 건전한 교육을 통하여 건강한 사회구성원으로 육성함과 아울러 보호자의 경제적·사회적 활동을 원활하게 하여 가정복지 증진에 기여함"으로 정의하였다. 또한 영유아보육법 제2조에는 "보육이란 영유아를 건강하고 안전하게 보호·양육하고 영유아의 발달 특성에 맞는 교육을 제공하는 사회복지서비스를 말한다."라고 규정하고 있다. 즉, 보육의 개념이 '보호와 양육'이 아닌 '보호와 교육'으로 재개념화되었다.

그렇다면 보육의 기능이 보호가 위주인지, 교육이 위주인지 논란이 있을 수 있다. 그러나 가정에서 부모가 갓 태어난 아기를 돌볼 때 우선적으로 필요한 것은 안전하고 편안한 분위기에서 아기에게 필요한 영양과 생리적인 욕구를 해결해 주며, 아기와의 안정적인 애착을 형성하고자 노력하는 것이다. 이러한 기본적 돌봄 속에서 아기에게 적절한 인지적 자극과 언어적 상호작용, 대인관계에 관한 기술, 주변 환경에 대한 인식과 탐색을 자연스럽게 제공하며 교육이 이뤄질 수 있다. 기저귀를 갈아주면서 눈을 맞추고 언어적 상호작용을 하거나, 영아와 눈이 마주쳤을 때 미소를 지어주거나 손을 흔들어 주는 것, 식생활 지도를 위해 유아에게 손 씻기 방법을 가르쳐주는 것 등 영유아를 보육하면서 돌봄(보호 · 양육)과 교육을 구분하기는 어렵다. 돌봄과 교육의 정도는 영유아기 발달적 특성에 따라 손길이 많이 가는가, 적게 가는가의 양적인 차원이 아니라 발달적 수준에 따라 교육적인 기능이 돌봄에 얼마나 많이 배려되어야 하는가 하는 동시적이며 통합적인 문제이다(유구종 · 조희정, 2015).

둘째, 보육의 기능은 개인적인 차원을 넘어서 가족과 사회와 국가가 공동으로 책임져야 하는 것으로 일반화되었다. 다음은 2004년 영유아보육법이 전면 개정된 이후 계속적으로 일부 개정된 영유아보육법의 목적과 보육에 대한 정의와 이념이다.

> 제1조(목적) 이 법은 영유아의 심신을 보호하고 건전하게 교육하여 건강한 사회구성원으로 육성함과 아울러 보호자의 경제적·사회적 활동이 원활하게 이루어지도록 함으로써 영유아 및 가정의 복지 증진에 이바지함을 목적으로 한다. 〈개정 2011.8.4〉
>
> 제2조(정의) 이 법에서 사용하는 용어의 뜻은 다음과 같다. 〈개정 2008.12.19, 2011.6.7.〉
> 1. "영유아"란 6세 미만의 취학 전 아동을 말한다.
> 2. "보육"이란 영유아를 건강하고 안전하게 보호·양육하고 영유아의 발달 특성에 맞는 교육을 제공하는 어린이집 및 가정양육 지원에 관한 사회복지서비스를 말한다.
> 3. "어린이집"이란 보호자의 위탁을 받아 영유아를 보육하는 기관을 말한다.
> 4. "보호자"란 친권자·후견인, 그 밖의 자로서 영유아를 사실상 보호하고 있는 자를 말한다.
> 5. "보육교직원"이란 어린이집 영유아의 보육, 건강관리 및 보호자와의 상담, 그 밖에 어린이집의 관리·운영 등의 업무를 담당하는 자로서 어린이집의 원장 및 보육교사와 그 밖의 직원을 말한다.

> 제3조(보육이념)
> ① 보육은 영유아의 이익을 최우선으로 고려하여 제공되어야 한다.
> ② 보육은 영유아가 안전하고 쾌적한 환경에서 건강하게 성장할 수 있도록 하여야 한다.
> ③ 영유아는 자신이나 보호자의 성, 연령, 종교, 사회적 신분, 재산, 장애, 인종 및 출생지역 등에 따른 어떠한 종류의 차별도 받지 아니하고 보육되어야 한다. 〈개정 2011.8.4.〉

위에서 살펴 본 바와 같이, 보육은 궁극적으로 영유아와 그 가족을 위한 공적인 서비스이며 나아가 영유아가 적절한 보호와 교육을 통해 미래사회의 건강한 구성원으로 성장할 수 있도록 지원하는 것이다. 보육은 모든 영유아가 차별 없는 평등한 조건에서 보호와 교육을 받을 권리이며, 영유아의 부모가 편안하게 일함으로써 영유아와 부모가 함께 행복해지도록 사회와 국가가 함께 지원하는 복지서비스이다.

2) 보육의 내용

영유아 보육프로그램에는 영유아의 발달을 고려한 그에 적합한 교육프로그램이 포함되어야 한다. 또한 영유아의 바른 성장을 돕기 위한 건강 및 영양에 관한 프로그램과 하루 종일 함께 생활하는 공간에서 반드시 지켜져야 할 안전과 위생이 우선적으로 포함되어야 한다.

더불어, 영유아에게 좋은 보육환경을 제공하기 위해 가정의 기능과 부모의 역할을 지원할 수 있도록 가정과의 긴밀하고 유기적인 연계와 나아가 가정과 어린이집이 속해 있는 지역사회와의 협력이 제시되어야 한다. 이와 같이 보육프로그램은 교육, 건강, 영양, 안전과 위생, 부모에 대한 서비스, 지역사회와의 교류와 관련지어 내용이 구성되어야 한다.

(1) 교육

영유아의 신체발달, 언어발달, 감각 및 인지발달, 사회성발달, 정서발달 등을 지원하기 위한 다양한 경험과 활동의 기회를 제공해야 한다. 영유아들의 개인차를 이해하고 이러한 개별성에 맞춰 민감하게 반응해주고 상호작용을 이루어야 한다.

(2) 영양

발달과 성장의 결정적 시기를 보내고 있는 영유아들에게 발달 및 성장에 적합하도록 균형 잡힌 영양을 공급하는 것은 매우 중요하다. 영양은 단순히 음식을 섭취하는 것뿐 아니라 발달과 성장에 맞춘 지원이다. 영유아가 편안하고 즐거운 식사를 할 수 있도록 바람직한 식습관 형성을 위해 식사 예절과 고른 영양소의 섭취, 편식 예방 등의 식생활 교육이 필요하다.

(3) 건강

영유아의 건강을 위해 청결하고 쾌적한 환경을 조성하고 유지하며, 규칙적이고 위생적인 생활지도를 하여 질병을 예방한다. 정신적으로나 육체적으로 불편하고 고통을 겪고 있는 영유아들을 발견하여 치료하고 따스하게 보살피고 지원함으로써 건강을 찾고 유지하고 안정감을 갖고 편안할 수 있도록 한다.

(4) 안전과 위생

안전한 보육환경을 제공하고 위생적인 놀잇감과 교구를 마련하여 영유아에게 제시하여야 한다. 영유아 스스로가 자신을 보호할 수 있도록 안전을 위한 교육이 실시되어야 하며, 보육교직원은 편안하고 안전한 환경을 구성하고 안전관리의 중요성을 언제나 인식하여 사고를 예방하고 사고발생 시 신속한 대처를 위해 대비하여야 한다.

(5) 부모에 대한 서비스

영유아의 성장과 발달, 보육프로그램에 대한 부모의 이해를 돕고 협력을 이끌고 보육과 가정과의 연계성을 달성하기 위해서 부모에게 참여의 기회를 제공해야 한다. 또한 다양한 부모교육 프로그램을 마련하여 부모역할과 양육방법에 대한 적절한 지원과 도움을 주고받을 수 있어야 한다.

(6) 지역사회와의 교류

지역사회와의 연계를 통하여 영유아의 어린이집 경험을 구체화하고 실제로 적용할 수 있는 기회를 제공해야 한다. 지역사회 인사의 보육활동 참여, 어린이집의 지역사회 시설 이용 등을 포함한 지역사회 여러 자원의 효율적인 활용에는 보육에 대한 지역사회의 관심을 촉진하는 기능과 보육에 대한 지역사회의 공조와 책임을 분담하는 기능도 포함된다.

2. 보육의 특성

보육은 보육의 목적과 목표, 그 내용과 기능에서 영유아의 신체적, 인지적, 사회적, 정서적 발달에의 욕구를 충족시킬 수 있어야 한다. 따라서 영유아의 발달에 대한 올바른 이해를 기본으로 하여 영유아가 건강한 신체발달과 인지발달, 안정된 정서발달 및 건전한 사회성 발달을 형성하여 행복한 학령기, 청소년기를 거쳐 성인으로 성장하여 나갈 수 있도록 하여야 한다.

① 영유아의 개별성을 존중하며 이익이 최우선되어야 한다.

영유아의 개별성을 전제로 그들의 욕구를 잘 파악하여 적합하게 충족시켜줄 수 있어야 한다. 가장 우선적인 기준으로 영유아의 기질을 들 수 있다. 영유아의 기질은 크게 세 가지로 나뉘어, 순한 아동, 까다로운 아동, 느린 아동으로 구분된다(Thomas & Chess, 1991). 순한 영아는 규칙적인 생활리듬을 가지며 새로운 상황에서 대개 긍정적인 반응을 보이고 쉽게 적응하는 편이나, 까다로운 영아는 불규칙한 신체리듬을 가져 양육자를 자주 힘들게 하며 새로운 상황에 적응하기 어려워하고 강한 정서반응을 보이는 것을 특성으로 한다. 마지막으로 느린 영아는 순한 기질보다는 불규칙하나 까다로운 기질보다는 규칙적인 리듬을 보이지만 새로운 상황에 적응하는 데 시간이 오래 걸리는 편으로 적응적이거나 적극적이지 못하다. 따라서 이러한 영유아들의 개별 기질의 차이를 이해해야 하며 이를 바탕으로 여러 활동들과 프로그램들이 선정되고 실현되어야 한다. 이를 극대화하기 위해 영유아의 발달과 요구에 맞는 보육과정의 계획과 실천, 수준 높은 보육교사의 양성과정 개발과 연수 활성화, 최적의 보육환경을 만들기 위한 노력 등이 영유아의 이익을 최우선으로 하기 위한 내용들의 예라고 할 수 있다. 또한 국가는 어린이집 평가인증과 보육과정 개발, 평가, 개선을 통하여 영유아 보육이 현실적으로 바람직하게 실현될 수 있도록 노력을 다하고 있다.

② 영유아들의 건강한 발달을 돕고 적합한 교육을 제공해야 한다.

우선적으로 영유아보육은 영유아가 안정된 정서를 갖고 신뢰감을 만들 수 있도록 도움을 주어야 한다.

특히 영아기에는 양육자와의 신뢰감을 만드는 것이 무엇보다 중요한데, 이후의 발달에 지속적인 영향을 미칠 수 있기 때문이다. 따라서 영아가 정서적 안정감을 가지고 안정된 애착을 경험하기 위해서는 보육교사가 영유아의 개별성을 이해하여 기질적 특성 및 발달적 수준을 파악하는 것이 중요하며 서로를 믿는 상호작용 속에서 안정된 애착을 이루어야 한다. 이를 위해 교사의 역할과 자질이 무엇보다 중요하다. 영유아가 정서적으로 안정감을 가지고 교사를 신뢰하도록 그들의 기질과 발달수준을 면밀하게 관찰하고 파악하여 민감하게 상호작용하고 새로운 환경에 잘 적응할 수 있도록 도와주어야 한다. 이러한 안정된 애착 형성은 영유아의 두뇌발달에도 좋은 영향을 미칠 수 있다.

더 나아가 영유아의 발달에 적합한 교육과 보살핌을 받는 것은 영유아의 권리이며 잠재 능력을 최대한 실현할 수 있도록 교육적 경험을 제공하는 것은 성인 및 양육자의 책임이라고 할 수 있다. 교육적 환경은 영유아 발달에 큰 영향을 주는 것으로, 그들이 처한 경제적 · 사회적 환경을 개선하고 극복할 수 있도록 평등한 교육의 기회를 제공한다. 발달의 속도가 빠르고 이후의 삶에 지속적인 영향을 미칠 수 있다는 의미에서 발달의 결정적 시기인 영유아기에 적절한 교육을 제공하는 것은 매우 중요하다고 할 수 있다.

③ 영유아의 안정된 일상이 되어야 한다.

보육은 영유아에게 안정된 일상을 제공하여야 한다. 보육과정의 구성과 어린이집의 운영은 종일제 보육을 기본으로 한다. 잠자는 시간을 제외한다면 가정에서보다 어린이집에서 많은 시간을 보내게 된다. 즉, 먹고, 놀이하고, 낮잠을 자고, 활동하고 배우고 쉬는 등 일상생활의 많은 부분을 어린이집에서 보내게 된다. 이러한 과정에서 또래와의 사회적 관계를 이루고 교사와의 상호작용을 통해 사회적 존재로 성숙해가게 된다. 이런 의미에서 본다면 어린이집은 부모가 없을 때 맡겨지는 일시적인 곳이 아니라, 영유아들이 생활하는 삶의 공간이 된다. 따라서 안전한 환경에서 규칙적이고 빈번한 활동을 통하여 안정된 보육이 이루어지면 영유아들은 자신의 삶을 예측할 수 있게 되고 세상에 대한 질서를 익히게 된다. 어린이집은 영유아의 자율성과 주도성을 이끌어 주고, 독립적인 인간으로 성장할 수 있는 기회를 보장하며, 성장하는 과정에서 영유아가 보이는 실수와 시행착오, 갈등을 스스로 잘 경험하여 보다 성장하는 내일이 될 수 있도록 그 의미를 전달하고, 문제를 해결하고 예방할 수 있도록 도와주어야 한다.

④ 부모 및 사회의 요구를 반영해야 한다.

과거의 탁아의 개념에서 보육의 개념으로 변화한 만큼 과거 빈곤계층의 요구에만 한정되었던 서비스가 이제는 모든 계층의 가정에 해당되고 적용되고 있다. 특히 현대사회의 보육은 여성의 사회 진출, 핵가족화, 형제 수의 감소, 미혼모나 이혼가정의 증가, 자녀교육에 대한 투자욕구 증대 등의 사회변화와 함께 부모와 사회의 요구가 함께 맞물린 거대한 요구를 반영해야만 한다.

과거의 대가족 형태에서 자녀양육은 조부모와 형제자매 등의 가족구성원이나 친척 · 이웃집을 통해 이루어졌다. 영유아는 가족구성원 모두와의 상호작용을 통해 일상적인 언어, 태도, 기본 생활습관, 예절, 인간의 도덕성, 가치관을 자연스럽게 배울 수 있었다. 그러나 현대 핵가족 및 갈수록 진화해가는 다양한 가족형태에서 자녀 양육의 책임은 전적으로 부모에게 일임되었다. 그러나 과거에는 부모가 가정에서 자녀를 돌보는 것이 바람직하다고 여겼으나 부모 취업 여부와 상관없이 보육이 아동에게 유익하다는 인식이 널리 알려지면서 부모들은 폭넓은 긍정적인 영향을 주고자 어린이집에 보내는 경향이 늘어났다. 부모가 양육하고 가르치기엔 자신이 없는 부분에 대한 지원, 즉 전문적 지식과 기술을 훈련받고 소유한 보육교사를 신뢰하고 의지하여 자녀를 보다 잘 양육하고자 하는 욕구를 가지게 되었다. 이러한 욕구를 잘 충족하여 자녀 발달의 극대화를 실현하기 위해서는 교사와 부모 간의 지속적인 상호작용과 원만한 의사소통을 위한 노력이 필요하며, 부모교육 및 부모참여 등이 활성화되어 교사와 부모 간의 동반자 관계가 만들어져야 한다. 영아기는 애착형성에 중요한 시기이기에 영아가 보육교사에게 뿐 아니라 부모와 질적인 애착을 형성할 수 있도록 해야 한다. 영아에게 안정된 애착을 맺지 못하거나 일관된 태도로 영아를 대하는 것이 어려운 부모들에게 체계적으로 부모 교육이 실시되어야 한다. 부모와 긍정적인 관계 형성을 맺고 효과적으로 상호작용하고 교육적으로 훈육하는 올바른 방법들을 부모교육을 통해 알려주어 어린이집에서 행해지는 것과 연계성 있는 양육으로 이루어지도록 해야 한다. 영유아들의 개인차를 이해하고 개별성에 기초를 둔 민감성과 반응성을 바탕으로 상호작용하여 영유아가 신체, 인지, 언어, 사회, 정서 발달의 측면에서 건강하게 성장하고 발달할 수 있도록 안정적이고 일상적인 보육이 이루어져 영유아뿐 아니라 부모와 사회의 욕구에도 부합하는 사회적 서비스로서 영유아 보육이 이루어져야 한다.

3. 보육의 패러다임의 변화

보육은 1991년 영유아보육법이 제정되고 공포된 이후 지속적으로 변화 · 발전되어 왔다. 이는 사회적 요구가 바뀌어 보육 패러다임의 변화를 가져오고 있기 때문이다. 여기서 패러다임(paradigm)은 한 시대 사람의 견해나 사고를 근본적으로 규정하고 있는 인식의 체계를 말한다. 보육 패러다임의 변화를 간단히 정리하면 다음 〈표 1-1〉과 같다.

〈표 1-1〉 보육 패러다임의 변화

	과거	현대
보육의 대상	선택적 보육	보편적 보육
보육의 주체	개별 부모의 책임	국가의 참여 확대
보육의 운영	공급자 중심 서비스	수요자 중심의 다양한 서비스
유아교육과 보육의 관계	분리	통합 지향

출처: 박찬옥 외(2013).

1) 보육의 보편성

우리사회의 경우 전통적으로 보살핌은 가족의 사적인 영역에 속한다고 보는 시각이 강하며 아직도 그런 경향이 남아 있다. 과거 선택적 보육의 개념에서는 보육은 개별 저소득 계층의 어려움을 보완해 주기 위한 사회적 서비스로서 탁아 프로그램을 통해 빈곤가정에서 요구하는 서비스를 전달하는 사업이었다. 그러나 영유아 권리의 측면에서 보면 영유아는 부모의 사회계층에 따른 차별 없이 사회 구성원으로 건강하게 성장하고 평등하게 보호받고 교육받을 권리 등을 가진다. 또한 영유아기는 인간의 성장과 발달의 결정적 시기로서 발달의 상당부분이 인생 초기인 영유아기에 형성된다. 신체 성장이 진행되며 인지 능력을 개발하고 정서를 함양하며 사회적 관계를 형성하는 등 생물학적으로 성숙되고 기본 소양이 집중적으로 길러지는 시기로, 한 인간의 전생애 발달의 기초가 되는 여러 생활습관이 형성된다. 이러한 이유로 보육은 모든 가정의 영유아를 위해 제공되어야 할 보편적인 서비스가 되어야 한다.

영유아에 대한 국가적 책임이 확대되어야 할 필요성이 커지면서 보육에 대한 투자는 개별 가정을 위한 복지적 차원을 넘어 국가 성장 동력을 확충하는 문제라고 인식되고 영유아에 대한 국가의 책임이 확대될 것을 기대하고 있는 사회적 공감대가 형성되었다. 따라서 보편적 보육을 위해 모든 영유아와 가정이 조건 없이 평등한 보육

혜택을 받을 수 있도록 하는 공공 목적의 사업정책이 만들어지고 현실적인 재정 투입과 질 높은 교사와 어린이집이 확충되어야 한다. 또한 보편적 보육이 성공적으로 진행되기 위해서는 바람직한 영유아의 발달과 교육을 우선으로 하는 철학과 보육관이 마련되고 올바른 부모의 양육을 지원할 수 있는 보육 풍토가 기본이 되어야 한다.

2) 국가의 책임 확대

우리나라의 모든 영유아는 국가의 재산이며 국가의 미래는 영유아들에게 달려 있기 때문에 영유아를 기르는 일은 영유아들의 부모를 넘어 국가가 사회적 · 경제적 책임을 가진다. 이러한 국가의 책임은 국가가 보육서비스를 민주적으로 제공 · 운영하고, 보육 대상의 보편성과 질 높은 보육을 포함하여 보육의 공공성을 지향하는 것과 같은 맥락이다(윤홍식, 2014). 국가는 개별 영유아의 보다 나은 양육환경을 제공하기 위해 적극적인 대책으로 영유아 자녀를 둔 가정의 보육비용 절감을 위한 각종 정책을 개발하며 시행하고 있다.

또한 국가의 저출산 대책이 시급하다. 출산율은 국가의 미래와 직결된 중요 문제이고, 보육은 출산율에 영향을 미치는 주요 요인이다. 2014년 우리나라 합계 출산율은 1.19명으로, 2008년 1.19명에서 2009년 1.15명으로 떨어진 뒤에는 2010년 1.23명, 2011년 1.24명, 2012년 1.30명으로 증가 추세를 이어갔으나 2008년 수준으로 다시 하락했다. 현재 같은 추세가 이어지면 2017년에는 노령화 지수가 104.1이 돼 고령인구가 유소년인구를 넘어설 것으로 예상된다. 이러한 출산율은 세계 224개국 중 219위, OECD 중에선 최하위를 보이고 있으며, 저출산의 가장 큰 원인으로 영유아 교육 · 보육비용이 지적되고 있는 실정이다.

이에 정부는 보육의 보편성을 실천하고 국가가 어린이집을 관리하고 감독하는 것을 강화하고 저출산 대책의 일환으로 영유아의 보육지원을 점차적으로 확대하고 있다. 이에, 우선 2008년 서울시에서는 어린이집의 대다수를 차지하는 민간 · 가정 어린이집을 지원하여 공급물량이 한정된 공공보육서비스의 한계를 극복하기 위해 국공립 · 민간시설 유형의 구분 없이 권장하는 일정기준 이상의 보육환경과 서비스를 제공하는 어린이집에 '서울형어린이집'이라는 인증마크를 부여하여 공공 수준으로 지원하고 있다. 이후 2011년부터는 우수한 어린이집을 선정하여 운영비를 지원하고 양질의 보육을 영유아에게 제공하는 등 우수 보육인프라로서 기능할 수 있도록 하는 제도인 '공공형어린이집' 사업을 운영하고 있다.

또한 2010년 기준으로 만 5세아의 90%가 유치원이나 어린이집에 다니고 있고 일부 계층에서는 고액의 영어학원이나 특기, 적성, 예능교육에 참여하고 있는 반면, 약 10%에 해당하는 약 4만 명의 영유아는 교육 · 보육의 혜택을 받지 못하고 있는 실정이어서 유아교육의 분야에서 양극화 현상에 따른 교육 · 보육서비스의 큰 격차를 보이고 있었다. 이에 정부는 '3~5세 누리과정'을 시행하는 2013년부터 부모의 소득과 관계없이 만 3, 4, 5세를 대상으로 유아 학비와 보육비를 지원하고 있는데, 2013년에 22만 원, 2014년에 24만 원, 2015년에는 27만 원, 2016년에는 30만 원을 지원하게 되었다. 이를 통해 취학 전 교육의 질을 높이고 생애 초기인 유아기에 모든 유아들이 평등한 출발을 하도록 보장하는 국가의 책임을 실현하고자 하고 있다.

그리고 국가 지원에 걸맞은 어린이집의 책임도 중요하기에 2012년 9월부터 국공립어린이집과 이에 준하는 보조금을 지원하는 어린이집부터 단계적으로 재무, 회계 규칙을 제정해 적용하고 불성실한 회계를 제재할 수 있도록 이와 관련된 회계관리시스템과 클린카드 도입을 검토하고 있다.

보육의 질을 위해서는 보육교사의 근무 여건과 시설환경을 개선하여 보육품질 서비스 강화에 기여하려 하고 있다. 2013년부터 3~5세 반을 담당하는 교사에게 처우개선비를 지원하며, 0~2세 영아반을 담당하는 교사에게도 처우개선비를 지원함으로 보육교사의 처우를 지속적으로 개선하여 보육교사를 지원하려는 노력을 실현하고 있다.

다문화가정의 증가에 대처하기 위해 다문화가정의 소득 수준과 관계없이 자녀의 보육 · 교육비를 지원하고 있다.

3) 수요자 중심의 다양한 서비스 제공

날로 다양해지는 가정 형태와 가족구조의 변화, 영유아에 대한 사회적 인식의 변화, 보육 내용의 교육 요소 강화 등의 변화는 보육이 가족 내에서만 이루어지기에는 버거우므로 보다 전문적인 다양한 활동과 프로그램으로 각 가정의 요구를 충족시켜야할 필요성이 있음을 시사한다.

더욱이 우리나라 여성 고용율을 보면 20대에는 남성과 비슷하지만 30대에 들어서면 급격히 감소하는 것으로 나타났다. 이는 기혼 여성의 취업 중단 사유 중 가장 높은 비율이 '아이를 믿고 맡길 곳이 없어서'라는 것에서 볼 수 있고 부모의 일-가정 양립 문화가 필요함을 뜻한다. 따라서 부모 육아휴직 및 기타 서비스 외에 수요자 중심의 다양한 보육서비스가 활성화되어야 함을 보여준다. 가족구조의 다양화 및 여성 경제활동 참여가 날로 증가하고 다양한 직종에 참여함으로써 과거에는 어린이집 형태에 부모가 수동적으로 맞추었다면 현대에는 보육의 이용자인 부모의 요구에 따라 보육 서비스에도 변화가 일어날 수밖에 없다.

다양한 어린이집 운영 형태 또한 부모의 요구에 맞춰 등장하였는데, 기준 보육시간을 경과하여 최대 24시까지 연장하여 운영하는 시간연장형 보육서비스, 종일보육과 시간연장형 및 새벽보육까지 합쳐져 다음 날 아침 7시 30분까지 운영하는 24시간 보육서비스, 일요일과 공휴일에 보육을 제공하는 휴일보육서비스, 방과후와 방학 중 보육을 제공하는 방과후 보육서비스 등 다양한 보육 운영 형태가 있다. 기존의 종일제 보육서비스 외에 비정기적인 보육서비스를 원하는 부모를 위한 시간제 보육서비스를 위해 지정 어린이집과 육아종합지원센터 등을 정비하고 있다.

어린이집 운영에 있어서도 학부모의 참여가 확대되어 어린이집 운영위원으로 학부모가 참여하고 있고 부모의 시간적 여유와 뜻에 따라 부모 참여수업에서 봉사활동이나 행사의 보조, 보조교사, 교구 제작 등에 이르기까지 다양한 형태와 수준의 부모 참여가 이루어지고 있다. 더 나아가 최근에는 어린이집 인증평가 제도에 부모의 참여가 제도화되어 있지 않고 반영 비율도 낮다고 진단되어 수요자 중심의 평가체제를 구축할 필요가 있다는 주장이 제기되고 있다.

4) 어린이집과 유치원의 통합 지향

우리나라는 유치원 교육은 교육부에서 주관하고 있고 영유아보육은 보건복지부에서 주관하고 있어 유아교육과 보육이 이원 체계로 운영되고 있다. 만 3~5세 유아는 보육의 대상이면서 동시에 유아교육의 대상이 될 수 있기에 사실 보육과 유아교육이 별개로 구분될 수 없고 이원화된 체계의 운영으로 인해 결과적으로 재정의 중복 투자와 비효율적인 행정 운영이 이루어질 수밖에 없다. 유보통합이 논의된 가장 큰 원인 중 하나는 어린이집과 유치원을 관장하는 부처가 보건복지부와 교육부로 이원화되면서 정책추진의 비효율성, 서비스 질의 차이, 부모부담 및 재정지원에의 차이 등이라고 할 수 있다. 연령에 따라 어린이집과 유치원으로 분리된 현 보육시스템은 부모가 기관을 선택하고 결재하는 데 불편함을 야기하고 있으며, 정보 공시의 부재·미비로 부모가 기관을 선택하는 데에도 정보 불균형의 문제를 발생시키고 있었다.

〈표 1-2〉 선진국의 유아교육과 보육 행정체계

유아교육과 보육 행정체계		국가명	비고
일원화 체제	교육부	스웨덴, 노르웨이, 영국, 뉴질랜드, 스페인, 칠레, 호주, 덴마크, 핀란드	- 덴마크는 2011년 12월 - 핀란드는 2013년 1월 교육부로 이관함
	독립기구	싱가포르	- 싱가포르는 2013년 4월 통합기구(Early Child Development Agency) 설치
이원화 체제	연령별 분리	프랑스, 독일, 벨기에, 포르투갈, 대만 등	- 대만은 2012년 1월 2~6세는 교육부로 이관
	중복병행	한국, 일본, 미국 일부 주	- 일본은 2013년까지 일원화 달성

출처: 유구종 · 조희정(2015) 재인용

따라서 영유아의 입장에서 어린이집이나 유치원 중 어느 곳을 선택하든지 같은 질의 교육을 받을 권리를 가진다는 의미에서는 유아교육과 보육이 통합될 필요가 있다는 의견들이 나오고 있기에 유아교육과 보육의 협력 및 통합 방안에 대한 논의들이 진행되어 오고 있다.

(1) 누리과정

누리과정은 우리나라 3~5세 유아에게 국가가 공정한 교육기회를 보장하기 위해 마련한 유치원과 어린이집의 교육 · 보육과정을 말한다. 유치원, 어린이집의 구분 없이 동일한 내용을 배우는 것과 부모의 소득 수준에 관계없이 모든 계층의 유아에게 유아학비와 보육료를 지원하는 것이다.

누리과정의 도입 배경은 유아단계에서 양질의 교육 · 보육을 제공하고 교육 · 보육비 부담을 완화할 수 있는 적극적인 대책의 마련이 필요하다는 인식에서 출발하였고 2011년 먼저 만 5세를 대상으로 하는 '5세 누리과정'이 마련되었고 이어 2012년에 '3~5세 연령별 누리과정'을 발표하게 되었다. 추진과정으로는 정부가 2011년 5월에 모든 만 5세 유아의 교육과 보육을 국가가 책임지는 '만 5세 공통과정'을 도입하여 시행한다고 발표하였다. 만 5세 공통과정은 '누리과정'으로 불렸고 누리과정을 통해 유치원과 어린이집으로 이원화된 유아교육과 보육을 통합하여 만 5세 유아들이 유치원과 어린이집에 다닐 때 기관 형태와 상관없이 공통의 과정을 배울 수 있도록 하는 데 의의를 두었다. 국가는 이를 통해 취학 전 만 5세 연령이 공통된 과정을 배워 평등하고 동일한 교육 출발점을 만들고자 하였다. 3~4세와 분리된 5세 누리과정은 유아기에 필요한 기본 능력을 중심으로 하여 기존 표준보육과정과 유치원교육과정의 내용을 5세에 맞게 재구성하여 적용하는 것으로 교과 위주의 인지적 학습이 되기보다는 기본 생활습관과 기본 능력을 기르는 과정으로 초등학교 창의, 인성교육의 내용과 체계적으로 연계하려 하였다. 이후 만 3~4세 누리과정을 만들고 5세 누리과정을 일부 개정하여 2012년 3~5세 누리과정을 고시하고 2013년 3월부터 유치원과 어린이집에 공통과정인 '3~5세 누리과정'을 운영하게 되었다. 이로서 국가는 우리나라 모든 3~5세 유아들에게 통합된 유아교육과정 · 보육과정을 제공할 수 있게 되었다.

(2) 영차 프로젝트

유보 협력사업「영차」프로젝트는 국무총리 산하 기관인 육아정책연구소가 유아교육과 보육의 협력의 가능성을 탐색하고자 수행한 연구이다. 유아교육과 보육 서비스의 보편화 및 유사성과 특히 3~5세 유아 대상 행·재정의 중복으로 유보이원화 체제에 대한 정책대안 개발의 요구가 증대되고 육아정책연구소가 제안한 정책과제와 전략들을 구체화하여 현장 적용을 통한 유보협력의 가능성을 탐색하고자 하는 추진 배경을 가진다. '영차'는 1) 모든 사람들이 영유아의 행복과 이익이라는 '대의'를 위하여 단결함을 상징하며 2) 모든 대한민국 영유아에게 양질의 서비스를 제공하기 위하여 유치원이든, 보육시설이든 서비스 질 격차를 '제로화(0)'함을 의미한다. 본 시범사업은 6개년도 사업(2009~2014)으로 유아교육과 보육이 상생(win-win)할 수 있는 협력 모델 개발 및 현장 적용, 중간행정체계인 시도청과 교육청과 연계 하에 유치원과 어린이집의 협력 과정 진행과 성과를 분석을 통해 지자체 중심 협력 모델을 도출한 것이다.

〈표 1-3〉 유치원과 어린이집의 협력 내용

구분	내용
기관운영 협력	운영시간, 원아관리 및 교사관리를 위한 협력 및 각종 서류양식 공유
시설환경 협력	유치원과 어린이집 상호 간의 이용 가능한 공간, 교구재, 시설, 설비(수영장, 강당 등), 차량 등을 공동 활용
프로그램 협력	교육·보육활동 계획안 공유 또는 공동으로 작성 및 실행, 현장학습, 특성화 활동(체육활동, 과학활동 등) 공동 실시
교사 협력	교사 공동연수, 수업공개, 공동 자율장학 실시, 공동 교사회의 개최
부모참여 협력	각종 부모교육 자료와 정보 공유, 부모참관 수업 공동 실시, 초등학교 입학 준비 오리엔테이션 공동 실시
예산 협력	비용절감을 위한 교재·교구 공동 구입, 차량 공동 활동, 외부강사 공동 활용 등

출처 : 유구종 · 조희정(2015).

1차 년도부터 6차 년도까지의 사업 개요는 [그림 1-1]과 같다.

6차년도 시범연구에서는 그간의 유보협력 모델 적용과정의 노하우와 성과를 토대로 시범 종료 후에도 지자체 중심으로 유치원과 어린이집이 서로의 강점을 살린 협력을 지속해 갈 수 있도록 기반을 조성하고자 하였다.

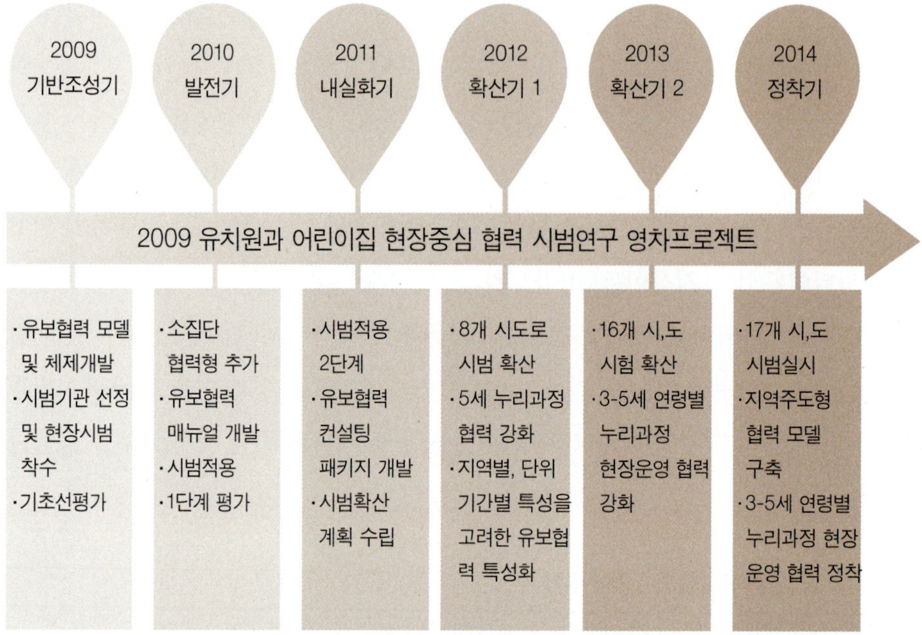

[그림 1-1] 영차 프로젝트의 6개년 추진과정

이와 같은 과정을 통한 영차 프로젝트에 참여한 유치원과 어린이집의 협력의 주요 성과를 알아보면 다음과 같다.

첫째, 시범기관에 대해 알아보면, 시범유치원과 시범어린이집 모두 협력 수준과 서비스 질이 협력 전 대비 60~70% 향상(2010~2011년도 성과조사 결과)되었고 공개수업과 공동 교사연수를 통한 상호 장점을 공유하고 영유아에 대한 이해와 교사 전문성이 모두 증진되었다.

둘째, 시・도청과 교육청에 대해서는 시도군청과 교육청 담당공무원 간의 상호이해 증진 및 업무 관련 정보가 공유되었고 지자체 유아교육과 보육 정책위원회에 유보협력 관련자 상호 참여가 이루어졌다. 관할지역 내 공동 부모교육 및 공동 교사교육이 기획 및 실시되었고 시・도・군청 관리시설과 교육청 관리시설을 공동으로 활용할 수 있었다.

셋째, 지역사회 육아지원센터에 대해서는 유아교육진흥원 체험시설을 어린이집 영유아에게 개방하였고 유아교육진흥원 주관 유치원 교사연수에 어린이집 교사 수강 기회를 제공할 수 있었으며 보육정보센터 주관 공동 부모교육 및 교구재 공모전과 자료집을 공유하였다.

2011년 누리과정 도입으로 인해 유아교육과 보육이 일부 통합되면서 유보통합에 관한 논의는 급속도로 확산되는 모습을 보이고 있다. 유보통합의 통합방법에 있어서는 이견이 있을 수 있으나 통합의 필요성에 대해서는 많은 학자들이 공감대를 형성하고 있으며, 정책적 결정이 필요한 시기이다. 2014년 2월 국무총리 소속으로 '영유아 교육 · 보육 통합추진단'이 공식적으로 출범하여 이원화된 유아교육과 보육 서비스체계의 개선안을 제시하였다. 유보통합의 궁극적인 목적은 "교육과 보육의 질을 개선하고 다양성을 살리는 등 학부모의 요구를 최대한 수용하여 선택의 폭은 넓히고 불편은 최소화"하는 데 있다. 따라서 현 보육정책에서 문제점으로 지적되었던 맞벌이 등 실수요자를 중심으로 운영기준(일수, 시간), 통합된 정보공시시스템 등이 개선될 예정이다.

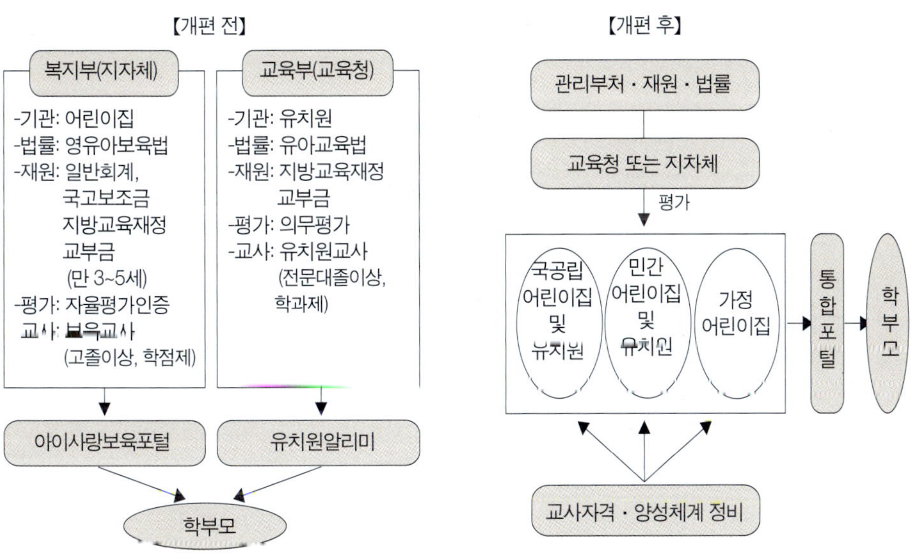

[그림 1-2] 유보통합 서비스 체계 개선(안)

출처: 류민정(2014).

생각해 보기

1. 보육의 개념에 대해 설명하시오.

2. 보육의 특성을 설명하시오.

3. 유치원과 어린이집의 통합은 왜 필요한지, 아니면 이원화가 계속 유지되는 것이 더 좋을지 토론해 보시오.

제2장
보육의 배경

CONTENTS

1. 아동의 권리와 보육

영유아는 누구나 최상의 발달을 보장받을 권리를 가지고 있다. 18세 미만 아동의 모든 권리를 담은 국제적인 약속인 아동권리협약(Convention on the Rights of the Child : CRC)은 UN 총회가 1989년 11월 채택하여 1990년 9월 2일 발효되었고 2014년 기준 195개국이 비준하였다. 아동권리협약을 비준한 나라의 정부는 생존의 권리, 발달의 권리, 유해한 것으로부터 보호받을 권리, 학대받지 않고 착취당하지 않을 권리, 참여의 권리, 문화적 삶에 대한 권리 등 협약에 명시된 모든 아동의 권리를 보장할 의무를 가지고 있고, 모든 권리는 서로 연관되어 있으며 모두 중요하다. 유엔아동권리협약은 각 나라에서 어린이 상황을 개선하는 기반이 되며 전문과 54개 조항으로 구성되며 1조부터 40조까지 실제적인 아동권리 내용을 담고 있다.

〈표 2-1〉 아동권리협약의 4가지 기본권

4가지 기본권	내용
생존의 권리 (Right To Survival)	적절한 생활 수준을 누릴 권리, 안전한 주거지에서 살아갈 권리, 충분한 영양을 섭취하고 기본적인 보건서비스를 받을 권리 등 기본적인 삶을 누리는 데 필요한 권리
보호의 권리 (Right To Protection)	모든 형태의 학대와 방임, 차별, 폭력, 고문, 징집, 부당한 형사 처벌, 과도한 노동, 약물과 성폭력 등 어린이에게 유해한 것으로부터 보호받을 권리
발달의 권리 (Right To Development)	잠재 능력을 최대한 발휘하는 데 필요한 권리, 교육받을 권리, 여가를 즐길 권리, 문화생활을 하고 정보를 얻을 권리, 생각과 양심과 종교의 자유를 누릴 수 있는 권리 등
참여의 권리 (Right To Participation)	자신의 생활에 영향을 주는 일에 대해 의견을 말하고 존중받을 권리, 표현의 자유, 양심과 종교의 자유, 평화로운 방법으로 모임을 자유롭게 열 수 있는 권리, 사생활을 보호받을 권리, 유익한 정보를 얻을 권리 등

또한 이러한 권리를 위해 다음과 같은 4가지 기본 원칙을 지켜야 한다.

① 무차별(Non-Discrimination)

모든 어린이는 부모님이 어떤 사람이건, 어떤 인종이건, 어떤 종교를 믿건, 어떤 언어를 사용하건, 부자건 가난하건, 장애가 있건 없건, 모두 동등한 권리를 누려야 한다.

② 아동 최선의 이익(Devotion To Best Interests Of The Child)

아동에게 영향을 미치는 모든 것을 결정할 때는 아동의 이익을 최우선으로 고려해야 한다.

③ 생존과 발달의 권리(The Right To Life, Survival And Development)

어린이는 특별히 생존과 발달을 위해 다양한 보호와 지원을 받아야 한다.

④ 어린이 의견 존중(Respect For The Views Of The Child)

책임감 있는 어른이 되기 위해 어린이는 자신의 능력에 맞게 적절한 사회활동에 참여할 기회를 갖고, 자신의 생활에 영향을 주는 일에 대하여 의견을 말할 수 있어야 하며 그 의견을 존중받아야 한다.

아동권리를 지켜야 하는 책임은 국가, 아동권리위원회, 민간단체, 어른과 아동 모두에게 있다. 우선 아동권리협약에 담겨있는 권리를 지키고 실현할 책임은 기본적으로 국가에 있다. 협약을 비준한 국가는 아동권리 실현을 위한 법과 정책을 마련해야 하며 아동권리협약을 잘 지키고 있는지 비준 2년 후에 유엔아동권리위원회에 1차 보고서를 제출해야 하며, 그 후에는 5년마다 보고해야 한다. 아동권리 전문가 18인으로 구성된 유엔아동권리위원회는 각 국가가 낸 이행 보고서를 검토하고 각 국가에서 시정하거나 개선해야 할 사항이 있을 경우 필요한 조치를 취하도록 권고한다. 아동권리협약은 민간단체의 역할을 인정하는 유일한 인권조약으로 민간단체는 협약을 널리 알리며, 국가의 이행 상황을 모니터링한다. 국가가 이행보고서를 작성하는 과정에서 정보와 자문을 제공하며, 국가보고서를 보완하는 별도의 민간보고서(Alternative Report)를 제출할 수 있다. 부모, 교사, 사법집행 공무원(판사, 경찰 등), 아동시설 종사자, 보건의료요원, 사회복지사 등 아동을 돌보거나 아동을 위해 일하는 어른들도 모두 아동권리를 지켜 주어야 한다.

마지막으로 아동 자신도 다른 아동의 권리를 지켜 줄 책임이 있다. 그러나 영유아들은 어쩔 수 없이 성인에게 의존하기에 영유아의 일차적 양육 책임을 지고 있는 부모는 영유아의 권리 실현의 중요한 사람이 되기에 부모의 양육행동에 필요한 자원을 제공해야 한다. 즉, 양육의 일차적인 책임은 어린이집이나 어린이집의 교사가 아니라 부모 및 양육자이다.

최근 가정폭력 및 아동학대가 크게 이슈화되어 영유아 인권 존중에 대한 반성이 이루어지고 있다. 통계 자료에 따르면 아동학대 신고 건수는 해마다 증가하여 13,076건(2013년 기준)이 발생하였고, 가정에서 친부모에 의한 학대가 전체 학대 행위자 중 80%에 해당하며 부적절한 양육태도 및 양육기술의 부족이 가장 많은 학대 이유를 차지했으며 그다음이 사회, 경제적 어려움이나 스트레스, 가족 갈등 순이었다. 따라서 바람직한 양육기술이 이 시대 부모들에게 절실하며 또한 가정의 경제적 어려움이나 스트레스가 있을 때 이러한 상태를 가족들과 잘 대처해 나갈 수 있는 역량을 키우는 것이 필요함을 알 수 있다. 또한 보육현장에서의 아동학대도 부각되어 전체 아동학대 가해자 중 보육교직원은 2.9%에 해당하지만, 전국 어린이집에서 발생한 폭력은 꾸준히 늘어났다고 한다. 어떤 이유로도 정당화될 수 없는 것이 아동학대이며 어린이집과 아동복지 시설 등 영유아시설에서 일어나는 학대를 예방하는 것이 중요하다. 어린이집 이용 영유아가 늘어나는 상황에서 어린이집에서 일어나는 아동학대에 관심을 기울이고 원인 분석과 예방이 절실하다. 보육교사가 아동학대를 하는 이유는 크게 과중한 업무량과 열악한 근로환경, 보육교사 자질 부족을 꼽는다. 따라서 보다 적극적인 교사 근로시간 제고와 업무환경의 개선, 학대예방 교육 및 인성교육의 강화 등이 시급하다.

어린이집에서 아동학대 예방을 위해 어린이집 교직원의 인사관리, 보육환경 문제, 교사 교육 부족 등의 문제를 해결해야 하며 보육교사 스트레스와 개인 인성 문제가 해소될 수 있어야 한다. 또한 어려움을 가진 영유아를 위해 아동존중을 기반으로 한 적합한 훈육·지도 방법을 연구하고 실천하며 부모와 연계하는 등 다각적인 측면에

서의 노력이 필요함을 알아야 한다,

영유아 개개인은 그 누구와도 바꿀 수 없고, 비교할 수 없는 절대적인 존재임을 이해하고 이러한 신념을 잘 가지고 있을 때 부모이든 교사이든 영유아의 인권을 존중할 수 있을 것이다. 아동학대를 일부 부모나 교사 개인의 문제로 떠넘기지 말고 성인으로서 영유아를 대하는 인식의 개선이 필요하고 이를 위한 지속적인 교육과 재교육을 일반인을 대상으로 꾸준히 진행해야 할 것이며 어린이집에서도 원내 자율장학 등으로 영유아 권리존중 보육문화를 정착시켜야 한다.

또한 어린이집의 안전에 최선을 다하여 영유아가 안전하게 보육받을 권리를 누릴 수 있도록 해야 한다.

〈표 2-2〉 아동권리 존중을 위한 보육교사 수칙

▷ 영유아를 하나의 인격체로 존중한다. ▷ 아동학대 예방을 위해 지속적으로 연구한다. ▷ 영유아의 문제를 해결하기 위해 함께 노력하고 전문기관과 연계한다. ▷ 영유아발달에 적합한 환경을 구성한다. ▷ 스트레스 조절을 위해 힘쓴다. ▷ 영유아 발달 특성을 이해하고 지도한다. ▷ 체벌을 대신한 적절한 훈육 방법을 사용한다. ▷ 영유아 지도를 위해 가정과 협력한다.

출처: 어린이집안전공제회 · 중앙육아종합지원센터(2014).

〈표 2-3〉 영유아 훈육의 원칙

▷ 화를 가라앉히고 대화한다. ▷ 영유아와 함께 규칙을 만든다. ▷ 다른 영유아와 비교하지 않는다. ▷ 영유아의 잘못된 행동에 대한 결과에 대가를 받도록 한다. (긍정적이고 교육적인 방법으로만 사용, 장난감을 던지거나 어지르면 정리하기) ▷ 긍정적인 행동에 초점을 맞춘다. ▷ 적절한 타임아웃을 실시할 수 있다.

▷ 영유아의 신체에 손상을 입히는 행위 및 성 학대를 하지 않는다.
▷ 영유아에게 언어적 모욕, 정서적 위협, 감금, 억제행위를 하지 않는다.
▷ 영유아의 보호에 소홀히 하지 않는다.

출처: 어린이집안전공제회 · 중앙육아종합지원센터(2014).

보육교사의 훈육방식에 따라 영유아의 행동이 변화될 수 있음을 인지하고 민주적인 방식으로 훈육하는 것이 영유아의 행동지도에 긍정적 영향을 미칠 수 있음을 기억해야 한다.

〈표 2-4〉 아동학대 예방을 위한 노력

▷ 나는 영유아에 대해 어떤 신념을 갖고 있습니까?
▷ 어린이집 보육교사가 가져야 할 기본적인 소양은 무엇일까요?
▷ 나는 영유아 행동지도를 위해 어떠한 방법을 주로 사용하고 있습니까?
▷ 우리 어린이집 훈육방침을 만들어요.
▷ 우리 어린이집의 「Child Abuse Zero Campaign」을 생각해요

출처: 어린이집안전공제회, 중앙육아종합지원센터(2014).

2. 보육의 사회문화적 필요성과 중요성

1) 여성의 사회참여와 보육

산업화가 진행되면서 여성의 사회 참여가 증가하였고 자연스럽게 맞벌이 가정이 증가하면서 자녀를 가진 여성의 취업도 크게 늘어났다. 여성의 경제활동은 해마다 늘어나 2014년도 기준으로 우리나라 여성의 경제활동 참가율은 전체 여성인구의 56.9%(여성가족부, 2015년 1분기)에 이른다. 여성의 취업률 증가는 산업화에 따른 일의 분화와 전문화로 노동력의 수요가 증대되면서 여성인력을 필요로 하는 직업

이 다양하게 개발되었고, 여성들의 교육 수준 향상에 따라 의식이 변화하여 자아실현과 경제적 자립의 욕구가 강해진 것과 가족구조의 변화로 자녀 수가 감소하고, 편리한 가사용품의 사용으로 여유 시간이 늘어난 것 등에 원인을 둘 수 있다. 과거에는 결혼 전 일시적으로 취업하는 형태가 많았으나 현대에는 결혼 후에도 취업을 유지하고자 하는 욕구가 높다. 그러나 여성의 경제활동에 대한 요구가 발생하면서 다른 한편으로 출산과 육아에 대한 요구가 동시에 발생하고 있다. 여성들은 숙박음식점, 금융보험, 교육, 보건사회복지 분야 등에서 높은 취업률을 나타낸다. 연령별로는 20~29세가 64.5%로 가장 높고 결혼과 출산, 육아 시기인 30대에 감소했다 40대에 다시 증가하는 M자 패턴을 보였다. 통계청 조사 결과 15~54세의 기혼여성 956만 1000명 중 결혼과 임신 · 출산, 육아, 자녀 교육 등의 사유로 직장을 그만둔 경력단절 여성이 197만 7000명(20.7%)에 달했다. 전년 대비 2만 2000명 증가한 수치다. 여성의 경제활동에 출산과 육아가 막대한 영향을 끼치고 있음을 보여주는 결과이며, 경력단절 여성을 위한 다양한 정책과 대책 마련이 시급함을 시사한다.

〈표 2-5〉 여성경제활동인구 및 참가율 [단위: 천 명, %]

	2005	2006	2007	2008	2009	2010	2011	2012	2013	2014
15세 이상 여성인구	19,683	19,899	20,086	20,273	20,496	20,741	20,976	21,254	21,513	21,718
여성경제 활동인구	9,860	10,001	10,092	10,139	10,076	10,256	10,416	10,609	10,802	11,149
여성경제 활동참가율	50.1	50.3	50.2	50	49.2	49.4	49.7	49.9	50.2	51.3

출처: 통계청(2014).

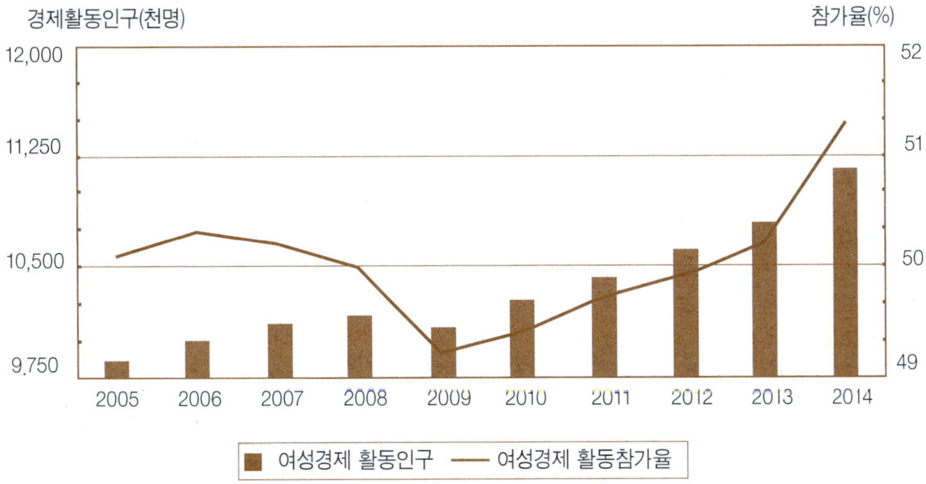

[그림 2-1] 여성 경제활동인구 및 참가율

출처: 통계청(2014).

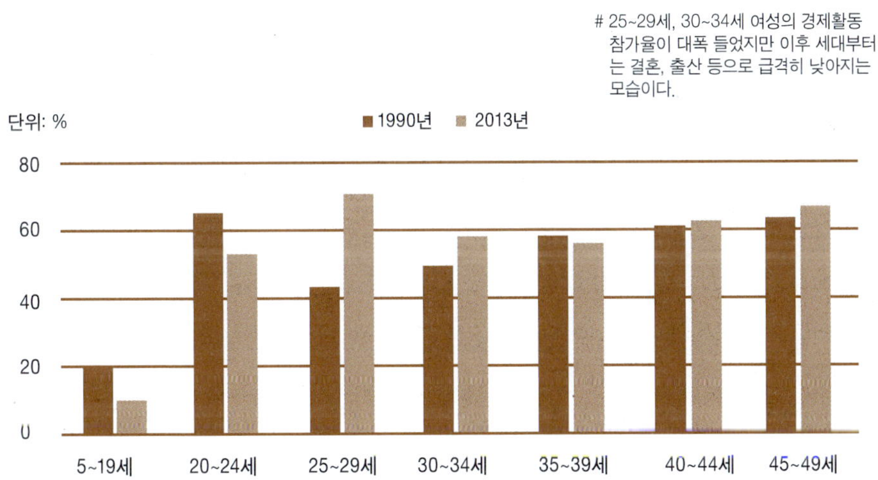

[그림 2-2] 여성 연령별 경제활동 참가율

출처: 통계청(2014)

여성의 사회참여 요구와 출산·육아에 대한 요구는 서로 모순되는 역의 관계로 알려져 있지만 이러한 모순을 완화시켜주는 해결책 중 하나가 보육서비스라고 할 수 있다. 보육서비스에 대한 욕구는 여성의 노동과 출산, 육아의 사회적 중요성이나 필요성을 부각시켰으나 다른 한편으로는 가족기능의 약화로 인해 생긴 것이라고도 볼 수 있다. 이는 보육서비스에 대한 욕구가 개인적 필요성에 의한 것뿐만 아니라 사회변화와 사회적 요구에 의한 것이라고도 할 수 있기에 보육서비스는 국가· 사회적 차원에서 접근해야 하는 보편적이고 공공적인 서비스가 되어야 한다.

2) 가정 구조 및 기능의 변화와 보육

여성의 교육 수준과 생활 수준 향상으로 여성의 경제활동을 장려하는 분위기가 만들어지고 여성의 자아실현 욕구가 강해지면서 기혼 여성의 취업률은 높아졌으나 상대적으로 육아에 많은 부담을 가지는 형편이며 육아문제로 경제활동에 제약을 받을 가능성도 높다. 또한 현대사회는 핵가족화, 불안정한 구조와 기능을 가진 가정의 증가, 부부 간 이혼율의 증가, 재혼, 파산, 가출 등 여러 이유로 한부모 가정 또는 손자녀 양육을 떠맡게 된 저소득층 조손가정 등 가정 양육환경이 변화하고 있다.

〈표 2-6〉 가족의 형태별 분포 [단위: 천 가구, %]

		1970	1975	1980	1985	1990	1995	2000	2005	2010
혈연가구수		5,576	6,367	7,470	8,751	10,167	11,133	11,928	12,490	12,995
핵 가족 (%)	부부	5.4	5	6.4	7.8	9.3	12.6	14.8	18	20.6
	부부와 미혼자녀	55.5	55.6	56.5	57.8	58	58.6	57.8	53.7	49.4
	편부모와 미혼자녀	10.6	10.1	10	9.7	8.7	8.6	9.4	11	12.3
직계 가족 (%)	부부와 양(편)친	1.4	0.5	0.6	0.8	0.9	1.1	1.2	1.2	1.2
	부부와 양(편)친과 자녀	17.4	10.9	10.4	9.9	9.3	8	6.8	5.7	5
기타가족		9.7	17.9	16.1	14	13.8	11.2	10.1	10.4	11.6

출처: 통계청(2010).

〈표 2-6〉에서 보면 지난 30년간 직계가족은 감소하였고 핵가족 비중은 늘어났음을 볼 수 있다.

이혼율의 상승과 한부모 가정의 증가, 인구의 고령화 등을 반영하여 가족구조의 다양성, 이혼과정에서 발생하는 다양한 문제들, 재혼가정의 구성과 관계, 전 배우자와의 관계, 노인돌봄의식 변화 등이 다양한 가족 형태가 이루어지는 데 있어 영향을 미칠 수 있는 중요한 사안들이며 이혼으로 인한 한부모 가족의 비율이 높은 현실을 감안하여 이혼 시 자녀양육비 확보를 위한 행정적 지원방안 모색, 자녀양육비 및 교육비 지원, 이혼 가정 자녀 양육지원 등 정책수립이 요구된다(박찬옥 외, 2013). 한부모 가정의 경우 아버지, 어머니가 자녀를 혼자 돌보아야 하는 상황이 있으면서 동시에 직장생활을 유지해 나가야 하는 심각한 자녀양육의 과제를 안고 있어 사회적으로 많은 관심이 필요하다. 부모의 실직이나 경제적 사정으로 조부모와 함께 사는 조손가정의 경우 건강의 악화, 경제적 문제, 손자녀의 학업과 교우관계에 대한 대처 능력 부족, 사회적 활동의 제한 등 양육의 부정적 요인들이 많기에 경제적 지원, 의료적 지원, 보육 및 교육 지원 요구가 충족되어야 하며 부모와 함께 생활하는 가정의 영유아에 비해 위축되고 정서적 어려움을 겪을 수 있기에 조손가족 조부모를 대상으로 한 부모교육 등이 절실하다(박찬옥 외, 2013). 이 외에도 소년 · 소녀 가장가정, 재혼가정, 동성가정, 다문화가정 등은 많은 복합적인 문제들을 안고 있기에 이러한 다양한 가족형태와 이들의 부모 및 가족으로서의 역할 변화에 따라 양육과정에서 겪게 되는 여러 가지 어려움을 해결해 줄 수 있는 질 높은 보육이 필요하다. 사회는 저출산 고령화사회에 대응하기 위해 출산과 양육에 유리한 환경을 조성하여야 한다. 자녀 양육비와 교육비의 경제적 부담을 줄이고 다양하고 질 높은 육아지원 인프라를 확충하며, 임신과 출산에 대한 지원을 확대하여 출산과 양육의 장애요인을 제거함으로 출산과 양육에 대한 사회적 책임을 다해야 한다.

3) 저출산 현상과 보육

우리나라의 출산율은 1980년대 이후 급격하게 줄어들어 2014년도 가임여성의 합계출산율(여성이 일생 동안 낳는 자녀)은 1인당 1.2명으로 나타났다(통계청, 2014). 합계 출산율이 1.3명 이하인 경우 초저출산국으로 분류되는데 우리나라는 2001년 이후 이러한 양상을 보이고 있는 실정이다. 이러한 저출산 현상은 1970년대 유럽에서 시작되어 현재 일본, 우리나라 등 동아시아 국가에서도 심각한 문제로 떠오르고 있기에 경제협력개발기구(OECD)에 가입되어 있는 국가들은 장래 경제인구 감소 및 국가 경쟁력의 한 지표인 출산율 감소 추이에 큰 관심을 공유하고 있다. 출산율이 낮아지면 경제활동인구가 감소하여 국가 경쟁력을 약화시키게 된다. 특히 총인구 중 아동인구 비율은 감소하고 노인인구의 비율이 높아지게 되면 고령화 사회를 가속화시킴으로서 갑작스러운 사회보장 비용의 증가 등 심각한 사회문제들을 가져와 전반적으로 국민의 삶의 질을 악화시킬 수 있다.

출산율 저하의 원인은 결혼과 자녀에 대한 가치관의 변화, 초혼 출산연령의 상승, 결혼기피, 불임가구의 증가, 자녀양육에 대한 과도한 경제적 부담, 여성의 일방적 희생을 요구하는 육아, 자녀 교육과 양육에 소요되는 과중한 사교육비 부담, 여성의 교육 수준 및 경제활동 참여 증가, 보육서비스의 비현실성, 사회불안의 증대와 경제 성장률 둔화 등에 있다고 본다(심성경 외, 2014).

〈표 2-7〉 합계 출산율

	2005	2006	2007	2008	2009	2010	2011	2012	2013	2014
출생아 수	435	448.2	493.2	465.9	444.8	470.2	471.3	484.6	436.6	435.4
합계 출산율	1.076	1.123	1.25	1.192	1.149	1.226	1.244	1.297	1.187	1.205

출처: 통계청(2014).

우리나라는 빠른 속도로 세계 최저 수준의 출산율과 고령화 현상을 보이고 있어 2001년부터 초저출산국, 2000년부터 65세 이상 노인인구가 7%가 넘는 고령화 사회에 진입하였다. 따라서 정부는 저출산 고령화 사회 대응 기반을 구축하기 위해 노력하고 있어 우선적으로 출산과 양육에 유리한 환경을 조성하고자 하고 있다. 이를 위해 가족과 사회·국가가 함께 아이를 낳고 키우는 차원에서 자녀 양육비와 교육비의 경제적 부담을 줄이고 다양하고 질 높은 육아지원 인프라를 확충하며 임신과 출산에 대한 지원을 확대하여 출산과 양육의 장애요인을 없애고 불임부부의 자녀출산을 지원하고 모성·영유아 건강관리를 체계화하여 건강하고 행복한 임신과 출산환경을 조성하고 양육의 책임이 여성에게 집중되지 않도록 가족친화와 양성평등 문화가 조성하는 등 사회적 책임을 강화하려 노력하고 있다(보건복지부, 2008, 2011).

저출산 극복을 위한 육아지원정책으로 연말정산 시 보육료와 교육비의 소득공제, 부모의 출산휴가와 육아휴직제 실시, 다자녀가정의 주택특별공급, 주택구입·전세자금대출지원, 전기료 감액과 자동차 취·등록세 감면 등의 지원정책, 무상보육 및 육아수당 지원 실시 등의 노력을 기울이고 있다. 이외에도 지속적인 다양한 보육정책과 이의 활성화가 일어나 저출산 현상의 극복과 국가적 차원에서의 여성을 통한 잠재인력 활용기반이 구축되어야 한다.

4) 다문화 시대와 보육

최근 우리나라에는 해외로부터 이주해 온 여성들과의 국제결혼이 빈번해지면서 다문화 가정이 급증하고 있다. 특히 이주 여성과 한국남성 간의 국제결혼은 우리나라 국민이 되는 다문화 가정 자녀를 길러내고 나아가 우리나라를 다문화 사회로 진입시킨다는 특징을 가진다. 그러나 다문화 가족의 정의는 보다 넓다. 첫째, 한국인 남성과 외국인 여성 또는 한국인 여성과 외국인 남성처럼 국제결혼을 하여 가정을 이룬 경우, 둘째, 외국인 근로자가 한국에서 결혼하거나 본국에서 결혼하여 형성된 가족이 국내에 이주한 외국인 근로자 가족, 셋째, 북한에서 태어나 한국에 입국하거나 한국에서 한국인 또는 외국인을 만나 결혼한 북한이탈주민 가족으로 나눌 수 있다(한국보육진흥원, 2011). 즉, 다문화 가족이란 국제결혼 등을 통해 서로 다른 민족 또는 다른 문화적 배경을 가진 상대를 만나 결합한 가족을 의미한다. 2008년을 기점으로 다문화 인구와 관련한 통계가 작성되었는데, 2008년 기준으로 우리나라

혼인건수의 11%(36,204건, 2014년 기준 24,387건으로 8%로 감소)가 다문화 가정을 이루는 국제결혼이었고, 특히 농촌의 경우에는 40% 이상을 차지하고 있었다. 이러한 국제결혼의 증가와 더불어 이주여성은 2015년 기준 안전행정부에서 실시한 통계조사에 따르면 결혼 이주 여성의 수가 12만 5천 명으로 기록되었다. 다문화 가정의 수는 82만 명 내외로 매년 지속적으로 증가하고 있으며, 2020년에는 100만 명을 넘어설 것으로 보고 있다. 또한 교육부에 따르면 2014년 기준 다문화가정의 자녀(0~18세) 수는 20만 4000여 명으로 5년 전보다 3.5배 늘었고 이 가운데 59%, 약 12만 명은 영유아이며, 학령기 자녀도 크게 늘고 있는 것으로 파악됐다. 초중고에 재학 중인 다문화 학생은 지난 해 6만 7000여 명으로 전체 학생 수의 1%를 넘어섰고 특히, 다문화 학생 비율이 20%를 넘는 초등학교가 서울에만 3곳이라고 한다(데이터뉴스, 2015. 11.).

이렇듯 다문화 가정이 빠른 속도로 증가하여 다문화 가정 영유아기 자녀가 급증하고 있음에도 불구하고 오랫동안 단일민족 국가였던 우리나라는 아직 다문화 보육을 위한 준비가 적절히 이루어지지 않고 있다는 평가를 받고 있다(한국보육진흥원, 2011). 예로부터 단일민족국가로서 동질성을 강조하여 왔기에 이질적인 것에 대한 배타성과 소수자에 대한 편견, 그리고 비관용성 등이 원인이 되었다.

다문화 가정 영유아기 자녀와 관련한 연구들은 주로 다문화 가정 영유아기 자녀들의 어려움을 일관적으로 보고하였다. 언어발달 및 의사소통의 어려움, 분노-공격적 행동특성과 불안-위축 행동특성, 그리고 어린이집이나 학교에서 피부색이 다르고 말을 잘 못한다는 이유로 따돌림이나 소외현상을 경험하는 것 등이다(한국보육진흥원, 2011). 국제결혼 가정은 물론 외국인 근로자 가정을 포함하는 다문화 가정 영유아에 대한 지원의 근거는 한국정부가 비준한 UN의 '아동권리조약(Convention on the Rights of the Children)'에 있다. 아동권리조약은 다문화 가정 영유아 역시 한국 사회의 다른 영유아와 동등한 권리를 보장받아야 하며, 동시에 이들에 대한 권리보장이 한국 사회로의 일방적인 동화나 적응을 의미하지 않고 부분적으로 공유하는 국가의 문화적 정체성을 보호받을 권리가 있음을 의미한다(이남주 외, 2013). 우리는 다문화 가정의 영유아가 또래들과 함께 생활하며 우리나라의 국민이 될 수 있도록 사회화를 지원하며 동시에 부모의 고유한 문화적 · 언어적 정체성을 발달시켜 나갈 수 있는 기회를 제공해야 하는 책임을 가진다. 따라서 다문화 가정 영유아들이 보편적인 삶의 권리를 누릴 수 있도록 지원정책이 마련되어야 한다. 이들 다문화 가정 영유아들이 양질의 교육적 혜택을 누리기 위해서는 각 가정에서 교육의 일차적 제공자인 어머니와의 양질의 교육적 상호작용이 필요하며, 전문적인 어린이집에서 교육받을 권리가 있다.

이러한 노력은 궁극적으로는 저출산 시대에 발전적인 대안으로 다양한 언어와 문화를 가진 우수한 인재를 육성함으로써 우리 사회의 국가경쟁력을 높이는 매우 효율적인 방법이 될 수 있다. 다문화 가정 영유아는 이중 언어를 사용하고 세계화를 주도하는 융통성 있고 우수한 국가인재로 양육될 수 있기 때문에 아주 어릴 때부터 이러한 잠재력을 키워 줄 수 있는 보육서비스를 제공해야 한다. 반면 다문화 가정 영유아들 및 자녀들에 대한 교육적 지원을 소홀히 할 경우 이들이 사회의 부적응자들이 되어 빈곤 계층을 이룸으로써 사회적 문제들을 야기할 수 있고 이는 국가적인 사회보장 비용부담을 증가시키는 원인이 될 수 있다. 따라서 다문화 시대에 맞는 아동 권리를 보장하는 양질의 보육서비스 제공이 매우 중요하며 시급하다고 할 수 있다.

생각해 보기

1. 아동의 권리를 보장하기 위해 보육에서 아동학대 예방 외의 다른 실천 사항은 무엇이 있는지 생각해 보시오.

2. 보육의 사회 · 문화적 필요성과 중요성에 대해 설명하시오.

3. 다문화 시대에서 보육은 왜 중요한지 토론해 보시오.

제3장
보육과 발달

CONTENTS

1. 보육의 질적 요인

현재의 어린이집은 과거의 저소득층 가정이 생계를 유지하기 위해 부모가 경제활동하는 시간 동안 자녀를 단순히 보호해 주는 차원에서 탈피하여 보편적인 서비스로서 영유아의 발달에 맞는 교육적인 차원까지 충족시켜야만 한다. 우리나라의 산업화와 사회변화 과정에서 발생한 갑작스런 보육에 대한 요구에 부응하기 위하여 어린이집의 설립에만 관심을 가졌지만 최근에 이르러서는 어린이집의 양적인 팽창보다는 질적인 면의 중요성이 대두되었다.

영유아들이 하루 일과를 보내는 어린이집은 영유아들에게 많은 영향을 미친다. 어린이집의 물리적 환경뿐 아니라 많은 시간을 함께 상호작용하는 교직원, 특히 교사와 같은 인적 환경은 아동발달에 많은 영향을 미치게 된다. 발달심리학자들은 아동이 경험하는 환경이 그들의 성장과 발달에 큰 영향을 미친다고 밝히며 환경의 중요성을 강조하고 있다. 아동의 환경과 사회 경험의 질이 아동의 복지와 학습 능력에 결정적이며 장기적인 영향을 끼친다. 따라서 아동의 잠재 능력을 키우고 적절한 성장발달을 지원하기 위해서는 질적으로 좋은 보육환경을 마련해 주어야 한다.

연구들은 높은 질의 보육을 받은 아동은 중간과 낮은 질의 보육을 받은 아동보다 성인과의 긍정적인 상호작용, 인지 발달, 언어 발달, 사회성 발달, 협동심 등에서 더 높은 점수를 얻었음을 밝히고 있다(Ruopp, Travers, Glantz, & Coelen 1979; McCartney, 1984; Vandell & Powers, 1983). 또한 최상의 아동발달을 보장하기 위해서는 평균 수준의 질로는 부족하며, 보다 높은 질의 아동보육이 필요하다고 하였다. 따라서 아동발달에 미치는 영향을 결정하는 것은 아동이 어디에서 양육되는가에 있는 것이 아니라 어떻게 양육되는가에 달려 있는 것이다.

1) 보육의 질의 개념

보육의 질은 다음과 같은 3가지 차원에서 살펴볼 수 있다(Phillips & Howes, 1987).

(1) 보육의 전반적인 질을 측정하는 것

함스와 클리포드(Harms & Clifford, 1980, 1990, 1998)가 개발한 영아학급환경평정척도(Infant/toddler environment rating scale, ITERS-R)와 유아학급환경평정척도(Early Childhood Environment Rating Scale-revised, ECERS-R)나, 미국의 전미유아교육협회(NAEYC)의 유아교육 프로그램의 평가준거(Accreditation Criteria and Procedures) 등과 같은 보육시설과 관련된 여러 가지 하위 요소로 구성된 평정척도가 여기에 속한다고 한다. ECERS-R의 경우 공간과 설비, 일상생활지도, 언어-사고력 영역, 활동영역, 상호작용, 일과운영, 부모와 교직원 등 7개 내용영역으로 이루어져 있고, 영역마다 하위영역을 설명하여 총 147개의 문항을 통해 질적인 교육환경을 평정하도록 구성되어 있다(이경선, 2000). NAEYC는 유아교육 프로그램의 질에 대한 인준 기준과정으로 교사-아동 간의 상호작용, 교육과정, 교사-부모 간의 상호작용, 교사자격 및 자질, 운영관리, 교사 대 아동의 비율, 물리적 환경, 영양 및 급식, 평가, 건강 및 안전 등 10개 영역을 선정하였다. 우리나라의 어린이집 인증평가 지표(보건복지부, 2014c)는 보육환경, 건강, 안전, 보육과정 운영, 보육활동과 상호작용, 운영관리의 6개 영역에 50개의 지표로 구성되어 있다.

(2) 보육의 질에 관한 구체적인 지표를 살펴보는 것

보육의 질에 관한 구체적인 지표로는 교사 대 아동의 비율, 집단의 크기, 교사의 학력과 경력 등과 같은 보육의 질의 구조적인 측면을 측정하거나 아동의 일상생활을 들여다볼 수 있는 보육 경험과 같은 역동적인 측면, 시설의 종류와 교직원의 안정성과 같은 맥락적인 측면으로 나누어 살펴볼 수 있다.

좀 더 자세히 살펴보면, 보육의 구조적 변인에는 교사 대 아동의 비율, 학급 크기, 교사의 학력과 경력, 시설 및 설비, 교사의 이직률 등이 포함된다. 이 변인은 보육시설의 주요 평가인준에 해당하는 요인이다. 과정적 변인에는 주로 교사와 아동의 상호작용과 어린이집 내에서 이루어지는 보육활동의 질, 즉 아동에게 발달적으로 적합한 교육실제 등의 항목들로 전문가의 견해나 판단에 의해 설명되어질 수 있는 요인들이다. 이러한 구조적 변인과 과정적 변인 중 구조적 변인은 과정적 변인에 영향을 주나, 구조적 변인보다 과정적 변인이 어린이집의 질과 더 높은 상관이 있고 아동발달과 직접적인 관련이 있는 변인으로 밝혀지고 있다(이경희, 1995; Howes, Philips, & Whitebook, 1992).

(3) 보육의 질과 가정환경과의 상호작용을 고려하는 것

보육의 질과 가정환경과의 상호작용을 고려하는 관점에서 보육의 질을 측정하는 것이다. 많은 연구는 보육의 질과 아동의 특성, 그리고 부모의 특성을 모두 고려하였을 때가 보육의 질만을 보았을 때보다 아동의 발달을 더 많이 예측해 준다고 보고하였다. 보육의 질과 관련된 연구들을 중심으로 살펴보았으나 보육의 질에 대해 합의된 정의는 내려지지 않은 형편이며 보육의 질의 정의는 보육프로그램의 규준지표나 아동발달과의 관련성에 주로 초점을 맞추고 있다. 그러나 보육의 질을 상대적으로 쉽게 양화할 수 있는 몇 가지 규준적 지표로 정의하는 것은 보육 관련 전문가나 정책 결정자에게 정보를 제공한다는 면에서 매우 유용하나 다중 맥락 속의 아동 특성을 이해하지 못하는 우를 범할 수 있다. 가정과 보육환경은 단순히 연관되는 것이 아니라 상호역동적인 관련이 있다. 그러므로 교실 내의 한정된 변인만 측정하는 것은 개별 아동, 부모, 교사의 복잡한 상호관련성을 이해하는 데 도움을 주지 못한다. 또한 보육의 질을 아동발달로 정의하는 것은 질이 높은 어린이집에 다니는 아동은 발달도 높을 것이라는 가정 하에서이다. 보육의 질뿐만 아니라 아동의 타고난 유전적 성향과 지능, 아동의 기질, 가정환경, 부모의 특성, 교사의 특성, 형제의 특성 등 수많은 변인들에 의해 영향을 받는다. 심지어 아동의 발달을 설명해 주는 변인으로 보육기관의 질 변량이 상대적으로 적다고 보고한 연구도 있다(Dunn, 1993). 이것은 환경의 질은 아동발달에 중요한 역할을 하는 많은 요소 중 하나일 뿐이라는 것을 의미한다.

2) 보육의 질을 위한 생태학적 접근

보육의 질을 보다 더 잘 정의하기 위해 인간발달과 관계하여 보육의 생태학을 고려해야 한다. 브론펜브레너(Bronfenbrenner)의 생태학적 체계이론에 근거하여 보면 발달은 다중적인 맥락에서 이루어지며 이러한 다양한 맥락에서 이루어지는 발달 과정은 독립적인 것이 아니며 위계적인 4가지 체계, 즉 미시체계, 중간체계, 외체계, 거시체계로 조직화된다. 미시체계(microsystem)는 개인과 직접적인 환경과의 상호작용을 포함하며 가정에서의 부모와 영유아와의 상호작용 등이 해당된다. 중간체계(mesosystem)는 개인이 적극적으로 참여하는 둘 이상의 환경 간 상호관계로 이루어진다. 영유아는 가정과 어린이집에서 일어나는 상호관계, 성인의 경우 가족과 직장 사이의 관계를 예로 들 수 있다. 따라서 부모의 직장, 가정, 어린이집 간의 연관이 가정과 어린이집에서의 아동 경험에 끼치는 영향을 중요하게 생각해 볼 수 있다. 아동은 각각의 미시체계에 참여하며 다른 미시체계 간의 관계에 따라 복합적인 상호 작용을 하게 된다. 만일 가정에서 어떠한 어린이집을 선택하게 되면 그 가정이 한부모 가정, 맞벌이 가정, 주 양육자가 할머니인 가정이냐에 따라서 보육 경험이 다르게 나타날 수 있다. 외체계(exosystem)는 개인이 속한 환경에서 일어나는 일에 영향을 주고받는 사건이 발생되는 환경이다. 예로, 직업 환경으로서의 어린이집이 교사에게 어떻게 영향을 주고 보육환경에 영향을 주는가 등의 관계를 포함한다. 거시체계(macrosystem)는 개인에게 영향을 줄 수 있는 인식과 관념이다. 예를 들어 보육교사라는 직업에 대한 사회의 인식 등이 교사나 어린이집에 어떤 영향을 주는가 등이다. 따라서 중간체계 이상의 체계를 고려하면 보육의 질은 보육의 질에 직접적인 영향을 미치는 원인에만 한정하는 좁은 시각에서 벗어나 아동, 가족, 보육환경을 전체적으로 살펴볼 수 있게 도와준다.

따라서 보육에는 복합적인 요인들이 영향을 주고받는다고 가정하고 보육의 질에 대한 아동 관련 변인, 교사 관련 변인, 가족 관련 변인으로 나누어 살펴보도록 한다.

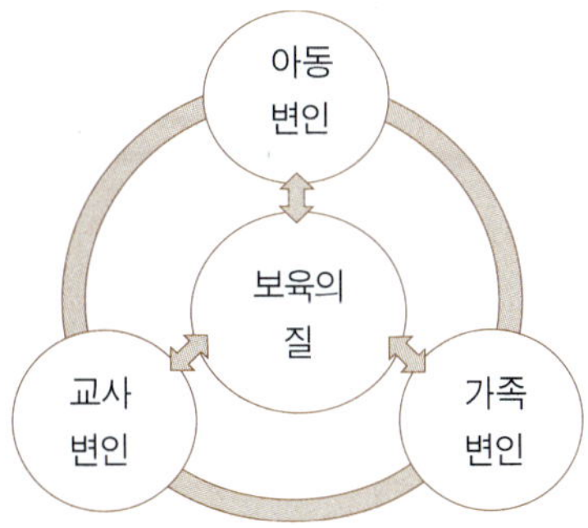

[그림 3-1] 보육의 질과 아동 관련 변인, 교사 관련 변인, 가족 관련 변인

(1) 보육의 질과 아동 관련 변인

선행 연구들의 결과, 아동과 관련되어 보육의 질에 영향을 미치는 내용들은 아동의 총 보육연한, 하루 보육시간의 양, 생활보호대상 유무, 결석률, 형제 수, 출생순서, 연령, 인지 수준 등이 변인으로 연구되었고 결과를 정리하여 보면 다음과 같다.

- 소득의 계층과 관련하여 저소득층 이상의 계층에서는 큰 영향을 받지 않았으나 저소득 계층의 경우 보육을 경험한 기간과 입학한 연령보다는 기관에 들어가기 전 12~18개월 동안 받았던 좋은 보육의 경험이 자녀의 지적인 발달에 긍정적인 영향을 주었다.
- 저소득 계층의 경우 생후 첫 3년 동안의 보육 경험은 읽기와 인지점수에 긍정적인 영향을 주었다.
- 형제가 없는 아동이 보육을 경험하면 사회성 발달에 긍정적 효과가 나타났다.
- 아동의 인지 수준이 높을수록 보육에 의한 긍정적 영향을 받았다.

보육의 질과 관련된 영유아의 시각

- 나는 여기에 붙잡힌 것이 아니라 환영받는다고 느끼는가?
- 나는 고립되어 있거나 여러 아이의 무리 속에 단지 한 명일 뿐이라고 느끼지 않고 여기에 소속되었다고 느끼는가?
- 나는 여기에서 성인들에 의해 야단맞거나 무시당한다고 느끼는가, 아니면 인정받고 이해받고 보호받고 있다고 느끼는가?
- 나는 대다수의 친구에 의해 거부당하기보다는 인정받고 있는가?
- 나는 '소중하고' 또는 '귀여운' 사람으로 진지하게 존중받는가?
- 나는 여기서 경험하는 대부분의 활동이 단순히 오락적이거나 재미있기만 한 것이 아니라 참여하고, 몰입할 수 있고, 도덕적인 활동이라고 생각하는가?
- 이곳에서의 경험이 시시하고 지루하기보다는 흥미롭고 의미 있는가?
- 내가 경험하는 많은 것에 좌절과 혼란을 느끼기보다는 만족을 느끼는가?
- 나는 여기를 떠나고 싶지 않고 여기 있는 것을 좋아하는가?

출처: 김경회 외(2006).

(2) 보육의 질과 교사 관련 변인

교사와 관련된 변인으로는 교사의 경력, 학력, 교사의 연수 경험, 직업의 만족도, 이직률, 월급, 보육지침에 정해져 있는 교사 대 아동 비율, 교육 신념 등이 보육교사가 가지는 보육의 질에 영향을 줄 수 있는 특성들로 설명될 수 있다. 결과를 정리하면 다음과 같다.

- 보육교사의 학력이 높고 연수의 경험이 많은 교사일수록 아동의 사회적 능력이 높았고 교사의 학력이 높을수록 교사의 행동은 비지시적이고 비억압적인 상호작용 유형을 보였다.
- 보육교사의 학력이라는 하나의 단일 요인이 아니라 수준 높은 동료 교원, 교육의 내용과 현직 연수 등 다양한 요인이 복합적으로 작용하여 보육과 영유아에게 영향을 미칠 수 있다.
- 아동중심적인 내용의 연수를 받은 교사는 아동들에게 질적인 상호작용, 즉 아동에게 용기를 주는 등 아동중심적인 태도를 보이고 더 나은 물리적인 환경을

제공하였다.

- 교사가 받은 연수는 보육교사의 태도와 신념에 직접적인 영향을 주었으며 연수를 받은 교사는 더 높은 직업만족도를 보인다.
- 교사의 직업만족도는 교사가 받는 월급과 높은 상관을 보였으며 교사의 월급은 교사 이직률과는 부적인 상관을 보인다.
- 교사의 이직률이 높은 어린이집의 아동은 사회적인 활동에 덜 참여하였고 목적 없이 더 많이 돌아다녔으며 언어검사 점수가 낮았다. 교사의 높은 이직률과 낮은 보육의 질은 상관이 높았다.
- 교사 대 아동의 비율이 적을수록 보육의 질이 높았다.

보육의 질과 관련된 교사의 시각

- 나는 보육하고 있는 영유아 부모와의 관계가 만족스러운가?
- 나는 보육하고 있는 영유아 부모와의 관계를 효과적으로 활용하고 있는가?
- 보육하고 있는 영유아의 가족으로부터 나의 노력의 진가를 인정받고 있는가?
- 보육프로그램의 목표를 위한 나의 견해와 선호가 존중받고 있는가?

출처: 김경회 외(2006).

(3) 보육의 질과 가족 관련 변인

영유아의 가정환경은 보육의 질과 아동 발달에 영향을 미치게 된다. 일단 가족은 영유아를 어린이집에 보낼 것인지의 여부와, 보내면 어떤 유형의 기관에 보낼 것인지 결정하게 된다. 또한 아동을 언제 타인에 의해 양육시킬 것인지 결정하고 보육 안정성에 영향을 끼치며 아동은 결국 가족의 구성원이기에 가정에서의 경험은 어린이집에서의 경험과 긍정적으로 상호작용하거나 어린이집 경험을 상쇄시킬 수도 있다. 가정의 사회·경제적 지위(가정의 총수입), 어머니의 직업 수준, 어머니의 연령, 어머니의 학력, 부모의 양육태도, 어린이집에 대한 만족도, 부모 교육 참여도 등이 어머니 및 가족 관련 변인이라고 볼 수 있다. 결과는 다음과 같았다.

- 가정의 사회 · 경제적 지위가 중 · 상류인 경우는 보육의 효과가 분명하지 않다.
- 저소득층 아동의 보육 참여는 아동의 지적 발달, 읽기 지각 능력 등에 일관적으로 긍정적인 결과를 보였다.
- 부모교육 참여도는 아동의 학습 준비도에 긍정적인 영향을 미친다.
- 부모의 양육 특성은 아동의 문제해결력, 사회정서발달, 또래나 성인과의 상호작용, 놀이행동과 또래와의 관계 등과 관련이 되었다.

보육의 질과 관련된 부모의 시각

- 나는 영유아 자녀에게 보호적이거나 통제적 관계를 맺는 것이 아니라 기본적으로 존중의 관계를 가지는가?
- 나는 보육교사에게 거부적이고, 비난하고 편견을 가지고 있지 않고 수용적이고 개방적이고 포괄적이고 관대한가?
- 나의 자녀를 위한 나의 목표와 가치가 존중받고 있는가?
- 보육교사에게 거리감이 있지 않고 방문이 지속적이고 빈번하고 환영받는가?

출처: 김경회 외(2006).

2. 보육과 영유아발달

1) 영유아 발달의 이해

영유아기의 경험과 보육의 질은 영유아의 인성 및 신체 발달, 인지 · 언어발달, 정서 안정감, 사회성 발달 등을 결정짓게 된다. 보육교사는 영유아의 신체, 언어, 인지, 사회 · 정서, 창의성에서의 잠재적 능력과 발달에 대해 이해하고 그 중요성을 잘 알고 있어야 한다. 이러한 발달의 영역들은 상호 관련되어 전 생애에 걸쳐 서로 영향을 주고받고, 또 다른 말로 이야기하면 어느 한 영역에서의 발달이 부족하다면 다른 발달 영역에 부정적인 영향을 줄 수 있기에 보육교사는 영유아의 발달과 지원에 대한 이해를 토대로 영유아에게 적합한 보육경험과 환경을 제공할 수 있어야 한다. 영유아를 위한 보육은 아동발달에 적합하도록 이루어져야 하는데, 발달에 적합한 보육이 이루어지기 위해서는 연령과 개인 별로 적합한 보육, 문화적으로 적합한 보육이 이루어져야 한다. 영유아의 신체적, 정서적, 사회적 특성으로 인해 영아의 학습에 대한 욕구는 나이 많은 아동이나 성인과는 다르기에 영유아의 발달적 특성을 고려해 학습이 주어져야 한다. 예를 들어, 개념을 소개할 때 추상적 개념보다는 실물을 다룰 수 있게 마련해 주어야 영유아 연령에 적합한 보육이 될 수 있다. 또한 영유아의 개별적 차이를 이해하는 것이 실제 교수-학습 과정에서 고려되어야 하는데 같은 연령일지라도 발달의 속도나 욕구, 관심, 기질, 경험에 있어 차이가 날 수 있기 때문이다. 그리고 영유아들이 속한 가정의 문화, 인종, 지역사회, 계층, 종교 등의 특성에 따라 다양한 욕구와 특성을 가지게 되므로 이들을 고려하여야만 보다 효과적이고 좋은 질의 보육을 완성할 수 있을 것이다.

노벨 경제학 수상자인 미국의 헤크만 교수는 초기 투자의 중요성으로 영유아기의 교육을 강조하였는데, 한 개인이 어렸을 때 보이는 성향, 특성, 교육성과가 인생 전반에 어떠한 영향을 가져오는지 추적하였다. 0~3세 영아기, 4~6세 유아기, 학령기, 학령기 이후, 각 생애별로 투자비용을 동일하게 산정할 경우, 영아기가 가장 최고, 그 다음 유아기가 인적 자원 투자 대비 회수 비율이 가장 크게 나타났다고 한다(이찬옥 외, 2013). 즉, 영유아교육에 국가가 투자하고 지원할 경우, 다른 발달 시기와 비교하여 볼 때 이후 개인의 이익 및 다양한 측면에서 엄청난 투자효과를 볼 수 있는 것이다.

따라서 영유아기의 발달은 개인의 전 생애 학습과 삶의 질에 큰 영향을 미친다. 앞으로의 영유아 정책은 보육에 대한 국가 지원체계를 계속 강화하되 현실적이며 효율적인 다양한 정책의 개발과 그에 대한 평가가 이루어져 영유아를 위한 가장 바람직한 방향을 마련해 나아가야 한다.

(1) 영아 발달 이해

영아기는 출생에서 약 24개월까지의 시기이며 첫 성장급등기로서 신체발달이 급격하게 이루어지고, 기본적인 운동기능과 언어 발달이 활발히 이루어진다. 성격발달의 기초가 되는 대부분의 정서를 나타내며, 이후 사회성 발달에 중요한 영향을 미치는 애착관계를 통하여 타인과의 정서적 유대관계를 맺게 된다. 또한 활발하게 뇌발달이 이루지며 뇌발달에 환경적 측면이 중요하게 영향을 미치게 된다. 점차적으로 자신의 신체를 잘 조종할 수 있게 되고, 후반부로 가면서 언어발달이 이루어지며 상징적인 의미를 자기 경험에 부가하면서 상징적 사고가 발달한다.

① 신체 및 운동

- 신체발달

출생에서 24개월까지 영아의 신체발달은 상당히 빠르게 진행된다. 신체발달의 방향은 머리에서 다리 방향으로, 가슴(중심)에서 신체 끝(말초) 방향으로 이루어지며 발달의 속도나 정도에는 개인차가 크다.

영아의 출생 시 몸무게는 평균 3kg 정도이나 생후 3개월 정도엔 출생 시 몸무게의 2배, 첫돌이 되었을 때는 출생 시 몸무게의 약 3배로 늘게 된다. 키는 출생 시 평균 50cm이고 첫돌이 되면 출생 시 키의 약 1.5배가 된다. 태아의 뼈는 이미 태내에서 만들어져 출생하나 신생아의 뼈 조직은 연골의 형태로 매우 부드럽다. 따라서 신생아는 앉혀도 앉아 있을 수 없고 일으켜 세워도 서 있기 어렵다. 영아의 치아(젖니, 유치)는 태아기부터 잇몸 속에 있다가 생후 5개월 무렵 젖니가 날 징후를 보이다 약 6개월에 아래 앞니 2개부터 나오게 된다. 젖니는 어차피 빠질 치아라는 생각에 충치가 생겨도 관리하지 않는 경우가 많으나 영구치를 평생 건강하게 유지하려면 젖니(유치)부터 잘 관리해야 한다. 배설기능은 10개월이 지나면서 신경 및 뇌가 발달하여 방광의 감각을 느낄 수 있고 18~24개월이 되면 방광이 좀 더 커져서 보다 많은 양의 소변을 모을 수 있고 대변이 나오는 느낌을 지각할 수 있어서 배변훈련을 시작할 수 있는 적절한 시기가 된다.

- 운동발달

운동기능의 발달은 영아가 새로운 세계를 탐색하기 위하여 중요한 역할을 한다. 운동기능은 대근육 운동과 소근육 운동으로 나누어진다. 대근육 운동(gross motor)의 발달을 통해서 팔과 다리, 복부 근육을 이용해서 몸을 크게 움직일 수 있게 된다. 앉고, 기고, 걷고, 오르는 동작들이 대근육 운동의 주요 영역이다. 이러한 능력들은 영아가 움직이고, 주변을 탐색하도록 해주며 다른 영역이 성장하는 기초가 된다. 영아의 대근육 운동발달은 목 가누기 – 뒤집기 – 기기 – 서기 – 걷기의 순서로 이루어진다. 발달의 순서는 일정하지만 발달 시기와 속도는 개인차가 크다. 한편 소근육 운동(fine motor)의 발달을 통해서 작고 정교한 움직임을 조절하기 위한 능력을 배우게 된다. 소근육이란 정교한 움직임이 필요할 때 사용되는 근육을 말한다. 소근육 운동과 관련된 행동들은 잡기, 쥐기, 놓기, 쓰기, 쌓기, 자르기 등이다. 이러한 소근육 운동은 눈과 손의 협응, 두 손 사용의 협응, 사물의 조작력, 손가락의 민첩성과 힘이 조화를 이뤄야 하며 장차 아동의 지각 능력, 모방 기능과 관련이 깊고 쓰기 학습에 필수적이다. 영아기 소근육 운동은 팔 – 손 – 손가락의 순서로 발달한다. 물건을 잡기 위해 처음에는 팔 전체와 몸통을 사용하고 다음으로 손바닥 전체를 이용한다. 10개월경이 되면 손가락을 사용해 작은 물체를 집을 수 있게 된다. 소근육 운동 역시 대근육 운동처럼 전체적인 순서에는 큰 변화가 없으나 발달 시기는 개인차가 크다.

- 뇌발달

뇌세포인 뉴런과 뉴런들 간의 연결인 시냅스의 발달은 태내기부터 시작되어 지방물질이 뇌 섬유를 싸서 정보 전달의 속도를 높여주는 수초화가 유아기, 아동초기에 일어나 시냅스 간 정보전달의 효율성이 높아진다. 출산 시 뇌는 거의 성인 뇌 무게의 30%에 달하고, 2세가 되면 70%, 6세에 90%에 달하게 된다. 또한 호두와 같은 모양으로 뇌를 싸고 있는 대뇌피질은 초기 경험을 통해 조직화된다.

② 언어

영아의 언어발달은 출생 시의 울음으로부터 시작하여 6주 정도가 되면 목 울리는 소리를 내다가 신경 근육이 발달하면 소리 내기가 옹알이로 변한다. 옹알이는 모음과 자음을 바꾸어 가면서 내는 소리이다. 영아는 옹알이를 하면서 스스로 소리를 내는 그 자체를 즐거워하고, 소리를 낼 수 있는 자신의 능력을 탐색하면서 대개 1년경에 점차 감소하게 된다. 옹알이는 발성연습 및 옹아리를 함으로 다른 사람과의 의사소통 욕구가 자극되는 효과를 가진다. 이후 보다 적극적인 의사소통의 욕구가 생기게 되어 몸짓(gesture)이나 표정이 더해지며 생후 1년을 전후하여 첫 단어를 말하게 되면 어휘 습득이 이루어진다. 18개월 정도에 어휘 폭발현상이 일어나 많은 단어를 익히게 되며 이후 두 단어를 연결하여 의사표현을 할 수 있게 된다.

③ 인지

영아기는 피아제의 인지발달단계 중 감각운동기(sensorimotor stage)에 해당한다. 감각운동기 초기에는 반사적인 행동만을 나타내지만, 점차 감각적인 정보와 운동 반응을 통해 세상을 경험하고 이해한다. 외부 세계에 관심을 가지게 되면서, 대상이 가지고 있는 다양한 속성과 자신이 대상에게 어떤 작용을 일으킬 수 있는지에 호기심을 가지게 된다. 점차 대상영속성이 발달하여 물체가 눈에 보이지 않거나 소리가 들리지 않더라도 그 물체가 어딘가에 계속 존재한다는 것을 알게 된다. 2세경에는 영아기 동안 획득한 감각운동적 도식이 내적 표상으로 전환되는 시기로 사물을 상징적으로 조작할 수 있게 된다. 초보적이지만 사물을 만지거나 보지 않아도 마음속으로 사물의 이미지를 만들 수 있게 된다. 부모의 행동을 모방하거나 동물이나 움직이는 사물 등 친숙한 사물을 상징화하여 놀이를 시작하며 이러한 상징놀이를 통해서 유아는 사회, 신체 및 내적 세계를 실험하고 이해하며, 현실적으로 불가능한 것도 다룰 수 있게 되며, 언어적인 제한을 보충해 갈 수 있게 된다.

④ 사회정서발달

영아기 사회성의 발달은 외부와의 의사소통을 목적으로 울기, 미소 짓기, 옹알이 등으로 자신의 욕구나 호기심을 표현하는 행동으로부터 시작된다. 영아들이 표현하는 몇몇 정서는 선천적이고, 이를 기반으로 발달함에 따라 서서히 여러 가지 정서가 분화된다. 낯가림과 격리불안은 영아기 불안과 공포의 정서 표현이다. 낯가림(stranger anxiety)은 낯선 사람에 대한 불안반응으로 생후 약 6~8개월에 나타난다. 낯선 이에 대해 불유쾌한 표현 혹은 긴장된 행동 드러내며, 낯선 이가 접촉하려면 경직된 태도를 보이거나 얼굴을 돌리는 행동을 드러낸다. 이는 영아가 친숙한 사람과 그렇지 않은 사람을 식별할 수 있다는 것을 의미한다. 격리불안(separation anxiety)은 부모와 분리될 때 나타내는 슬픔이나 실망으로 낯가림보다 늦은 생후 약 9개월에 나타난다. 3개월경의 영아는 어머니의 얼굴을 보며 행복하거나 슬프거나 화가 난 표정을 구분하며, 8~10개월에는 불확실한 상황에서 타인의 정서를 통해 어떻게 행동할지를 판단한다. 영아는 자신이 다른 사물이나 사람과 관계없이 존재한다는 것을 알고부터는 자신이 누구인지를 인식하기 시작하며 18~24개월경이 되면 거울 속 자신의 모습과 실제 자신을 구분할 수 있게 된다.

- 애착형성과 기질

애착(attachment)은 양육자와 영아 간의 강한 정서적 유대관계이며 영아기에는 영아와 양육자 간 애착이 만들어진다. 영아와 부모와의 관계는 아이가 부모를 부르는 신호들로부터 시작되며 시간이 지나면서 진정한 애정적 관계가 발달되면 정서 및 인지적 능력이 향상되고, 따뜻하고 민감한 양육으로 이어진다. 출생에서 2개월에는 잡기, 미소, 울기, 성인의 눈 쳐다보기 등의 신호들을 만들어 타인과의 가까운 접촉을 이루게 하고 2~7개월에는 양육자와 다른 사람을 구분하여 반응하는데, 엄마에게 더 미소 짓고, 웃고, 옹알이하고 엄마가 안아줄 때 더 금방 달래진다. 부모로부터 고통을 위안 받는 경험으로 자신의 행동이 주변 사람들에게 영향을 미친다는 것을 알게 되며 양육자가 언제는 신호에 반응할 것이라는 기대와 신뢰감을 얻게 된다. 7~24개월에는 양육자에 대한 애착이 명백하며 격리불안을 보이며 애착대상을 안전 기반으로 삼아 주변을 탐색할 수 있게 된다. 안정애착을 형성하기 위해서는 영아에게 신속하고 일관되게, 그리고 적절하게 반응해 주고 부드럽고 따뜻하게 안아주는 민감한 양육이 중요하다.

또한 기질(temperament)은 생애초기에 나타나는 것으로, 외부 세계에의 반응과 자기를 통제하는 데 있어 안정되게 나타나는 개인차이다. 양육자는 아동의 기질을 이해하고, 이에 적절한 양육 방식을 찾아내어, 아동의 개별 특성에 적합하게, 융통성 있게 대처해야 한다.

(2) 유아 발달 이해

유아기는 신체 및 운동기능의 발달에 의해 활동량이 증가하고, 주변 환경에 대해 보다 활발한 탐색을 하게 되고 놀이 활동과 상상력이 풍부해지는 시기이다. 놀이세계를 통해 점차 더 많은 시간을 또래와 상호작용하며 다양한 발달을 이루고 부모와의 다양한 경험을 늘려가게 된다. 언어발달이 이뤄져 다른 사람과 보다 왕성한 의사소통이 이루어지고, 자기주장이 강하게 나타나며 전조작기 사고의 한계를 보이기도 한다.

① 신체 및 운동

유아기에 키와 몸무게는 꾸준히 자라면서 영아기에 비해 발달의 속도는 조금 느려지나 근육의 양이 늘고 팔다리, 몸통의 모양이 영아기와는 달라지며 머리와 팔다리 신체비율이 더욱 성인에 가까워지며 개인차도 크게 나타난다. 뇌는 계속해서 성장하여 5세가 되면 성인 크기의 90%에 해당한다. 3~6세에는 전두엽 피질이 가장 빠르게 성장하고 6세부터 사춘기까지는 측두엽과 두정엽이 빠르게 발달한다. 유아기에는 다양한 활동을 할 수 있게 되어 끊임없이 움직이면서 자신의 운동 능력을 시험해 보는 시도를 한다.

• 키와 몸무게

만 3세부터 6세까지의 유아기 동안 신장과 체중은 빠른 증가를 보인다. 생후 첫 6개월 동안에 3kg에서 8.5kg까지 늘던 몸무게는 두 돌 이후부터는 건강한 유아의 경우 몸무게는 해마다 약 1.5~2.5kg씩 늘어난다. 키는 2세에서 6세까지 해마다 거의 7cm씩 큰다.

• 뇌발달

생후 2~3년 동안 뇌는 급격히 발달한다. 뉴런의 수는 출생 전후 가장 많은 뉴런을 갖고 있다가 출생 후 약 3개월까지 최대한 많은 시냅스 연결을 만들고서 서서히 환경과의 상호작용을 통해 필요한 연결을 강화시키고 나머지를 버리는 '과잉 생성 후 선택적 소멸과정'을 거쳐 감소하지만, 유아의 적극적인 탐색 활동을 통해 시냅스가 급속도로 만들어지면서 두뇌의 무게가 현저하게 증가하게 된다. 일생 중 뇌 신경 회로가 가장 활발하게 발달하고 대뇌피질이 역동적으로 변화하게 된다. 특히 유아기에는 대뇌피질 중 전두엽이 점차 효과적으로 작용하고 성장하는 시기이다. 전두엽의 발달에 따라 인성이 형성되고 판단력 및 조절 능력, 종합적 사고가 발달하게 되며 브로카(broca) 영역의 발달에 따라 언어의 이해력이 증가하여 복잡한 언어생활이 가능해진다. 사태를 전체적으로 처리하고 리듬, 동작 및 정서를 담당하는 우뇌의 발달이 주를 이루며, 뇌량의 급격한 발달을 통해 유아기 성장이 고조된 우뇌와 좌뇌를 연결시키게 된다(김신옥 · 민혜영 · 이혜란 · 홍길회, 2014).

• 운동발달

유아기에는 대근육 운동이 다양하게 발달한다. 만 3~4세에는 팔을 흔들면서 걷기, 발을 번갈아 가면서 계단을 오르내리기, 더 부드럽게 달리고 출발과 멈춤을 더 잘 조절하기, 때에 따라 두 발로 뛰어오르고 한 발을 먼저 들어 올려서 사물을 뛰어넘기, 사다리나 정글짐, 미끄럼틀, 나무를 오르내리기 등이 가능하다. 만 4~5세에는 발을 번갈아 가며 계단을 오르내리기, 성인처럼 걷기, 한 발로 뛰기 등을 할 수 있게 된다. 유아기 운동발달이 빠르게 진행되지만, 종종 자신의 신체적 능력을 객관적으로 판단하지 못하거나 유아의 활동적이고 탐색적인 특성과 위험 상황에 대해 판단력이 없어 사고를 당하는 경우가 발생하기도 한다.

유아기에는 대근육과 함께 소근육도 발달하게 된다. 3세경에는 눈과 손의 협응력이 증진되어 옷의 단추를 풀 수 있고, 신발을 신을 수 있으며, 엄지와 집게손가락을 사용하여 숟가락이나 크레용을 쥘 수 있다. 4세경에는 혼자서 옷을 입고 벗을 수 있으나, 복잡한 구조의 옷은 잘 입지 못한다. 스스로 손발을 씻고 양치질을 하며, 신발을 신고 벗을 수 있고 나란히 짝지어 놓을 수 있으며, 신발 끈을 맬 수 있게 된다. 젓가락을 사용하며 도형의 윤곽을 따라 가위질을 할 수 있다. 5세경에는 사각형과 삼각형을 그리며, 숫자를 모방해서 그릴 수 있다. 6세경에는 글자 및 숫자, 다양한 형태의 도형을 모방하여 그릴 수 있다.

② 인지

유아기는 피아제(Piaget)의 인지발달 단계 중 전조작기(preoperational stage)에 해당하는데, 이 시기에는 언어와 놀이에서 상징적 사용 능력이 발달한다. 유아는 외부에 단서가 없어도 머릿속으로 어떤 대상을 표상하는 것이 가능해진다. 유아의 상징 사용은 그림이나 언어 또는 놀이에서 나타난다.

또한 전조작기는 자기중심성, 물활론, 중심화 같은 비논리적인 사고가 특징적이다. 자기중심성이란 유아가 시각이나 생각, 감정을 포함하여 다른 사람의 것을 생각하지 못하고 자신의 입장에서만 이해하는 것이다. 물활론은 무생물의 사물을 살아 있는 존재처럼 생각하는 것으로 전조작기 유아들의 전형적인 사고 중 하나이다. 이러한 사고는 유아들의 상상력의 기반이 되기도 하여 유아들의 작품이나 이야기, 놀이 등에 현저하게 반영된다. 중심화는 유아의 사고가 단편적임을 보여 주는 예로, 어떠한 상황이나 현상에 대해 여러 측면을 동시에 고려하여 생각하기 어려워 순간적으로, 특히 지각적으로 두드러지는 한 측면에만 주의를 빼앗겨 사고하는 특징을 말한다. 이러한 특징 때문에, 외양의 변화에도 불구하고 대상의 속성은 불변한다는 보존개념(conservation)이 없어 보존과제를 이해하지 못한다.

유아기에는 영아기보다 정보를 처리하는 기술이 늘어나게 되어 주의를 한번에 지속시킬 수 있는 시간과 기억의 용량이 늘어나게 된다. 점차 자신이 좋아하는 내용에 관한 지식 기반도 생겨나 흥미로운 내용을 기억하는 데 도움을 얻게 되며 스크립트(각본) 기억과 미래계획 기억이 생겨나 이야기를 구성하고 이해하는 것의 발달이 이루어지게 된다.

③ 언어

유아기에는 언어 규칙 체계에 대한 많은 지식이 발달하고 더불어 어휘 습득량과 문법발달이 비약적으로 이루어진다. 언어 사용에서 자신이 습득한 문법적 형태소를 적용시킬 수 없는 상황에까지 확대 적용시키는 과잉일반화, 그리고 반복, 혼잣말, 집단적 혼잣말과 같은 자기중심적 언어가 나타난다. 유아기의 언어발달에 있어 환경은 매우 중요한데, 특히 부모의 상호작용 방법과 언어적 모델로서의 역할이 중요시 된다.

④ 사회정서

유아기의 정서는 자주 변화하고 반응도 강하다. 정서 이해 능력이 증가하여 상황에 따른 정서의 차이를 이해하게 된다. 정서조절은 부모나 타인의 조절로부터 자신이 자신의 정서를 스스로 조절하는 방향으로 변화한다. 주도성 발달과 함께 자신에 대한 이해가 향상되나 자신의 신체적 특성이나 소유물로 자신을 기술한다. 성역할의 발달은 남녀 성차, 염색체와 호르몬 같은 생물학적 요인, 성정체성의 발달 및 성도식의 형성, 그리고 부모, 또래, 교사와 대중매체 등 유아의 사회적 관계가 영향을 미친다. 유아기 초기에는 놀이 친구에 대한 신체적 공격이 증가하나 점차 언어적 공격이 나타나고 7세 이후에는 공격성이 점차 감소한다. 강압적 가정환경 내 가족 구성원 간 상호작용이 공격성을 조장하는 기반이 된다. 독립성을 격려하고 온정적이고 합리적인 설명을 통해 아동을 통제하는 권위 있는(authoritative) 양육 방법은 자녀를 유능하고 안정감 있으며 자제력이 있는 유아로 키운다.

유아기에 자기인식이 보다 정확해지고 언어 능력이 발달하면서 타인의 사고와 감정을 이해하고 소통하는 데 능숙해지는 만큼 또래와의 상호작용 기술 또한 향상된다. 또래들은 같은 수준과 속도로 상호작용하기 때문에, 이들은 계속해서 대화를 이어 가고, 협동하며, 목표를 설정하는 것에 참여한다. 아동은 또래와 서로 애착을 형성하고 공동의 관심을 만들며 우정이라는 특별한 관계를 형성해 간다.

2) 영유아 발달을 지원하기

(1) 0세(0~12개월) 영아

양육자와의 애착관계를 형성하는 시기로, 주로 울음으로 자신의 의사를 표현한다. 8~12개월이 되면 타인의 얼굴표정에 대한 이해력이 증가하면서 사회적 상황을 판단하게 된다. 양육자와의 긴밀한 관계를 통해 자아를 인식하고 신뢰감을 형성할 수 있다. 이때 교사는 영아와의 따뜻하고 긍정적인 상호작용을 통해 신뢰감을 주도록 노력해야 한다. 보육교사는 개별 영아의 발달 특성, 기저귀 갈이, 수면 리듬 등을 미리 확인하여 개별적인 욕구를 고려한다. 영아가 자신의 정서를 강하게 표출하면 일단 영아의 감정을 수용하는 자세를 취하고 영아의 울음에 당황하거나 짜증내지 말고 인내심을 가지고 지도한다.

(2) 만 1세(12~24개월) 영아

혼자 걸을 수 있는 능력이 증가하고 가만히 있지 않고 호기심이 왕성하고 신체의 움직임이 많다. 독립된 존재로 자신을 이해하는 단어(나, 내 것, 내가 할래)를 사용하여 사회관계를 확장시킨다. 자율성의 기초가 형성되는 때이므로 일상적 생활을 스스로 하고자 하지만, 쉽게 잘 할 수 없으므로 보육교사는 인내하고 기다리는 자세를 가져야 한다. 자신의 감정이나 행동에 대한 표현이 미숙하여 다양한 갈등 상황에 놓이게 되므로 교사는 일관성 있는 규칙을 정하고 영아들 간 충돌이 일어나지 않도록 적절하게 개입해야 한다. 영아가 다양한 정서를 표현할 수 있는 인형, 블록, 점토 등 역할 놀이, 신체 놀이를 매개하는 다양한 흥미로운 자료를 충분히 제공한다. 놀이 공간의 크기 및 활동의 균형도 고려하여 제시하여 충분히 정서적 표현을 할 수 있도록 기회(신체 놀이, 바깥 놀이 등)를 주고 문제 상황을 예방하는 것이 좋다.

(3) 만 2세(24~36개월) 영아

정신적, 신체적으로 급속히 발달하며 자기주장이 강해지고 고집이 세어진다. '싫어', '안 해' 등 반항적인 말을 사용할 수 있고 또래와 놀잇감 공유가 어려워 갈등현상이 많이 일어날 수 있다. 감정 기복이 심하나 지연된 만족을 수용할 수 있다. 교사는 '싫어', '안 해'와 같은 말을 정상적인 발달과정으로 이해하고 화를 내지 않고 영아의 의견을 존중해야 한다. 교사는 말로 부탁하기, 차례 지키기 등과 같은 사회적 기술을 습득하도록 도와주고 규칙을 설명하고 인식하도록 노력한다. 교사는 표정이나 몸짓, 말 등으로 영아의 행동을 인정하는지 아닌지 표현해 준다. 영아가 하루 일과에 잘 적응하고 다음 상황을 예측할 수 있도록 규칙적이고 일관성 있는 일과를 제공한다. 스스로 할 수 있도록 격려하고 칭찬한다.

영아와의 상호작용 시 주의할 점

▷ 영아에게 간단한 단어를 사용한다.
- 영아에게는 간단하게 말한다. 8~10개월 된 영아는 간단한 요구를 이해할 수 있다.
- 편안하고 따뜻한 목소리를 사용하는 것이 바람직하며, 거칠거나 신체적으로 강압하는 것은 비효과적이고 영아가 두려움을 느끼게 된다.

▷ 영아에게 해야 할 것을 보여주고 설명한다.
- 영아가 하고자 희망하는 행동을 보육교사가 직접 보여 주고 말로 설명한다.
- 영아가 어떻게 행동해야 하는지 알고 있다고 기대해서는 안 되며 보육교사는 끈기 있게 상호작용해야 한다.

▷ 제안이나 요구를 반복하고 기다린다.
- 영아에게 시범을 한 번 이상 보여 줘야 한다.
- 영아는 보육교사가 부드럽게 요구할 때 잘 따른다.
- '싫어'라고 반응하기도 하므로 잠시 기다리거나 다시 요구한다.
- 자기주장을 반항으로 해석하지 말아야 한다.
  성급해 하거나 서두르지 말고 반복이 필요하며 특별한 요구를 지닌 영아는 더 많은 시간이 필요하다.

▷ 대안적인 행동이나 물건을 제공하여 영아의 주의를 분산시킨다.
- 대체물을 제시하거나 흥미 있을 만한 것을 가리키면서 주의를 끈다.
- 언어적으로 요구하거나 아이의 손에서 물건을 뺏는 것은 영아에게 적합하지 못하다.
- 적절하지 않은 행위나 사물로부터 주의를 분산시키고, 무엇을 할지 제안하며 어떻게 할지를 보여주면 영아와 힘겨루기를 피할 수 있다.

▷ 안전의 위험이 있을 경우, 지시를 따르지 않는 영아를 안아서 옮긴다.
- 영아의 흥미를 분산시키면서 간단하고 우호적이고 확고하게 이동시키는 것이 효과적이다.'혼자서 밖에 있는 것은 안전하지 못해'라고 조용한 목소리로 설명한다.

출처: 박경자 · 김송이 · 권연희 · 김지현(2009).

(4) 만 3~4세

일상생활에 대한 자조 능력이 숙달되고 호기심과 탐색의 욕구가 강하다. 규칙을 배울 수 있고 상대를 이해하고 도와주려는 행동이 나타난다. 그러나 아직은 타인의 입장을 배려하기 어려워 신체적 싸움을 많이 보일 수 있다. 상대방이 나를 어떻게 생각하는지에 초점을 맞춰 행동하고자 하며 인정받고 싶어하므로 칭찬과 격려가 필요하다. 교사는 개별 유아의 생각과 느낌을 존중해야 한다. 즉, 모든 종류의 정서(긍정적 정서, 부정적 정서 등)를 인정해주고 이야기할 때 아동은 더 넓은 관점을 갖게 된다. 따라서 칭찬과 격려를 적절하게 해 준다.

(5) 만 5세

신체적 안정감을 가지고 운동기술을 다양하게 시도하게 된다. 또래와의 원만한 협동놀이도 이루어진다. 갈등상황이 많아지며 해결을 위해 노력하게 된다. 교사는 사회에서 요구하는 규칙, 인성의 중요성을 지도해 줘야 한다. 갈등상황에 직면하였을 때도 효과적인 방법으로 결정할 수 있도록 여러 방법을 함께 모색한다. 언어적 자극과 지지가 필요하다.

유아와의 상호작용 시 주의할 점

▷ 유아의 행동을 주의 깊게 관찰한다.
- 유아의 행동을 관찰하고 파악한다.
- 부적합한 행동의 원인이 될 수 있는 물리적 환경, 소리, 사람, 시간 등이 있는지 살펴본다.

▷ 유아의 주의를 집중시킨다.
- 주의 집중을 위한 다양한 방법을 사용한다.
- 적절한 상호작용 및 동화, 손유희 등을 통해 주의를 집중시킨다.

▷ 문제가 될 만한 행동을 파악하여 사전에 조정한다.
- 문제가 될 만한 행동을 파악한다.
- 실수를 일으킬 만한 환경은 미리 조정한다.

▷ 반응을 위한 충분한 시간을 준다.
- 유아의 행동을 실천하기 위한 충분한 시간을 준다.
- 곧바로 반응할 것을 요구하지 않으며 재촉하지 않는다.

▷ 일과를 예상 가능하도록 계획하고 반복해서 알려준다.
- 예상 가능한 일과가 되도록 하루 일과를 계획한다.
- 같은 규칙을 반복해서 알려준다.

▷ 정해진 규칙과 절차를 세분화하여 알려준다.
- 한 번에 한 가지씩 알려준다.
- 유아의 각 행동별로 적합한 보상을 한다.
- 항상 규칙을 잘 따르기를 기대하지 않는다.

▷ 적절한 지도방법을 선택한다.
- 안전, 위생, 권리를 위협하는 것이 아니라면 일부 행동은 자연스럽게 넘긴다.
- 행동한 것에 대한 결과로 창피를 주지 않는다.

출처: 박경자 외(2009).

생각해 보기

1. 보육의 질과 관련된 아동관련, 교사관련, 가정관련 변인들에 대해 정리하시오.

2. 영유아의 연령과 개인차, 문화에 적합한 보육은 무엇을 의미하는 지 설명하시오.

3. 영아의 신체, 언어, 인지, 정서, 사회성 발달 과정을 정리하시오.

4. 유아의 신체, 언어, 인지, 정서, 사회성 발달 과정을 정리하시오.

5. 영유아의 연령에 따른 지도 내용들을 설명해 보시오.

제4장
영유아보육 사상과 역사

CONTENTS

1. 보육 사상

시대에 따른 보육사상의 변천은 그 시대 사회상과 영유아를 보는 관점, 보육에 대한 인식을 반영한다. 고대에서 현대에 이르기까지 아동관과 보육에 대한 관심의 변천을 서양을 중심으로 살펴보고자 한다.

1) 고대(~16세기)

(1) 플라톤(Platon, B.C. 428~348)

플라톤은 아테네 출신으로 귀족 가문에서 태어났다. 그러나 민주정치체제에 의해 스승인 소크라테스가 죽는것을 보고 충격을 받아 현실정치보다는 교육을 통해 선한정치 지도자를 길러 이상 국가를 실현하고자 하였다. 플라톤의 이상 국가는 정의로운 국가이다. 정의로운 국가는 정의로운 개인을 양성함으로 가능하다.

그러므로 인간과 국가는 본질 법칙이 유사하다. 그는 국가 건설에 필요한 합리적 지식을 획득하기 위해서는 이성을 기를 수 있는 교육이 먼저 필요하다고 보고 「국가론」에서 인간은 이성과 지혜, 의지와 용기, 감각적 욕망과 절제의 세 부분으로 구성된 영혼을 가진다고 보았다. 또한, 인간은 저마다 다른 인격, 흥미, 능력이 있고, 잠재 능력과 소질이 다른 사람들을 이에 따라 바르게 교육하는 것을 통치의 중요한 과제로 보았다. 그러나 출생할 때 어떤 영혼이 우세한지 알 수 없으므로 모든 아동에게 동일하게 교육해야 한다고 보았다. 플라톤의 교육관은 다음과 같다.

① 교육은 인간의 마음속에 현재하는 능력을 이끌어 내서 개발하는 과정이다.

② 학습은 자신의 마음속에 현재하고 있는 진리를 회상시킬 수 있도록 독려하는 탐구과정이다.

③ 교사는 도덕적·문화적으로 한 전형이 되어야 하며, 인간 성장과 발전의 가장 모범적인 형태를 지닌 가치체계이어야 한다.

7세까지는 교육 이전의 단계로써 놀이와 동화가 중심이 되어야 한다고 보았고, 이 중에서 놀이는 유아들의 선천적인 잠재 능력을 계발시킬 수 있는 매체로서 유아들의 본성을 드러내며 놀이를 통해 필요한 규칙과 준법정신을 기를 수 있다고 보았다. 동화는 아동의 태도발달과 습관형성에 중요한 영향을 미친다고 생각했다. 또한 체육교육과 음악교육을 통해서 신체와 영혼의 균형적인 발달을 꾀할 수 있다고 믿었는데, 체육교육이나 음악교육이 한쪽에 과도하게 치우치지 않고 조화롭게 결합되어야만 영혼과 육체를 건강하게 만든다고 하였다. 음악교육은 문학 작품을 기초로 노래, 음률 문학, 문법, 읽기, 쓰기 등이 실시된다. 체육교육은 단순한 생활습관 형성과 섭생 그리고 군사훈련이 포함된다. 음악교육과 체육교육을 통해서 인간의 영혼과 육체의 조화를 이루게 하는 데 목적이 있다고 보았다.

(2) 아리스토텔레스(Aristorteles, B.C. 384~322)

아리스토텔레스는 마케도니아 출신으로 플라톤의 제자이자, 알렉산더 대왕의 개인교사였으며, 논리학, 자연과학, 형이상학, 윤리학, 정치학 등 다양한 분야를 탐구하였다. 그는 스승 플라톤이 주장하는 이상주의와 관념론과는 달리 물리적 · 자연적 사물과 현상은 사람의 정신과 독립하여 존재한다는 실재론의 입장을 취하였다.

아리스토텔레스는 교육의 목적은 행복한 생활을 이룩하는 데 있으며, 우리가 달성해야 할 온갖 선(善) 중에서 최고의 선은 행복이라고 하였다. 또한 이성적인 생활과 행동을 할 수 있는 사람을 만드는 것이라고 주장하였다.

아리스토텔레스는 국가의 힘이 곧 시민 개인의 힘이라고 보고 탁월한 시민 양성을 위해서 개별화 학습을 중요시하였다. 인간의 교육과정을 인간 성장 · 발전의 형태에 맞추어야 한다고 하면서 특히 유아기에는 놀이와 육체적인 활동, 학습을 준비하기 위한 기회 제공과 가치관 및 도덕적 성향을 개발하는 것을 강조하였다. 7세가 될 때까지 가정에서 어머니나 유모의 양육을 받으면서 얻게 되는 충분한 영양섭취와 적절한 운동, 좋은 습관 형성 등 실제 생활에 대한 경험의 중요성을 강조하였다.

2) 중세

중세는 고대 그리스와 로마의 문화와 사상을 바탕으로 기독교 사상에 의해 시대적 통일성이 형성된 시대였다. 이러한 통일성은 교육의 이념과 내용에 있어 통일성을 가져왔으며, 기독교 학교 제도의 성립을 가능하게 하였다. 교회가 교육의 권위를 가지고 교육의 실질적인 제공자와 지도자가 되었다. 사회에서 교육의 목적은 현실 사회생활에 적극적인 삶을 준비하기보다는 기독교적 교리에 해당하는 내세의 삶을 준비하는 데 있었다. 아동은 성인과 비교하여 크기만 작은 '성인의 축소판'으로 세상에 태어난다는 '정선설'에 대한 인식에서 비롯되어 아동의 독특한 발달적 특성은 무시된 채 작은 성인으로 취급되었다. 중세기에는 영유아기의 본성에 대한 특별한 인식이 부족하였다. 즉, 영유아의 신체크기만으로 성인과 비교함으로써 모든 면에서 성인과 똑같이 취급하여, 영유아의 독특한 발달적 요구를 고려하지 않았다.

3) 17~18세기

(1) **코메니우스**(Comenius, 1592~1670)

근대교육의 아버지라고 불리는 코메니우스는 감각적 실학주의의 대표적 교육자로서 『어학입문』, 『어학최신교수법』, 『대교수학』, 『범 교육론』, 『세계도회』, 『유아학교』, 『어학입문지침』 등의 교육저서가 있다. 그는 아동을 '신의 귀중한 선물'이며, '지상의 보물'로 표현하며 아동을 어른의 축소판으로 보았던 중세적인 유아관을 완전히 벗어나 그리스도교를 바탕으로 한 새로운 유아관을 수립하였다. 그의 저서 『대교수학』에서는 유아기에서 청년기까지의 시기를 4단계로 나누며 각각의 시기마다 교육내용을 제시하였는데 1단계인 유아기(출생~6세)에서 '어머니의 무릎학교(모친학교)'로서 가정에서 어머니에 의한 교육의 중요성을 강조하였다.

코메니우스는 유아교육의 장으로 어머니의 무릎만을 강조한 것이 아닌 집단교육을 통한 또래와의 놀이도 강조하였으며, 모방성이 강한

유아들에게 설교가 아닌 어른들의 모범과 훈련을 통한 도덕교육이 습득될 수 있어야 한다고 하였다. 『대교수학』에서 '인간 형성은 인생의 최초의 시기에 행하는 것이 가장 적절하고, 또 그 시기를 잃으면 행할 수 없다'고 강조하였다. 코메니우스의 세계 최초의 그림책인 『세계도회』는 글과 그림을 배합하여 만든 그림책으로 모든 것을 감각기관을 통해 배우고 흡수하는 유아기에 적합한 교수방법을 적용한 것으로 현대 시청각 교재의 시초라고 할 수 있다. 또한, 다음과 같은 자연적 순서에 따라 교육과정이 진행되면 교육이 유쾌하고 쉽게 될 것이라고 하였다(김제한 · 곽노의, 1995).

① 마음의 순수성을 잃기 전에 일찍 학습이 시작되어야 한다.
② 마음에 무엇을 받아들일 준비가 되어 있을 때 교육이 시작되어야 한다.
③ 교육과정이 일반적인 것에서 구체적인 것으로 진행되어야 한다.
④ 모든 경우에 진행을 서두르지 않아야 한다.
⑤ 학생들에게 너무 많은 과목 때문에 지나친 부담을 주지 않아야 한다.
⑥ 학습내용이 쉬운 것에서 어려운 것으로 진행되어야 한다.
⑦ 아동의 본성에 흠이 가지 않도록 연령에 적합한 내용과 방법을 사용하여야 한다.
⑧ 모든 것을 감각기관의 매개물을 통하여 가르쳐져야 한다.
⑨ 학습된 것을 계속적으로 사용할 수 있도록 한다.
⑩ 모든 학습이 같은 방법에 의해 일관성 있게 가르쳐야 한다.

코메니우스의 시청각을 이용한 교육방법과 과학적이며 직관적인 교수법, 인간의 본성에 따른 자연주의적 교육원리는 현재 유아교육 교수법에 많은 영향을 미쳤다.

(2) 로크(Locke, 1632~1704)

로크는 17세기 영국의 철학자, 정치가로서 교육을 사회개혁의 수단으로 보았다. 그의 저서로는 『인간 오성론』, 『시민 정부론』, 『교육에 관한 고찰』, 『지성의 안내』 등이 있다. 『인간 오성론』에서는 인간정신의 백지상태를 강조하였는데, 인간의 정신

세계를 아무것도 그려져 있지 않은 백지상태로 보는 것으로 아동의 경험 하나하나가 백지 위에 새겨짐으로써 인간 형성의 중요한 요소가 된다. 따라서 아동의 경험과 환경의 영향에 따라 인간의 본성이 달라질 수 있는 조기교육과 후천적인 교육의 중요성을 강조하였다. 로크는『교육에 관한 고찰』에서 유아기부터 훌륭한 경험과 습관이 중시되고 체육, 덕육, 지육, 예의범절 교육, 교양, 손재주 등 영유아를 위한 광범위한 교육사상과 교육과정론, 방법론 등을 전개하였다. 유아기는 올바른 습관형성의 시기로서 연습과 습관화에 의한 유아의 지적 · 도덕적 · 신체적인 교육의 가능성을 인식하고 놀이와 놀잇감을 통한 아동의 자기활동을 강조하였다. '건전한 신체에 건전한 정신'을 역설하면서 신체교육을 통해 정신건강을 함께 꾀하고자 하였다. 로크가 주장하는 유아의 발달은 놀이를 통해 발달되고 자유스러워지며, 엄격한 체벌보다는 아동의 발달단계와 흥미, 능력에 따른 교육방법을 찾고자 하였다. 아동을 체벌할 경우, 아동은 당장의 고통을 피하기 위해서만 노력할 뿐 좋은 습관형성에는 아무런 도움이 되지 않는다고 보았다. 좋은 습관을 들이기 위해서는 아동에게 가장 자연스러운 놀이와 스포츠 그리고 말로만 엄격하게 주입하지 말고 습관이 되도록 반복하고, 이유 없는 벌로 위축되지 않게 하는 것이 오히려 아동을 활력 있게 하며 좋은 습관을 들이도록 강화하는 것이라고 하였다. 아동을 이성적으로 대하며 대화를 통해 설득하고, 아동의 자유성을 인정해 줄 때 아동은 자발성에 의한 학습을 하게 된다고 하였다.

(3) 루소(Rousseau, 1712~1778)

루소의 근본사상은 인간 본성에 대한 원죄설, 비합리적인 사고에서 벗어나 합리적인 사고와 진리탐구가 강조되며, 인위적이지 않으며 자연에 일치하는 교육과 개인의 권리가 보장되고 자연의 상태를 유지하려고 하는 합리주의, 자연주의, 계몽주의, 자유주의에 입각한다. 그의 저서『인간 불평등 기원』,『에밀』,『사회계약론』과 같은 저서에서 기존의 사회에서는 참된 인간형성이 불가능하다고 보고 자유와 평등이 있는 자연을 중심으로 한 인간 형성의 문제를 강조하였다. '자연으로 돌아가라'는 루소의

주장은 그의 자연주의 사상을 대표하는 말이며, 인간의 본성은 선이고 선은 곧 자연이라는 루소의 인간관을 나타낸다. 루소가 말하는 자연인은 동물적인 차원의 자연인이 아닌 사회 속의 자연인으로서 아동은 본성인 선을 지키면서 교육을 통해 참된 자연인으로 만들어진다고 보았다. 루소는 아동중심 교육사상의 주창자라고 할 수 있으며, 그의 교육원리를 요약하면 다음과 같다.

① 교육은 어린이 내면의 능력을 기초로 자연에 따른다.
② 교육은 어린이를 인위적인 잘못이나 악으로부터 보호한다.
③ 교육은 어린이의 호기심과 자발성을 존중한다.
④ 교육은 언어에 의한 주입이 아니라 구체적 사물에 의한 경험으로부터 시작한다.
⑤ 교육은 미래를 위한 준비보다 현재의 발달을 중시한다.
⑥ 교사는 가르치는 역할보다 안내하는 역할에 중점을 둔다.

루소는 아동이 어른과는 다른 독자적인 발달 특성을 갖고 있기 때문에 어른의 강요에 따르게 해서는 안 되며, 학습주체로서 아동의 흥미와 욕구에 따른 자발적이며 아동중심적인 학습이 이루어지도록 해야 함을 강조하였다. 또한 모친에 의한 수유와 부친에 의한 교육이야말로 참된 자연인을 형성하는 교육임을 강조하였으며, 이러한 가정교육의 중요성은 페스탈로치의 사상에도 영향을 미쳤다.

4) 19세기

(1) **페스탈로치**(Pestalozzi,1746~1827)

루소의 저서 『에밀』에서 얻은 루소의 교육이상을 그의 아들에게 실현하려고 노력하였던 것이 페스탈로치가 어린이를 연구하는 계기가 되었다. 루소의 자연주의 사상을 구체적인 교수방법으로 실현시켰으며, 교육은 인간의 내적인 능력을 끌어내어 잘 키워주는 인간성의 계발이라고 보았다. 인간이 내재한 무한한 잠재력의 계발을 교육의 목표로 보고 여기에 3H, 즉 지적

(head), 도덕적(heart), 기능적(hand) 영역의 조화를 교육목표로 삼고 있다. 3H는 서로 의존적이기 때문에 발달순서를 계열화하기 어렵지만, 특히 유아기에는 도덕적인 능력의 개발을 중심으로 3H의 조화로운 발달이 중요하다고 보았다. 페스탈로치는 유아의 도덕적 발달에 있어서 모성애에 의한 가정교육, 모친의 교육적 감화력을 중요시했다. 그는 가정에서 이루어지는 교육의 원리를 다음과 같이 언급하였다(조성자, 2005).

① 가정은 질서와 순서 그리고 충분한 애정과 사랑이 있어야 한다. 부모들은 가정을 어린이들의 욕구, 갈등, 감정, 흥미를 존중하면서 인격을 형성할 수 있는 가장 안전하고 사랑이 많은 작은 사회로 만들어야 한다.

② 가정은 어린이들의 기초교육이 훈련되는 장소이어야 한다. 어린이들의 일상생활에 관계되는 모든 기초를 학습하는 곳이 가정이기 때문에 부모들은 도덕교육과 종교교육을 실천적으로 가르쳐야 한다. 어린이들은 노작교육을 통해서 도덕성과 종교심을 발달시킨다.

③ 가정은 도덕교육의 실습장이다. 모성을 통해서 사랑과 믿음 그리고 순종을 배우며 이러한 요소들이 다시 이웃과 사회로 환원된다.

④ 가정은 어린이들이 가장 자유롭게 활동할 수 있는 영원한 안식처이다.

이와 같이 페스탈로치는 가정을 일차적인 교육현장으로 보고, 어머니는 자식에게 무한한 사랑을 조건 없이 줄 수 있는 능력이 있으며, 이러한 무한한 사랑이 인격 형성의 씨앗이 된다고 보았다. 페스탈로치는 유아들을 발달단계에 적합한 방법으로 가르쳐야 한다고 주장하였으며, 실제적이고 구체적인 교육방법으로 첫째, '직관의 원리'로서 인간은 감각을 통해서 직관력을 발달시킬 때 사물을 정확하게 인식할 수 있다. 둘째, '합자연의 원리'로서 인간이 가지는 자연적인 힘을 내적인 힘에 의하여 자발적으로 발전하게 한다는 것으로, 아동의 내부에 있는 자연의 힘을 발전시키는 작용이므로, 아동 스스로의 교육으로 내면적인 자아의 자기 발전과 자율적인 자기 형성을 가져오는 것을 뜻한다. 셋째, '인간화의 원리'이다. 교육을 통해 인간의 삶을 자각시키고 인간의 참된 모습으로 변화하지 않는다면 아무런 의미를 가지지 못한다. 어린 아동의 신체적 발달이 곧 전인적 발달을 지향하는 기초이므로 기초훈련교육을 중요시한다. 넷째, '학습방법의 원리'이다. 학습은 쉬운 것에서 시작해서 어려운 것으로 나가야 한다. 다섯째는 '노작교육의 원리'로 노작은 일하면서 배우고 배우면서 일한다는 원리인데 생활과 직결되며, 손발의 노동을 통해서 도덕성을 함양하고 정신적인 의지를 단련하며 올바른 인간과 조화로운 교육을 가능하게 한다. 페스탈로치의 여러 가지 교육원리는 근대교육의 확립에 큰 기여를 하였으며, 참 교육의 실현은 가정교육과 모성을 통한 교육에서 시작될 수 있다는 그의 주장은 현대 유아교육계에 미치는 영향이 크다.

(2) **프뢰벨**(Fröbel, 1782~1852)

독일의 철학자이며 유아교육의 아버지라고 불리는 프뢰벨은 유치원(kindergarten)의 창시자이다. 그는 루소와 페스탈로치 등에게서 많은 영향을 받았으며, 그들의 이론을 바탕으로 자신만의 독특한 이론을 정립하였다. 그의 대표적인 저서인 『인간의 교육』을 통해서 프뢰벨은 다음과 같이 주장하였다.

① 통일의 원리 : 삼라만상은 통일인 신으로부터 나왔으므로 만물의 본질은 신이며 만물의 직분과 사명은 단지 그의 본질인 자기 내부의 신성을 외부에 표현하는 것이다.

② 자기주도의 원리 : 신은 만물의 본성이며, 신성과 동일한 것으로 생각될 경우도 있지만 만물은 자기완결의 실현을 목표로 하는 신성의 작용에 의해 활동하는 것이며, 그 본성에서 본래적인 선으로 지향하는 것도 가능한 것이다.

③ 노작의 원리 : 노작은 인간의 본질, 즉 신성의 표현을 직접적인 목적으로 하며 인간 생명의 창조적이며 자발적인 활동이다. 유아에게 있어서 노작은 의식발전의 원리이며, 유아의 생명활동이 모두가 다 노작이다. 프뢰벨은 인간에게 내재한 신성을 자연스럽게 발전시키기 위해서는 유아들의 창조적인 신성인 자

기활동, 놀이 및 작업을 통해 표현하게 해야 한다고 보았다. 프뢰벨은 기본적인 형태로 단순하게 만들어진 신의 선물인 '은물(Gabe)'을 통해 유아들이 가지고 있는 창조성을 표현해 낼 수 있다고 보았다. 목재로 만들어진 공, 원추, 입방체, 원주 등으로 이루어진 은물을 통해서 우주의 조화, 다양성, 상호관련성 등을 배우게 된다.

프뢰벨이 주장하는 '놀이'는 유아들의 가장 순수한 정신적 산물로서 유아의 내면을 스스로 자유롭게 표현하는 것으로 내면에 숨어 있던 심정을 발전시킴으로써 정신개발과 감각을 일깨우며, 유아들의 생활 자체를 발견하게 하므로 인간교육에 있어 본질적인 방법이라고 할 수 있다고 하였다. 프뢰벨의 놀이중심의 교육방법은 현대의 아동 중심적인 유아교육방법과 교수법에 많은 영향을 끼쳤다.

(3) 몬테소리(Montessori, 1870~1952)

몬테소리는 이탈리아 최초의 여(女)의사로서 정신지체아를 위한 교육방법에 관심을 갖고 있었으며, 이들을 위한 교육방법을 정상 아동들에게 적용하고 발전시켰다. 로마 시 빈민지역의 아이들을 위해 설립한 '어린이집'은 부모가 일 때문에 자녀를 양육하지 못하는 가정의 아이들을 위해 무료로 보호하며, 아동의 발달단계에 따라 교육적·도덕적·신체적인 배려를 하였다. 그녀의 저서 『아동의 발견』을 통해서 유아를 끊임없이 자신을 창조해 가는 무한한 잠재가능성을 지닌 자유로운 존재이며, 외부 자극에 의해 수동적으로 반응하는 것이 아닌 내적 에너지에 의해 스스로 탐색하고 발전해 가는 능동적인 존재로 표현하고 있다. 따라서 성인은 유아들에게 방해가 되는 장애물을 제거해 줌으로써 유아가 자유롭게 발전해 갈 수 있는 환경을 마련해 주어야 한다. 몬테소리는 유아의 작업본능을 생득적이라고 보았으며, 그들의 인격은 작업에 의해 형성된다고 하였다. 준비된 환경은 교육목적 달성을 위해 중요한 요인으로 유아 스스로가 자신의 행동을 발달시킬 수 있는 기회가 제공되어야 한다고 하였다. 몬테소리 교구는 감각교육을 위한 교구, 문자와 숫자 지도를 위한 교구, 실용생

활 훈련을 위한 교구 등으로 이루어져 있으며, 유아가 자신에게 맞는 교구를 선택해서 자신의 속도에 맞춰 진행할 수 있도록 환경이 준비되어야 한다. 따라서 몬테소리 교구는 유아 자신이 교구를 통해 자신의 실수를 스스로 정정할 수 있도록 만들어져 있다. 몬테소리는 유아들에게는 특정 행동에 대해 쉽게 배울 수 있는 민감한 상태를 민감기라 하였는데, 이것은 주로 0세에서 6세 사이에 나타난다. 민감기는 발달영역 중 언어, 감각, 수학, 예의, 질서 등 다양한 영영에서 각기 다른 시기에 나타나며 유아마다 나타나는 시기에도 차이가 있다. 또한 몬테소리는 유아의 정신을 '흡수하는 정신'으로 정의하였는데, 유아가 무의식적으로 흡수하는 능력을 통하여 유아 주변의 환경을 받아들이며, 스스로 경험하여 배우게 되는 특성을 말한다.

(4) 듀이(Dewey, 1859~1952)

듀이는 미국의 교육사상가이며, 대표적인 실용주의자로서 실제에 유용한 지식과 교육의 중요성을 강조하였다. 그는 7년 반 정도의 '실험학교' 운영을 통해 자신의 교육철학 이론을 검증하였다. 교육사상은 실험주의와 경험주의 철학을 토대로 하며, 그의 아동중심주의 교육에 따르면 아동은 놀이를 통해 성장하고 의식을 확대하고 심화한다. 따라서 프뢰벨의 인위적이고 추상적인 상징적 놀이는 아동의 자발성을 반영하는 상상놀이로 대치되어야 하며, 가능한 한 직접적이며 구체적인 교구가 필요하다고 보았다. 유아가 생활경험 속에서 접하는 다양한 교구를 이용한 구성작업은 유아들이 예리한 관찰과 문제해결을 하도록 한다.

듀이는 교육이 아동의 내적인 흥미를 일으키기 위해서는 교육의 주제와 내용이 아동의 현재 경험과 능력에 맞게 선정되어야 하며, 아동에게 의미가 있는 것이어야 한다고 하였다. 또한, 사고과정은 객관적인 상황과 상호작용하고, 심신의 계속적인 활동에 의해 기초화된 경험과정 위에서 전개된다. 아동의 사고활동을 자극하기 위해서는 아동 자신이 생활하고 활동하는 객관적이고 구체적인 자료를 제공해야 한다. 즉, 교육은 아동중심, 활동중심, 흥미중심, 생활중심이어야 한다고 주장하였다.

2. 보육의 역사

1) 미국

(1) 보육의 발달

미국 최초의 보육시설은 1838년 해일(Hale)이 선원 가족 중 취업한 부인의 자녀와 미망인의 자녀를 위해 보육서비스를 제공한 것이 계기가 되었다(김지은, 2002. 재인용). 1815년에서 1860년까지 유럽인들이 미국으로 이주함에 따라 보육시설의 수요가 급증하였다. 1856년에는 미국에 유치원이 최초로 설립되었고, 1870년에는 이민 가정의 자녀를 위한 자선 유치원이 생겨났다. 미국은 프뢰벨 유아교육 철학과 듀이의 경험주의 사상을 바탕으로 보육 및 유아교육의 발달에 큰 영향을 주면서 1898년경까지 175개의 보육시설을 개원하였다. 20세기부터 개인 단체의 자선사업과 보육사업에 대한 지방 주정부의 투자가 함께 이루어지면서 복지의 성격을 갖추어 갔다. 세계대전 당시 남성 노동을 대신해야 하는 여성들의 자녀를 돌봐주기 위해 보육시설을 확충하여 1938년에 모두 1,900개의 보육시설 설립과 보육시설협회를 결성하였고, 4만 명의 영유아를 보육하고 있었다(김지은, 2002. 재인용). 보울비(Bowlby)의 모성 실조에 대한 연구가 발표되어 가정의 양육 기능을 다시 인식하면서 보육시설은 감소되었으나, 지속적인 취업모의 증가로 1945년에는 무려 50만 명의 유아가 보육서비스를 받고 있었다.

1964년 저소득층과 소수 민족을 위해 가족과 자녀를 포괄적으로 지원해 주고자 정부 차원에서 헤드스타트(Head Start) 프로그램을 적용하기 시작하였다. 저소득층 영유아들에게 보상 교육을 시켜주고 영양, 건강, 보육활동 등을 제공하였다. 1967년부터 헤드스타트를 마친 유아들이 초등학교 3학년까지 잘 하고 있는가를 살펴보기 위해 필로우 스루(Follow Through) 프로젝트를 실시하였다. 1970년대는 영유아보육 문제를 가정이 빨리 해결해야 할 사회적 문제로 보았으며, 1975년 사회보호법의 개정으로 정부는 보육사업을 적극 지원하게 되었다. 1980년대의 보육사업은 연방

정부 대신 주정부가 관리하기 시작하면서 지역적 특성에 바탕을 둔 보육제도의 발달이 이루어지게 되었다(김지은, 2002. 재인용) 오늘날의 헤드스타트는 빈곤 가정의 유아에게 다양한 교육의 기회와 건강관리 지도, 가족지원 프로그램을 제공하고자 지역사회 기관들에게 자금을 지원하고 영유아의 발달 검사도 해주면서 수혜 대상의 연령을 하향하고 있다.

(2) 보육 유형 및 특성

미국의 보육체계는 3가지의 체제로 운영되고 있다. 우선 저소득층 가정과 유아를 대상으로 하는 헤드스타트 프로그램이 있으며, 수익자 비용 부담의 육아 서비스, 영유아・학령기 아동을 대상으로 하는 방과 후 보육 서비스로 구분된다.

유아교육기관 중 헤드스타트 기관은 연방정부의 지원을 받는 프로그램이기 때문에 그 프로그램에 대한 규정은 미국 전체 주에 일관되게 적용되지만, 다른 유아교육기관은 주정부의 규정에 따르고 있어서 주마다 그 체계가 조금씩 다르다. 미국의 보육유형을 살펴보면 다음과 같다.

① 가정보육(Family Day Care)

성인이 유아의 집으로 와서 돌봐주는 것을 '자기집 보육'이라 하며, 친척의 집에서 양육자가 보육서비스를 제공하는 것을 친척에 의한 보호, 양육자의 가정으로 유아를 데려와 보육한다면 보육자 가정보육(Family Day Care/ Family Child Care Homes)이라 한다. 이런 보육 유형은 개인적인 관계에서 출발한 비형식 유형이거나 형식적으로 면허를 받은 보육 유형을 포함하고 있다. 가정보육은 모두 전적으로 수익자 부담을 원칙으로 하고 있다.

② 시설보육(Day Care Center, Child Care Center)

어린이집은 보통 15명에서부터 300명까지 다양한 형태와 규모가 있다. 주로 일하는 어머니를 위해 사립으로 운영되는 경우가 많으며, 보통 2세 영아부터 3~5세 유아가 대상이 된다. 아침 7시부터 저녁 6시까지 운영하고 있고, 일부 기관에서는 학령기 아동을 위한 보육서비스를 제공하기도 한다. 어린이집은 운영 주체에 따라 영리 사립기관(개인이나 민간단체), 비영리 사립기관(자선기관이나 교회), 공립기관(빈곤 가정의 아동), 부모협동센터, 직장어린이집(Employer Child Care)으로 구분된다(나정 · 장영숙, 2002b) 미국의 보육유형은 대부분 수익자 부담을 원칙으로 하고 있다.

③ 방과 후 보육(After-School Care)

유아와 초등학교 아동을 방과 후에 보육하거나 부모가 쇼핑, 운동, 모임을 갖는 시간 동안 영아부터 초등학교 아동까지를 일시적으로 보호해 주는 일시보육센터(Drop-off Child Care Centers), 2개월에서 14세까지 아픈 아동에게 보육서비스를 제공하는 보육센터(Sick Child Care Center)등이 있다.

2) 독일

(1) 보육의 발달

독일의 보육은 19세기 초에 일어난 산업혁명과 기독교 문화에서 비롯되었다. 18세기 산업화 과정에서 여성의 사회 진출과 여성의 노동이 증가하면서 아동교육을 위한 가정이 기능이 약화되었다. 이에 어머니와 가정 대신 아동을 보호할 시설이 필요하게 되었다. 1825년부터 '보호학교', '대기학교', '영유아학교', '유아작업학교', '여름학교' 등의 이름으로 전국에 300여 개의 시설이 생겼다. 근대적 개념의 유아교육기관은 1837년 프뢰벨이 바트 블랑켄부르크에 세운 세계 최초의 유치원(Kindergarten)이다. 독일의 본격적인 보육제도가 발달한 시기는 2차 세계대전과 히틀러의 몰락 이후라 할 수 있다. 1945년 이후 서독은 옛 바이마르공화국의 교육형태로 환원하였고, 유아교육기관 설립은 국가나 지방자치단체가 설립하기보다는 교회나 사회복지단체가 우선적으로 설치하였다. 또한 동독에서는 국가교육제도에 유치원 교육을 포함시켜 국가 주도로 이끌어 갔으며 유아교육기관의 설립 주체도 대부분 국가나, 국가가 경영하는 공장이나 기업체였다. 1949년 동독의 패진 이후에 국가를 재건해야 하므로 1949년 여성평등법을 제정하고, 1950년에 모자 보호와 여성의 권리에 대한 법을 통과시킴으로써 독일 보육의 제도적 기틀을 마련하였다. 독일은 전 국민의 대부분이 만 3세 미만의 영아기의 자녀는 가정에서 부모에 의해 양육되는 것을 바람직하게 여기고 있기 때문에 독일의 아동 및 가족과 관련된 모든 사회적 제도와 지원은 실제적으로 가족지원을 중심으로 이루어지고 있다고 볼 수 있다.

(2) 보육 유형 및 특성

보육의 유형은 1~3세 유아원(Kiderkrippen), 3~6세는 유치원(Kindergarten), 6~14세의 취학아동을 위해 방과 후 프로그램을 전담하는 기관인 호르트(Hort)가 있다. 유아원과 호르트는 '청소년 · 가족 · 여성보건'에서 담당하고 있으며, 유치원은 교육 · 과학부에서 관할한다.

① 가정보육

영유아를 대상으로 하며 가정과 유사한 분위기로 영아부터 학령기 아동까지 보육한다. 보육모의 가정에서 최대 8명까지 보육하며, 4~6세의 유아일 경우 유아 7~8명에 정교사 1인을 배치한다.

② 유아원 (Kiderkrippen)

유아원은 생후 4개월부터 만 3세 미만의 영아를 보육하며, 관련 시나 주에서 설립하고 운영하고 있다. 영아 6명에 정교사 1인을 배치한다.

③ 유치원(Kindergarten)

독일의 유치원은 3세부터 취학 전 유아까지 혼합 연령반으로 운영하며, 부모가 설립하거나 종교단체, 비영리법인이 설립할 수 있다. 유아 13명당 정교사 1인을 배치한다.

④ 방과전후 보육(Hort)

초등학교 4학년까지 취학 연령의 아동을 대상으로 하며, 학교부설이나 유아교육기관 내에서 별도의 반으로 운영하기도 한다. 초등학교 1, 2학년을 위하여 반일제 방과 후 보육이 있으며, 방과 후 보육시설은 오전 7시 30분부터 오후 6시까지 운영한다.

3) 영국

(1) 보육의 발달

영국의 교육은 전통적으로 중앙정부가 최소한의 역할과 기능만 담당하였는데, 1689년 발표한 권리 선언은 교육이념을 민주시민 양성에 두고 국가가 최소한으로 개입하게 되었다. 영국은 1816년 사회개혁가인 로버트 오웬(R. Owen)이 좋은 습관 형성을 목적으로 하는 유아학교(infant school)를 설립하면서 시작되었다. 이 당시 빈곤층 가정의 유아가 값싼 노동력을 제공하고 있어, 유아의 노동을 금지하고 교육을 받도록 하기 위해 빈민 유아의 구제 수단으로 유아학교가 설립되었다. 그 후 영국 최초의 유치원이 1851년에 설립되고, 프뢰벨 이론이 알려지면서 유치원이 확장되었다. 1900~1971년에는 어린 유아를 기관에 보내는 것이 도움이 되지 않고 지나치면 발달까지 저해한다는 주장이 제기되어 유치원 취원율이 점차 감소하였다. 20세기 초반까지도 유아는 가정의 책임으로 가정에서 양육되어야 한다는 인식을 가졌고, 학교와 같은 형태의 유치원보다는 놀이집단과 같이 비형식적이고 유아에게 부담이 적은 형태를 선호한다. 1905년에는 5세 미만 유아가 유아 학교에 가는 것이 부적정하다는 연구 결과가 발표되면서 유아교육 억제책이 실시되다가, 영국의 국가적인 교육의 틀을 제공하는 교육법이 1944년 제정되어 유아교육을 공교육의 범위 안에 포함시켰다.

1972년 영국 정부는 "교육:확장을 위한 기본 틀"이라는 백서를 통해 유아교육의 확대 및 5세 유아를 무상 교육하도록 하였다. 역사적으로 다른 특성을 지닌 행정 구역이 합쳐진 영국은 지방 분권적인 교육 자치제를 실시해 왔고, 유아교육의 질과 내용 또한 지방에 따라 다양하였다. 그러나 1988년 교육개혁법 제정으로 이후 영국은 커다란 변화를 겪게 되어 국가가 교육을 주도하는 개혁을 추진하고 있다. 국가 수준 교육과정(National Curriculum)을 제정하고, 유아교육기관에서 '학습목표(learning goals)'를 달성하도록 하였다.

1997년 블레어 정부가 제시한 교육 백서는 국가가 적극적으로 국민 교육에 개입할 것을 강조하였고, 국가 경쟁력 강화를 위해 유아교육기관의 확상 및 실적 향상에 노력할 것을 밝혔다. 또한 저소득층 만 4세 미만의 유아와 가정을 대상으로 유아교육을 확대하는 슈어스타트(Sure Start)가 1997년 시작되었는데, 미국의 헤드스타트(Head Start)와 유사한 프로그램으로 사회적 소외를 방지하고 교육 수준을 향상시키며, 건강상의 문제를 줄이고 삶의 기회를 향상시키려는 종합적인 대책이다. 아동 빈곤을 퇴치하겠다는 정부의 의지에 따라 2010년까지 영국 전역에 800여 개 이상의 슈어스타트를 설립하였다.

20세기 중반 후부터 저소득층 유아의 경우 사회복지적 차원에서 국가적 지원의 필요성이 인식되기 시작하였다. 1989년에는 아동법(Children Act)이 제정되어 사회사업부가 담당하고, 아동보호기관은 이 법에 대한 지불 등록과 장학이 이루어지도록 하였다. 1996년 4세 유아를 위한 보육에 대한 지불보증제도(Nursery Voucher System)가 도입되어 1999~2000년에는 유아 1인당 £1,130(약 195만 8000원)의 전표를 부모에게 지불하고, 기관을 선택하여 지불하도록 하였다. 이전까지는 사회사업부에서 담당하던 유아교육과 보호기관 등록을 1999년부터 교육고용부 산하의 교육기준청(Office for Standard in Education : OFSTED)이 관리하게 되었다(나정 · 장영숙, 2002c).

1997년 노동당이 집권하면서 여성의 직업 기회 확보를 위한 보육서비스의 필요성을 강조하였고, 유아기 서비스 증진을 국가 최우선 과제로 선정하여'그린 페이퍼(Green Paper)'라는 국가 보육 전략을 수립하였다. 그린 페이퍼는 만 4세아까지 무상 보육을 확대하고, 보육료를 지원하며, 보육의 질적인 면(보육에 대한 정부의 지도감독, 보육교사 처우 개선 등)을 제고하고 누구나 이용 가능한 어린이집을 확충하고, 수요에 맞는 다양한 보육 서비스를 제공하는 것이다. 2000년 9월에는 국가교육과정의 첫 단계인 '기초 단계(Foundation Stage)' 과정을 도입하여 영유아를 대상으로 양질의 유아교육과 보육을 수행하고 있다.

(2) 보육 유형 및 특성

영국에서는 보육과 교육이 오랫동안 구별되어 왔지만, 최근에는 정책적으로 통합을 강조하며, 교육고용부(DFEE)가 주요 책임을 맡고 있다. 현재 모든 4세 유아에게는 파트타임 예비 학교가 주 정부에 의해 무료로 제공되고 있으며, 5세 이하 표준비용 평가와 1996년 제정된 보육학교 및 학교 법률하의 지원금에 의해 재정 지원을 받는다. 1999년 3월 유아를 위한 무료 유아교육을 늘리기 위하여 추가적인 지원금이 제공되고 있다. 이 지원금은 가정 형편이 어려운 유아를 지원하는 지방교육국에 우선적으로 배정하고 있다. 1996년 보육비의 93%를 부모가 부담하는 것으로 나타나 부모가 주로 재정 부담을 하고 있지만, 보육교직원들도 낮은 임금을 받으면서 보육에 일정 부분을 기여하고 있고, 정부에 의해서도 일부 재정 지원이 제공되고 있다. 새로운 보육 세금 크레디트(Childcare Tax Credit)는 가정 밖의 보육을 지원하며, 특히 저소득층과 중산층 가정에 보육 서비스를 더욱 가능하게 해주고 있다.

4) 일본

(1) 보육의 발달

1950년대까지 영유아는 가정에서 양육하여야 하고 영유아기의 부모-자녀 관계가 인간관계의 기초가 된다는 전통적 육아관이 지속되었으나, 1960년대 이후 취업모의 증가, 핵가족화, 출생률의 감소 등으로 부모보다 가정 외의 기관이 자녀 양육을 담당하게 되었다. 그리하여 1965년에는 4~5세를 위한 어린이집의 보육지침을 마련하였고, 1947년에는 장애아 보육을 위한 제도가 마련되었으며, 1981년에는 다양한 근로 형태에 따른 연장 보육과 야간 보육사업을 위한 제도가 마련되었다. 메이지 유신으로 시작된 일본의 개혁 바람은 교육이 중요하다는 인식을 하면서 1872년에 최초의 근대 학교가 세워졌다. 1876년에 설립된 최초의 국립 유치원은 프뢰벨의 교수방법을 도입하였으며 3~5세 유아를 대상으로 하였는데, 후에 일본 유치원의 모델이 되었다. 1947년 제정된 학교교육법은 유치원이 가정을 보완하는 기관이 아니라 교육적 목적을 지닌 독자적인 교육기관임을 강조하였고, 이후 유아교육의 안내서인 보육요령이 1948년 제성·공포되었다. 유아교육진흥책은 세 차례에 걸쳐 이루어졌으며 1972년부터 시작된 유아교육진흥 10개년 동안 사립 유치원을 보조하는 제도를 마련하여 질적인 향상에 도움이 되었고, 취원율 제고, 공립 유치원 확충 등 일본 유치원 교육의 기초를 다지는 데 결정적인 역할을 하였다. 유아 인구의 감소로 유치원 경영난이 심화되자 일본 정부는 제3차 유치원 교육 10개년 계획을 수립하였다.

1990년대에 들어서면서 유치원과 어린이집의 일원화 문제에 대해 일본 정부는 양 기관을 물리적으로 일원화하기 보다는 각각 가지고 있는 기능을 통합하는 방안을 연구하였다. 문부성, 후생성, 노동성, 건설성의 4개성은 1994년에 '향후 유아교육지원 시책의 기본적 방향에 대하여'라는 일명 엔젤 플랜을 제시하였다.

엔젤플랜은 기본적으로 자녀를 원하는 사람이라면 누구나 안심하고 아이를 낳고 기를 수 있는 환경의 정비, 가정에서의 육아 지원을 위해 모든 사회 구성원이 협력하는 시스템을 구축하고 영유아의 이익을 최대한으로 존중하는 육아지원 시책을 기본 방침으로 하고 있다. 이와 같은 기본 방침 아래 육아와 노동을 양립할 수 있도록 가정을 지원하고, 유아를 위한 주택 및 생활환경을 정비하며, 여유 있는 교육 실현과 건전한 인간을 기를 수 있도록 가정과 사회의 환경을 정비할 뿐만 아니라 육아비용의 경감이 가능한 방법을 검토하는 것을 목적으로 하고 있다.

일본 문부성은 1997년 '탁아와 보육 추진 사업 실시 요강'을 발표하여 유치원에서도 종일반을 도입할 것을 권고하였다. 유치원과 보육원의 교육내용은 3세 이상을 중심으로 공동으로 하도록 하고, 교사 연수 또한 유치원 교사와 보육교사를 대상으로 공동으로 실시하도록 하였다. 1998년 문부성과 후생성은 '유치원과 보육원 시설의 공용화 등에 관한 지침'을 발표하면서 보육원과 유치원이 서로의 시설을 공동으로 사용할 수 있음을 밝히고 이에 대한 지침을 공동으로 통지하였다.

(2) 보육 유형 및 특성

교육행정체제 조직은 도(都), 도(道), 부(府), 시(市), 정(町), 촌(村)의 교육위원회에서 분담하여 실시하다가, 1952년 국권을 회복하면서 문부성의 권한이 살아나기 시작하였다. 1953년 발족한 문부대신의 자문기관인 중앙교육심의회는 일본 교육정책에 큰 영향을 미쳤다. 어린이집에 관한 행정체계와 조직은 국가, 도도부현 및 시정촌에서 각각 분담하여 실시하고 있다. 어린이집 보육료는 부모의 소득에 따라 차등 지원하며 정부가 1/2, 지방자치단치단체가 1/4, 도도부현이 1/4을 지원한다.

일본의 어린이집은 법적 기준에 의하여 인가 보육소와 무인가 보육소로 나뉜다. 시설 유형별로는 정원 60인 이상의 보육소가 있고 20인 이상의 소규모의 보육소가 있으며, 다양한 보육 목적에 따라 운영하는 특수보육의 유형이 있다. 우선 인가보육소는 아동복지법의 법령에 따라 공립과 사립이 있는데 공립이 사립보다 개소수가 많으며, 인가보육소는 영리를 목적으로 하지 않는다. 모든 인가보육소는 시 · 정 · 촌의 책임 하에 운영되고 있다. 인가보육소의 경우 공립과 사립의 구분 없이 동일하게 지원하고 법외 시설은 계절보육소, 사업소 내 어린이집, 공동보육소, 가정복지원(보육마마제) 등과 같이 행정 보조 대상이 되는 것과 베이비 호텔 등 영리 목적인 시설이 있는데 이를 총칭하여 무인가 보육소로 구분하고 있다.

5) 한국

(1) 보육의 발달

우리나라의 보육은 1921년 태화기독교 사회관에서 빈민아동을 위한 구제 사업의 일환으로 시작되었다. 그 후 1926년에 부산 공생 탁아소와 대구 탁아소의 2개 시설이 설치된 것을 계기로 1939년 전국에 11개소의 공립과 사립어린이집에 435명의 아동이 이용하였으며, 1961년 아동복리법이 제정 · 공포됨에 따라 탁아사업은 종래의 구빈 사업적 성격을 벗어나 아동의 복리를 증진시키는 사업으로 발전하게 되었다. 1981년 4월에는 '아동복리법'이 폐지되고 '아동복지법'으로 전면 개정되었으며, 탁아사업도 이를 근거로 실시되었다. 1982년 유아교육진흥법이 제정되면서 일대 변환시기를 맞게 된다. 기존의 어린이집과 새마을 협동유아원 및 농번기 탁아소 등 주무부처가 달랐던 여러 유형의 보육시설이 새마을 유아원으로 흡수 · 통합되었다. 관할 부처는 법 제정 및 장학지도는 교육부에서, 설치 · 운영, 행정지도는 내무부에서, 영유아의 보건의료는 보건사회부에서 담당하였다. 그러나 1980년대 여성의 사회진출 증가 및 핵가족화에 따라 보육수요가 급격히 증가하면서 기존의 새마을유아원의 보육 기능이 미흡하고 보육기관이 부족하여 취업여성의 자녀양육에 대한 문제가 큰 사회적 문제로 대두되었다. 1987년 12월 노동부에서 남녀고용평등법에 의한 직장 탁아제도를 도입하였고, 1989년 9월 보건복지부가 주관이 되어 아동복지법에 의한 보육사업을 실시하였다. 탁아문제가 사회적 이슈가 되자 1989년 아동복지 시행령에 탁아시설의 법적 근거가 부활하였고, 1990년 세부지침으로 '탁아시설의 설치 · 운영에 관한 규정'을 마련하였다.

(2) 보육 유형 및 특성

보육을 교육부, 내무부, 보건사회부, 노동부에서 독자적으로 사업을 진행하다보니 정부재정의 비효율적 투자는 물론 영유아에 대한 체계적이고 효율적인 보육을 시행하는 데 어려움을 겪게 되었다. 이에 여성단체 등의 독립된 입법 요청에 따라 1991년 1월 영유아 보육을 위한 특별법으로 '영유아보육법'을 제정 · 공포하였다. '영유아보육법'제정의 목적은 보육시설의 조속한 확대 아동의 건전한 보호 · 교육 및 보호자의 경제적 · 사회적 활동을 지원하기 위한 것이었다. 그 후, 1991년 8월 시행령 및 시행규칙을 제정 · 시행함으로써 보육사업 주관부처를 보건복지부로 일원화하고 종전의 '탁아사업'에서 보호와 교육을 통합 · 운영할 수 있는 '보육사업'으로 확대 · 발전하게 되었다. 그 후 여러 차례에 걸쳐 법 및 하위 법령을 개정하였다. 보육시설의 설치 기준은 영유아 보육법 제정 당시에는 인가제(가정보육시설은 신고제)였으나, 1998년 7월에 신고제로 완화되었고, 2004년 1월 인가제로 다시 강화하였다. 어린이집의 유형을 나누는 기준은 보육 장소, 설립 주체, 보육시간 운영, 보육 대상 등에 따라 구분된다.「영유아보육법」 제2조에서 제시한 어린이집의 유형은 설립 주체에 따라 국 · 공립 어린이집, 사회복지법인 어린이집, 법인 단체 등 어린이집, 직장 어린이집, 가정 어린이집, 부모협동 어린이집, 민간 어린이집으로 나눈다.

① 국 · 공립 어린이집

국가 또는 지방자치단체가 설립 주체가 되는 어린이집으로 지역 주민 자녀를 정원의 50% 이상 보육하는 어린이집이다. 설립의 취지는 보육 운영에 관한 연구를 하기 위해 관련 국립교육기관에 설치하거나 시장경제원리에 부응하지 못하는 취약지역(농어촌 지역, 저소득 밀집지역)에 우선적으로 설립하여 가정의 육아를 지원하고자 함을 목적으로 한다. 상시 11인 이상을 보육하여야 하며 운영방법은 국·공립 어린이집을 직접 운영하거나 법인, 단체, 개인 등에 위탁하여 운영한다.

② 사회복지법인 어린이집

「사회복지사업법」에 의해 사회복지법인이 설치·운영하는 사회복지법인 어린이집은 복지관 등이 운영주체가 되며 지역주민의 자녀, 저소득층의 자녀를 대상으로 영유아 12인 이상의 보육이 가능하다.

③ 법인 단체 등 어린이집

사회복지법인을 제외한 비영리법인인 각종 법인이나 단체 등이 설치·운영하는 어린이집으로서 대통령령으로 정하는 어린이집이다. 비영리법인인 학교법인, 기업복지법인 혹은 종교단체, 근로복지공단 등이 운영 주체가 되어 주거지역 내 주민의 자녀를 대상으로 영유아 21인 이상을 보육한다.

④ 직장 어린이집

사업주가 사업장의 근로자를 위하여 설치·운영하는 어린이집(국가나 지방자치단체의 장이 소속 공무원을 위하여 설치·운영하는 어린이집을 포함한다)으로 상시 영유아 5인 이상으로 보육 가능하다. 상시 여성근로자 300인 이상이나 근로자 500인 이상을 고용하고 있는 사업주는 시장, 군수의 인가를 받아 직장어린이집을 설치해야 한다. 보육정원 1/3 이상이 동일 사업장 근로자의 자녀이어야 하며, 기업이 운영비의 50% 이상을 지원해 주어야 한다.

⑤ 가정 어린이집

가정 어린이집은 개인이 가정이나 그에 준하는 곳에 설치·운영하는 어린이집이며 영유아 5인 이상 20인 이하를 보육할 수 있다.

⑥ 부모협동 어린이집

부모협동 어린이집은 보호자들이 조합을 결성하여 설치 · 운영하는 어린이집이다. 상시 영유아 20인 이하를 보육할 수 있으며, 보육대상 자녀를 둔 보호자 15인 이상이 조합을 만들고 공동자금을 마련하여 어린이집을 임대하며 조합원 2/3 이상의 찬성으로 업무 집행자를 선임하여 원장을 겸직하도록 한다.

⑦ 민간 어린이집

민간 어린이집은 위의 ①~⑥까지의 어린이집 규정에 해당하지 않는 법인, 단체 또는 개인이 설치하여 운영하는 시설을 말하며 영유아 21인 이상을 보육할 수 있다. 개인의 영리를 목적으로 하는 민간 어린이집은 시 · 도지사가 정한 수납한도액 내에서 자체 보육료를 책정할 수 있어 국가에서 지원하는 보육료와 자체 결정한 보육료의 차액분을 부모에게 부과할 수 있기에 보육료, 프로그램, 교사 대 아동 비율, 시설 · 설비, 운영시간 등이 매우 다양하다.

생각해 보기

1. 보육 사상가들의 교육관에 대하여 논술하시오.

2. 외국과 우리나라의 보육 사상의 발전에 대하여 비교하여 설명하시오.

3. 우리나라의 보육 현황에 대하여 알아보고, 미래 지향적인 보육발전 방안에 대하여 토론해 보시오.

제5장
보육의 제도와 정책의 이해

CONTENTS

1. 영유아보육법의 이해

1) 영유아보육법의 제정취지

영유아보육법은 제정 당시의 법 제1조의 목적에서 보는 바와 같이 보호자가 근로 또는 질병, 기타 사정으로 인하여 보호하기 어려운 영아 및 유아를 심신의 보호와 건전한 교육을 통하여 건강한 사회구성원으로 육성함과 아울러 보호자의 경제적·사회적 활동을 원활하게 하여 가정복지 증진에 기여함을 목적으로 제정된 법이다.

즉, 어린이집이 아동의 보호를 일차적 기능으로 하고 있으며, 그 대상으로 '보호하기 어려운' 보호자의 영유아라는 전제 조건을 달고 있다.

따라서 이 법은 모든 영유아의 복지적 측면에서 제정된 것이 아니라, 사회적 성격 즉 여성의 사회적 진출에 따른 양육 기능의 약화가 이 영유아보육법 제정의 주된 제정 취지라 할 수 있다(김경진, 2011).

2) 영유아보육법의 개념

영유아보육법은 0세부터 초등학교 취학 전까지의 영유아의 보육에 관한 사항을 규정하고 있는 법이다.

특히 국가와 지방자치단체뿐 아니라 모든 국민이 영유아를 건전하게 보육할 책임이 있다고 규정함으로써 영유아 보육의 중요성을 부각시키고 있다. 이처럼 영유아의 보육에 관하여 그 중요성을 강조하고, 국가가 이에 적극적으로 개입하여 국가정책으로 추진하는 것은 미래 세대인 영유아가 건강하게 육성되어야만 국가의 장래가 보장되기 때문이다.

보육에 관한 각종 정책·사업·보육지도 및 시설평가사항 등을 심의하기 위하여 여성가족부에 중앙보육정책위원회를, 특별시·광역시·도 및 시·군·구에 지방보육정책위원회를 두었다. 다만, 지방보육정책위원회는 그 기능을 담당하기에 적합한 다른 위원회가 있고, 그 위원회에 보육전문가, 보육시설의 장 및 보육교사 대표, 보호자 대표 또는 공익을 대표하는자, 관계 공무원 등으로 구성된 위원의 경우에는 시 · 도 또는 시 · 군 · 구의 조례가 정하는 바에 따라 그 위원회가 지방보육정책위원회의 기능을 대신할 수 있다. 또한 보육정책위원회의 구성 · 기능 및 운영 등에 관하여 필요한 사항은 대통령령으로 정한다(「영유아보육법」〔제정1991. 1. 14. 법률 제4328호〕).

3) 영유아보육법의 목적

영유아보육법은 영유아의 심신을 보호하고 건전하게 교육하여 건강한 사회 구성원으로 육성함과 아울러 보호자의 경제적 · 사회적 활동이 원활하게 이루어지도록 함으로써 가정 복지 증진에 이바지함을 목적으로 한다(동법 제1조).

과거에는 보육을 부모의 근로나 질병 등 가정양육이 적절하지 못할 때 일시적으로 제공되는 서비스로 간주하였지만 개정 영유아보육법에서는 공보육과 보육대상의 보편주의를 강조하고 있다. 특히, 국가와 지방자치단체뿐만 아니라 모든 국민이 영유아를 건전하게 보육할 책임이 있다고 규정함으로써 영유아보육의 중요성을 부각시키고 있으며 국가가 이에 적극적으로 개입하여 국가정책으로 추진함에 따라 미래세대인 영유아를 건전하게 육성시키고자 하는 데 목적을 두고 있다(김익균, 2011).

2. 보육정책의 이해

1) 보육정책의 변화

1991년 「영유아보육법」이 제정되면서 보육제도의 체계적인 기틀을 형성하게 되었다(보건복지부, 2004). 보육정책은 여성의 경제활동참여 증가, 맞벌이부부와 핵가족의 증가, 자녀출산율의 저하 등 가족구조와 변화에 대처하기 위해 지속적으로 변화되어 왔다.

(1) 어린이집 관련 법령 연혁

〈표 5-1〉 어린이집 관련 법령 연혁

관련 법령(시행일)	내용	주무 부처
영유아보육법 제정 (1991. 1. 14.)	영유아보육법 제정·공포 (법률에 의한 보육사업 실시)	보건복지부 → 여성부 이관(2004. 6.)
영유아보육법 시행령 제정 (1991. 8. 1.)	영유아보육법 시행령 제정·공포	
영유아보육법 시행규칙 제정 (1991. 8.8.)	영유아보육법 시행규칙 제정·공포	
탁아시설 설치·운영 규정 (1991. 8. 26.)	탁아시설 설치·운영 규정폐지	
영유아보육법 전문 개정 (2005. 1. 30.)	영유아보육법 전문 개정 시행	여성부 → 여성가족부(2005. 6.) → 보건복지가족부(2008. 2.) → 보건복지부(2010. 3.)
영유아보육법 개정 (2011. 12. 8.)	(명칭변경) 보육시설 → 어린이집 보육시설종사자 → 보육교직원 시설장 → 원장 (단, 자격증 명칭의 경우2011.6.7. 시행)	
영유아보육법 개정 (2012. 8. 5.)	(명칭변경) 법인 어린이집 → 사회복지법인 어린이집 법인·단체 등 어린이집 신설	

출처: (재)한국보육진흥원(2012).

2) 보육정책의 연혁

(1) 구빈적, 직장여성지원을 위한 탁아사업('21~'91)

- 구빈 : '21년 태화기독교사회관에서 저소득층 자녀 위주의 탁아사업 시작
- 아동복리 : '62~'81년「아동복리법」에 의해 보건복지부가 탁아 관리
- 사회복지 : '82년「유아교육 진흥법」 제정으로 어린이집, 새마을협동유아원 및 농번기탁아소를 새마을유아원으로 흡수 · 통합

* 제정 및 장학지도는 교육인적자원부에서, 시설운영 및 행정지도는 내무부에서, 보건의료는 보건사회부에서 담당

- 직장탁아 : '87년 노동부에서 「남녀고용평등법」에 따라 직장탁아제 도입

(2) 「영유아보육법」 제정으로 탁아에서 보육으로 발전('91~'04)

- 어린이집의 조속한 확대, 아동의 건전한 보호 · 교육 및 보육자의 경제적 사회적 활동지원
- 보육사업 주관부처를 보건복지부로 일원화
- 설치 기준의 변천

  법제정 당시('91. 1.)에는 인가제(가정어린이집만은 신고제)였으나, '98. 7. 신고제로 완화하고 '04. 1. 인가제로 다시 전환

(3) 보육업무를 여성가족부로 이관('04. 6.)

- 조직 : 보건복지부 영유아보육과(1과)에서 1국(보육정책국) 3과(보육정책 · 재정 · 지원팀)로 개편

(4) 참여정부의 육아지원정책('04. 6.~'08. 2.)

- 제1차 육아지원정책('04. 6.)

  고령화 및 미래사회위원회에서 "보육 및 유아교육 지원의 공공성 확대(공약사항)"에 대한 대책 발표

  · 육아부담을 부모의 소득 수준에 따라 50% 경감

  · 1년간 육아휴직 포함

  · 어린이집 평가인증제 도입

  · 보육교사 국가자격제도 시행

- 제2차 육아지원정책('05. 5.)

  고령화 및 미래사회위원회에서 "출산율 제고 및 여성 경제활동 참가"에 대한

대책을 발표

· 어린이집 표준보육료 산정

· 어린이집 영아 기본보조금 제도 도입

- 새싹플랜('06. 7.)

여성가족부에서 공보육 강화를 위한 제1차 중장기보육계획인 새싹플랜('06~'10)을 발표

· 국공립 어린이집을 2010년까지 2배, 어린이집 이용 아동의 30% 수준까지 확충

· 어린이집 영아 기본보조금 확대 지원

· 어린이집 차등보육료를 이용자의 평균소득 130% 이하까지 확대('09)

· 새로마지 플랜, '06. 8. : 저출산 · 고령사회위원회에서 세계 최저의 저출산문제 해결을 위해 새로마지 플랜 2010을 발표, 국공립 어린이집 시설을 30% 확충, 영아 기본보조금 도입, 차등보육료 확대, 만 5세 무상보육 확대, 아동수당 도입 검토

(5) 보육업무를 보건복지부로 이관('08. 3.)

- 조직 : 여성가족부의 보육정책국이 보건복지부의 보육정책관으로 이관
- 정책방향 : 보육정책의 질적 수준 향상, 수요자 중심의 보육정책으로 전환

(6) 아이사랑플랜 수립 · 시행('09~'12)

- 제1차 중장기 보육계획(새싹플랜 '06~'10)을 보완 · 수정 : 보육에 대한 국가책임을 강화, 수요자 중심의 보육정책으로 개편하는 보완계획 수립 및 시행

보육 비전「아이와 부모가 행복한 세상」

3대 추진전략 : 영유아 중심, 국가책임제 확대, 신뢰회복

6대 목표 : 부모 비용부담 완화, 수요자 맞춤 지원, 시비스의 질적 수준 제고 및 균형 배치, 보육인력 전문성 제고, 전달체계 효율화, 보육사업 지원체계 확립

- 보육서비스 제공 체계 개선

  어린이집 확충 : 국공립 어린이집 확충 및 공공형 어린이집 도입

  민간어린이집 설치 기준 강화
- 어린이집 평가인증 활성화
- 보육과정 및 프로그램

  5세 누리과정 도입 및 만 3~5세 누리과정 확대 실시

  0~5세 표준보육과정 개정안 마련 및 연령별 보육프로그램 개발 및 보급
- 보육서비스 품질 제고(안전개선 관련)

  어린이집 환경기준 개선

  어린이집 영양, 건강, 안전관련 프로그램 연계 및 교육 강화

  열악한 어린이집 환경개선비 지원
- 아이사랑 카드(보육전자바우처) 도입
- 보육비용 지원 및 양육수당 마련

  영유아 무상보육 : 0~4세 보육료지원, 다자녀가구 보육지원 확대, 농어업인 보육료 지원
- 시설 미이용 가구에 대한 양육수당 도입
- 맞춤형 보육서비스 제공

  시간연장형 보육 마련

  취업모 지원 : 맞벌이 보육료 지원, 입소 우선순위 제공, 방과후 보육서비스 제공

  다문화가족 자녀 보육 지원

  장애아 보육 지원: 장애아전문 어린이집 환경개선 및 장비비 지원, 보육교직원 자격 강화 및 처우개선, 장애아 보육의 체계적 지원시스템 마련

  일시보육 서비스 확대
- 보육인프라 확충 및 보육교사 전문성 강화

  육아지원센터 확충

  보육교직원 자격 및 교육 강화 , 교사 처우개선

3) 현 보육정책

(1) 영유아보육료 · 양육수당 및 아동수당 지원

□ 보육료 및 양육수당 지원

- 어린이집 이용 영유아에 대해 정부지원단가를 소득 구분 없이 보육료 전액 지원
- 어린이집 미이용 영유아에 대해 부모의 양육부담 경감 및 선택권과 형평성 제고를 위해 소득 구분 없이 전 계층 양육수당 지원

□ 양육수당

- 어린이집이나 유치원을 다니지 않는 아동에게 지급하는 복지 수당이다. 미취학 아동의 가정양육을 지원하고 어린이집과 유치원의 불필요한 수요를 줄이기 위해 2013년 3월부터 도입
- 대상 : 취학 전인 만 0세~ 5세(최대 84개월) 아동이며, 보육료, 유아학비를 지원받고 있는 종일제 아이돌봄서비스를 지원받고 있는 아동은 양육수당 제외 대상

〈표 5-2〉 연령별 양육수당

구분	지원 금액		
	양육수당	농어촌양육수당	장애아동양육수당
12개월 미만	월 200천 원	월 200천 원	월 200천 원
24개월 미만	월 150천 원	월 177천 원	
36개월 미만	월 100천 원	월 156천 원	
48개월 미만	월 100천 원	월 129천 원	월 100천 원
48개월 이상~취학 전	월 100천 원	월 100천 원	

□ 아동수당

- 아동의 권리 증진, 복지 증진, 양육부담 경감 등을 위해 미국, 터키, 멕시코를 제외한 모든 OECD 국가에서 오래전부터 시행 중인 제도이며 프랑스는 이미 1932년부터 시작했고, 영국 1945년, 체코 1945년, 일본 1972년 등 우리나라는 2018년 9월부터 시행
- 0~5세 아동에게 일정액을 지급하는 제도이며, 소득인정액 하위 90%(2인 이상

가구 기준)에 해당하는 가정에 매월 10만 원씩 지원 ⇒ 2019년 9월부터 적용되며 만 9세 미만 대상으로 100% 가정에 10만 원씩 지급

- 대상 : 0~5세 아동이며, 6세 생일 전월까지 최대 72개월 지원. 기존에 양육수당이나 보육료를 받고 있는 아동도 중복으로 수령 가능

(2) 수요자 욕구에 맞는 보육서비스 제공

□ 다문화가정 영유아 보육서비스 강화

- 다문화 특성화 어린이집 지정 및 한국어 교육 프로그램 지원
- 보육교사 대상 다문화관련 교육 강화

□ 장애아보육 지원 확대 및 장애아전문통합 어린이집 지원 개정

- 장애아보육 지원 대상자 확대 및 대상자 관계 증빙서류 명확화
- 지역별 균형 있는 장애아 어린이집 확충, 편의시설 · 장비비 등 지원
- 장애아 어린이집의 특수교사 배치기준 강화 및 시 · 청각 특수교사 어린이집 순회교육 지원

□ 다양한 시간유형의 보육서비스 제공

- 일시보육서비스 도입('13년 시범운영 후 확대 검토)
- 시간연장형보육료 이용절차 마련
- 방과후 보육료 지원 단가 변경
  변경 전(만 4세아 정부지원단가의 50%) → 변경 후(월 10만 원)

□ 저소득층 유아교육기회 확대

- 유아단계부터 소득에 따른 교육격차를 해소

(3) 만 3~5세 누리과정

- 만 3~5세 유아에 대한 국가의 책임 강화 및 어린이집과 유치원의 표준화된 공

통의 보육교육과정 마련

- 안정적 지원체계를 강화하기 위해 2018년부터 어린이집 누리과정 지원금을 전액 국고로 지원(교육부)

(4) 평가인증 개선

□ 영유아보육법 제30조에 근거, 보육서비스의 수준 향상을 위한 효과적인 질적 관리 시스템 마련 및 부모에게 어린이집 선택의 합리적 기준 제공

- 평가인증시설 현황(2013. 2. 28.기준): 전체 어린이집 42,528개소 중 37,201개소 평가인증 통과(87.5%)

□ 평가 인증 현황

〈표 5-3〉 연도별 평가 인증유지 현황 (단위: 개소, %, 2018년 11월 말 기준)

구분	2015	2016	2017	2018
전체 어린이집	42,517	41,084	40,238	39,181
인증유지 어린이집	33,496(78.8)	32,795(78.8)	32,630(81.1)	31,491(80.4)

〈표 5-4〉 시도별, 설립 유형별 평가 인증유지 현황 (단위: 개소, %, 2018. 11월말 기준)

구분	전체 어린이집	인증유지 어린이집	국공립	사회복지 법인	법인 단체 등	민간	가정	협동	직장
전체 어린이집	39,181	-	3,531	1,378	748	13,544	18,708	164	1,108
인증유지 어린이집	-	31,491 (80.4)	3,232 (91.5)	1,251 (90.8)	641 (85.7)	10,688 (78.9)	14,895 (79.6)	70 (42.7)	714 (64.4)
서울	6,013	4,680 (77.8)	1,344	22	70	1,250	1,836	24	131
부산	1,895	1,548 (81.7)	165	81	34	599	623	2	34
대구	1,404	1,216 (86.6)	87	112	29	540	424	2	22
인천	2,136	1,898 (88.9)	160	11	15	701	951	3	57
광주	1,197	896 (74.9)	29	101	20	300	425	4	17

구분	전체 어린이집	인증유지 어린이집	국공립	사회복지 법인	법인 단체 등	민간	가정	협동	직장
대전	1,410	978 (69.4)	34	41	11	276	578	4	34
울산	871	689 (69.4)	45	12	5	348	252	1	26
세종	337	232 (68.8)	16	8	4	77	118	-	9
경기	11,671	9,462 (81.1)	669	63	103	3,057	5,366	19	185
강원	1,088	892 (82.0)	88	100	38	280	348	2	36
충북	1,158	918 (79.3)	59	96	29	355	354	2	23
충남	1,915	1,659 (86.6)	85	107	44	545	847	1	30
전북	1,399	1,265 (90.4)	61	132	87	418	550	1	16
전남	1,206	883 (73.2)	88	137	42	274	318	1	23
경북	1,985	1,621 (81.7)	131	75	35	669	683	1	27
경남	2,983	2,204 (73.9)	142	86	39	799	1,106	3	29
제주	513	450 (87.7)	29	67	33	200	106	-	15

□ 제3차 평가인증('13년 이후) 주요 변경 사항

- 인증절차 개선 및 배점 조정
- 기본사항 필수항목 확대 및 현장관찰일 미고지
- 관찰자 파견 조정
- 재참여 수수료 부과 및 참여대상 조정
- 확인점검 및 인증유효기간 연계
- 보고방식, 확인방문 운영방식 변경 등

(5) 어린이집 건강 · 영양 · 안전관리 강화

- 건강주치의 제도 도입('13~)
- 어린이집 사고 예방 및 사후보상 제도화를 위해 「어린이집 안전공제회」('09. 11. 3.) 설립
- 예방접종 내역 확인 의무 강화 및 보건소 활용 건강교육 · 보건서비스 제공 등 영유아 건강 · 영양관리 제도 개선
- 시설 운영위원회 활성화, 지역별 부모 모니터링단 구성 등 시설 모니터링 체계 구축으로 영양관리 제도 개선
- 건강 · 영양 · 안전관리 · 응급처치 등에 대한 매뉴얼 보급 등 안전 기준 정비 및 교육 강화

(6) 아이행복카드(전 아이사랑카드)

- '09년 9월부터 정부가 지원하는 보육료를 바우처 형태로 전자카드(아이행복카드)에 담아 부모가 직접 결재 : 어린이집 ↔ 유치원 시설 간 카드를 교체해야 하는 부모의 불편을 개선하기 위해 '15년부터 어린이집(아이사랑카드), 유치원(아이즐거운카드)을 아이행복카드로 통합하여 어린이집이나 유치원 어디서나 정부지원금 결제(인증) 가능

(7) 보육 관련 포털 시스템 구축

□ 어린이집의 아동, 종사자 관리, 보조금 지급 등 보육행정 업무 효율성 및 아이사랑카드 수요자 결제편의성 제고

- 실무자를 위한 보육통합정보시스템, 부모 등을 위한 아이사랑보육포털구축 운영
- 아이사랑보육포털을 통하여 어린이집검색, 보육료결제, 육아정보 및 상담 등 정보 제공

(8) 어린이집 수급 조절과 품질 개선

□ 국공립 어린이집 확충 및 공적보육기능 강화

- '19 년 9월부터 신규 500세대 이상 아파트에 국공립어린이집 설치 의무화
- 농산어촌, 산업단지 등 어린이집이 없는 취약지역 중심으로 설치 확대
- 장애아, 다문화 가정 자녀 등 소외계층 우선 보육

□ 공공형 어린이집 도입

- 평가인증결과 등이 우수한 민간 · 가정어린이집을 대상으로 정부가 일정한 운영비를 지원하면서 국공립어린이집 수준의 운영기준을 적용하여 국공립 수준의 보육서비스를 제공
- 정부, 지역사회, 부모가 함께 참여하여 보육서비스 품질을 관리할 수 있도록 지원
- 아동학대, 급식 사고 등이 발생할 경우에는 바로 선정을 취소하는 등 엄격한 품질 관리 시스템 구축

(9) 부모 모니터링단 운영

- 부모 및 지역사회 보육전문가의 어린이집 운영 참여 확대를 통한 투명성 및 보육 서비스 품질 향상 도모

(10) 제1차 ('15~'19) 아동 정책기본 계획(시안)

□ 제1차 아동정책 기본성격 및 기본계획

- (성격) 5년 단위 아동정책 목표와 기본방향, 주요 추진과제를 수립하고 중앙부처 · 지자체 공동으로 시행 · 관리하는 중기플랜(아동복지법)
- (기본계획)을 통해 중앙부처 · 지자체가 분야별로 수립 · 시행하는 아동 관련 각종 대책을 종합관리하고 조정 · 평가 수행

□ 범위

- (기간) '15~'19(5년)

- (대상) 우리나라에 거주하는 17세 이하의 모든 아동
- 정책 과제에 따라 임산부 및 18세 이상 청소년도 일부 포함
- (정책) 중앙정부 및 지자체의 아동 관련 모든 정책
- 아동의 발달주기에 따라 직 · 간접적으로 고려되어야 하는 가족 · 보육 · 교육 · 문화 · 여가 · 체육 · 건강 · 안전 · 복지 · 산업 등 모든 영역 포괄

〈표 5-5〉 아동 관련 종합 대책 현황

분야		종합대책	비고
종합계획	아동	유엔아동권리협약 국가보고서	보건복지부
교육·보육	아동	보육종합대책	영유아보육법
		보육정책위원회	복지부차관
		유아교육발전기본계획	유아교육법
		중앙유아교육위원회	교육부차관
		인성교육종합계획(인성교육진흥법)	인성교육진흥위원회(호선)
안전	아동	어린이안전종합대책(재난 및 안전관리기본법)	중앙안전관리위원회(총리)
		어린이환경보건종합계획(환경보건법)	환경보건위원회(환경부차관)
		아동학대예방 및 피해아동 조기발견·보호 종합대책(아동복지법)	아동정책조정위원회(총리)
		어린이제품안전 기본계획(어린이제품안전 특별법)	공산품안전 심의위원회(호선)
		어린이통학차량안전강화종합대책(재난 및 안전관리기본법)	중앙안전관리위원회(총리)
건강·식품	아동	어린이식생활안전관리 종합계획(어린이식생활안전관리특별법)	어린이식생활안전관리위원회(위원중 호선)

출처: 제1차('15~'19) 아동정책기본계획(시안) 재정리.

□ 비전 : 행복한 아동, 존중받는 아동

- (행복) 아동이 생애주기에서 가장 행복한 시기로 아동기를 누리고 체감할 수 있도록 아동 친화적 발달환경을 제공(이를 위해 가정을 포함해서 영유아 돌봄 공간, 교육 공간 등 발달, 환경이 아동을 행복하게 키울 수 있도록 근본적인 변화

전략 마련)
- (존중) 발달 · 생존 · 보호 · 참여 등 모든 영역에서 아동을 권리의 주체로 인정하고, 아동의 권리를 온전하게 실현
- 이를 위해 아동권리 실현에 있어서 발달주기별 · 분야별 취약 요인을 진단하고 근본적인 해소전략 마련

□ 핵심목표

① 아동 행복도 증진 : OECD 평균 수준 도달(10년 내)
- OECD 국제비교가 가능한 삶의 만족도, 주관적 행복지수 점수를 10년에 걸쳐 OECD 평균에 도달할 수 있도록 노력

② 아동 최우선의 원칙 실현기반 조성
- 사회의 운영원리, 아동을 둘러싼 환경 및 정책의 변화과정에서 아동의 이익을 최우선으로 보장하고 실현하는 원칙을 정착
- 특히, 아동의 눈으로 발달주기에 따른 취약 요인을 찾아내고, 이를 근본적으로 개선할 수 있는 사회적 기반 마련

□ 영유아 보육 · 교육 내실화

- 관련 계획 : 보육종합대책, 유아교육발전기본계획

(누리과정* 내실화)

* 운영시간 확대(3~5시간 → 4~5시간) 등 누리과정 내실화를 통해 유아교육 출발점 평등 보장 강화

* 누리과정: 만 3~5세 유아의 심신 건강과 조화로운 발달을 도와 민주시민의 기초를 형성하기 위하여 구성된 교육 · 보육 과정

(어린이집 · 유치원 통합평가 도입)* 어린이집과 유치원에 공통적으로 적용되는 핵심사항을 지표로 하여 3년 주기 평가(의무참여) 후 기관 간 비교 가능한 평가 등급과 평정 사유 등 평가결과 공개

* 어린이집 평가인증과 유치원 평가체계를 통합, '15년 시범사업 후 본사업 추진

(영유아 보육 · 교육 통합 플랜) 유보통합 결과를 기초로 부모안심 영유아 돌봄 장기플랜 마련

- 특히, 통합플랜은 영유아의 발달과정에서 요구되는 핵심과업에 대한 사회적 합의를 기초로 이를 충실하게 반영

☞ **유보통합 추진 계획**

○ 영유아 교육·보육시설의 다양한 형태를 유지하되, 학부모의 요구가 큰 교육 및 보육 서비스 질 향상 과제를 단계적·순차적 추진

- (1단계) 서비스 질 향상 기반 구축 우선 추진('14): 평가체계, 재무회계규칙, 정보공시 등 연계 통합 방안 마련
- (2단계) 규제 및 운영환경 정비 등 추진('15): 결제카드 통합, 이용시간 및 교육과정, 교사 지격과 양성체계 정비 등 방안 마련
- (3단계) 관리부처와 재원 등 통합 추진('16~): 어린이집-유치원 교사 처우격차의 단계적 해소방안, 관리부처 및 재원의 통합

□ 인성교육 강화

- 관련 계획 : 인성교육종합계획(수립 예정)
- 인성교육진흥법('15. 7.시행)에 따른 인성교육종합계획(5개년) 수립 · 시행 등 인성교육 확산 기반을 구축하고, 인성교육을 위한 표준화된 학생 인성측정 도구 활용 확대
- 인성교육 진흥을 위해 학생참여 중심의 협력학습이 활성화될 수 있도록 교육과정을 편성하고, 교수학습 방법 개선

* 창의적 사고력 및 인성 등 미래 핵심역량을 기우고, 협력적 문제해결 능력 등을 신장시킬 수 있는 교수 방법 개발 등

- 욕설 및 축약어 중심의 소통 실태에 대한 정기조사(아동발달 영향 포함)를 실시하고, 학생 언어문화 개선방안 수립 · 시행

□ 건강한 삶

- 개요

발달주기별 건강 취약분야에 대한 예방투자를 확대하고, 아동이 가장 많은 시간을 보내는 활동공간(가정, 어린이집, 유치원, 학교)에서 건강(안전 포함)과제가 통합 관리되도록 시스템 마련

- 정책방향

(발달공간 건강보장) 어린이집 · 유치원의 영유아 건강관리체계를 마련하고, 학생 건강증진을 위한 학교문화 조성, 이를 통해 건강한 발달환경을 제공하고 건강을 효과적으로 관리하며, 신체활동 증진 등 건강한 생활습관 형성을 지원

- 생활공간 기반 건강관리체계 마련 : 어린이집 · 유치원 건강관리체계
- 영유아 건강(안전 포함) 관리내용을 어린이집 · 유치원 통합평가 지표로 반영하고, 어린이집 · 유치원 건강관리체계 마련
- 영유아 건강검진 정보, 예방접종 정보와 보육통합시스템의 연계를 통하여 영유아 건강관리 강화
- 유아 맞춤형 체육교육프로그램 개발, 어린이집 · 유치원 교사 대상교육 및 체육지도자 파견 사업 실시

□ 건강검진 내실화

- 관련 계획 : 건강검진종합계획

영유아 건강검진율을 제고(현 63.7%)하고, 영유아 장애예방 등 조기발달 검사 수행

* 출생 후 만 6세까지 성장 발달의 시계열적인 추적이 가능하도록 설정

□ 생활안전

- 관련 계획 : 국가안전관리기본계획, 어린이안전종합대책

〈가정 안전〉

- (안전정보) 아동 연령에 따른 가정안전체크리스트(Healthy Housing Check List)

및 가정안전용품* 등 안전정보 보급

*(예) 손가락 보호대, 모서리 보호대, 전기안전커버, 장식장 및 가스렌지 잠금밴드, 미끄럼 방지 스티커, 화상 방지 수도꼭지 등

- 영유아 가정은 가정방문서비스 등과 연계하여 가정방문 안전점검 실시 검토
- 가정내 소화기구 및 단독경보형 감지기 설치 의무화 홍보('17년 유예기간 종료)
- 영아사망 예방 : 영아 사망 중 원인미상 사유 등 통계를 구축하고, 수면 중 영아의 돌연사 최소화

* 1세 전 사망 영아('07~'11년) 중 12.6%가 불명확 사인으로 사망원인 3위(보사연)

** '96~'08년간 원인불명 사망영아 부검자료 355건 분석('13) : 부모가 영아를 바로 옆에 두고 잔 204건의 경우 영아 10명 중 6명은 '영아돌연사증후군'으로 사망, 수면자세가 파악된 168건 중 75건(45%)은 영아를 엎어 재우거나 옆으로 재웠음

〈어린이집 · 유치원 안전〉

- (교육 · 훈련) 유아부터 종합적인 안전교육 · 훈련체제를 구축하여 안전습관 · 의식 내면화
- 누리과정(3~5세)의 신체운동 · 건강 영역 중 "안전하게 생활하기"를 활용하여 안전교육 실시
- 안전환경: 소방 등 안전관련 정보공시 강화 및 어린이집 안전컨설팅 도입 등 안전한 어린이집 환경조성

* 어린이집 안전공제회를 통하여 전문가에 의한 컨설팅 서비스 제공('15년 100개소 시범사업), 문제 시설은 기능보강비 지원사업 등 연계

- 부모 모니터링단 활성화로 학부모 · 전문가 참여를 통한 안전 컨설팅 강화

□ 어린이 통학차량

- 관련 계획 : 어린이통학차량 안전강화 종합대책
- 모든 통학차량의 신고 의무화, 후방감지 장치 의무화 및 자동차 안전기준 위반 시 과태료 상향 등 안전기준 강화

- 어린이 승・하차 시 운전자 부과의무 및 어린이통학버스 특별보호 의무 위반 시 처벌 강화
- 어린이집 통학차량 보육교직원(이하 동승보호자), 안전교육 반드시 의무적으로 이수

4) 보육행정

〈표 5-6〉 보육업무를 담당하는 중앙정부의 부서별 업무내용

담당부서	주요 업무
보육정책과	1. 중앙부처 및 지방자치단체의 영유아 정책(유아교육정책은 제외한다. 이하 같다), 지원정책 협의・조정・총괄 2. 영유아 정책에 대한 조사・연구・평가 및 제도 개선 3. 영유아 정책에 관한 종합계획의 수립 및 연도별 시행계획의 총괄 4. 보육정책위원회위 운영 5. 보육관련 법령의 관리・운영 6. 보육재정의 중장기 투자계획 수립 7. 보육예산의 편성・집행 관리 및 정산・결산 8. 보육서비스 이용권 제도(보육전자바우처)의 운영 및 관리 9. 보육행정 전산화 10. 지방자치단체 보육공무원 교육 11. 보육개발원의 설립 및 지도・감독 12. 영유아 및 영유아보육 지원정책에 대한 홍보 및 국민인식 개선사업 13. 보육관련 대회협력 및 교류활성화의 지원 14. 보육통계의 생산 및 관리 15. 어린이집연합회 등 법인・단체의 지도・감독 16. 어린이집 평가인증 계획 수립 및 평가인증 제도 운영
보육사업 기획과	1. 보육료 및 양육수당에 관한 지원 2. 표준보육비용에 관한 사항 3. 영유아 및 부모 지원 보육서비스의 개발 4. 영아・장애아 및 다문화가족 영유아 등 취약보육서비스 등 지원에 관한 사항 5. 보육료・양육수당 지원 대상자 선정 및 적성관리에 관한 사항 6. 보육료・양육수당 지원 대상자 소득기준액 결정에 관한 사항 7. 보육교직원 처우 개선에 관한 사항 8. 보육교직원의 양성 및 교육훈련의 지원 9. 어린이집 교직원의 경력 및 자격 관리, 보육인력의 전문성 제고 10. 가정양육 지원에 관한 사항

담당부서	주요 업무
보육기반과	1. 국립·공립어린이집 등 어린이집의 확충 및 지원계획 수립 2. 영유아보육법에 따른 어린이집의 설치·인가기준의 수립 및 관리 3. 어린이집의 설치 및 운영, 기능 보강 등 환경 개선 지원 4. 국립·공립 등 어린이집 인건비 및 운영비 지원 5. 어린이집에 대한 지도·점검 6. 어린이집운영위원회의 설치 및 운영 7. 보육아동의 건강·영양·안전 등의 관리 8. 표준보육과정 및 보육 프로그램의 개발·보급 9. 직장보육서비스의 확충 10. 부모협동어린이집의 활성화 11. 육아종합지원센터의 확충 및 운영·관리 12. 영유아 이용기관의 설치 및 지원 13. 어린이집 평가인증제

출처 : 유구종 외(2015).

3. 보육정책의 과제와 전망

1) 보육정책의 계획 및 방향

사회의 변화와 흐름을 이해하고 사회의 현상과 실태를 분석한 정확한 데이터를 기초로 하여 정책이 계획되고 수립되어야 할 것이다. 또한, 보육현장의 변화에 어떤 요구를 가지고 있는지에 대한 고려가 우선되어야 할 것이다.

2) 표준보육과정의 정립

3차 표준보육과정을 기초로 보육활동이 이루어지고 있는 보육현장은 꾸준한 교사교육을 하고 있으나, 깊이 있고 창의적인 교육과정을 이끌어가는 데는 어려움이 있다. 또한, 정부의 노력에도 불구하고 교육에 대한 열의와 관심이 높아짐에 따라 과열

된 조기교육으로 어린이집과 부모간의 갈등이 어린이집의 전반적인 불만으로 나타나고 있으므로 표준보육과정이 어린이집에 잘 정착되어 보육서비스의 질적 수준을 향상시켜야 할 것이다.

3) 보육정책의 제고

정부는 보육사업 수행에서 제기되고 있는 문제점들에 대하여 어느 정도 인식하고 이의 해결을 위하여 어떤 노력을 하고 있는지에 대하여 국민들과의 소통이 필요하다. 또한 합의, 변화된 '보육(보호 및 교육)의 개념'이 현장에서의 실제적으로 어떻게 적용되고 있는가와 보육이 0~12세 연령 범위의 아동을 대상으로 할 때 현재의 영유아보육법의 명칭이 적절한지에 대하여도 고려하여야 하며, 보육사업의 발전을 위하여 우선 순위별 단기 · 중기 · 장기 과제의 선정은 마련되고 있는지, 보육서비스의 질적 수준을 높이기 위한 정책은 어떻게 계획, 수행되어야 하는가에 대하여서 많은 논의가 필요하다고 하겠다.

4) 보육교사의 처우 및 근무여건 개선과 전문성 확보

교육은 교사의 질을 넘을 수 없다는 것은 교사의 중요성에 대하여 이야기하고 있는 것이다. 질 높은 교육을 위해서는 우수 보육교사의 확보와 처우개선은 당연하고 시급한 일일 것이다. 보육교사의 처우와 근무여건은 정부가 정해준 최저 임금 수준을 밑돌고 있으며 하루 10시간을 넘는 근무시간으로 인하여 질 높은 보육활동은 이루어 질 수 없으므로 보육의 질적인 면과 보육교사의 처우를 고려하여 근무시간에 따른 보수의 각종 수당의 현실화 및 복지향상 등이 이루어져야 할 것이다.

보육의 질 제고를 위해서는 보육교직원의 전문성 함양을 위한 노력이 필수적이라 할 수 있다. 전문성이란 개인적인 차원에 해당되는 것으로 직업에 종사하는 자들이 보여주는 태도와 행동을 의미한다. 즉, 자신의 일에 대한 신념, 오랜 시간 자신의 직업에 헌신하는 태도, 전문가로서 지니고 있는 지식에 의해 결정할 자유가 있다고 믿는 태도 등이 이에 해당한다고 볼 수 있다(김규수 외, 2014).

최근 아동학대로 인하여 교사의 전문성과 인성이 이슈로 떠오르고 있으므로 이에 대한 교사교육을 강화하고 교사들 스스로 직업전문성에 대한 끊임없는 자각과 이를 구축하기 위한 끊임없는 자기발전을 위한 노력이 요구된다.

5) 유보통합

최근 어린이집과 유치원에서 공통으로 사용할 수 있는 3~5세 누리과정이 운영되고 있으며, 2013년부터 모든 어린이집과 유치원에 전면 실시되면서 어린이집이 영유아의 학습과 발달을 지원하는 교육 프로그램에 관심을 두고 있으며, 유치원은 시간 연장제 도입 등 보호적 기능을 강조하고 있어 두 기관의 통합을 앞두고 있다.

그렇지만 두 기관의 통합에는 정부의 담당부처, 교사양성과 자격기준통합 등 여러 가지 현실적인 제약이 따르는 것도 사실이어서 통합에 이르기까지는 많은 논의와 합의가 필요하다고 하겠다.

생각해 보기

1. 보육사업에 대한 사회 및 수요자의 요구는 어떻게 변화하여 왔으며, 앞으로 어떻게 변화되어 나갈 것인지에 대하여 논의하시오.
2. 보육이 0~12세 연령 범위의 아동을 대상으로 할 때 현재의 영유아보육법의 명칭이 적절한지에 대하여 설명하시오.
3. 보육정책의 수립, 반영에서 현장의 어떠한 경험들이 반영되어야 한다고 생각하는지 논의하시오.

제6장
보육교직원

CONTENTS

보육교직원이라 함은 어린이집 영유아의 보육, 건강관리 및 보호자와의 상담 그 밖에 어린이집의 관리 · 운영 등의 업무를 담당하는 자를 말하며, 영유아보육기관의 원장과 보육교사 및 그 외의 또 다른 업무를 담당하는 직원을 말한다(「영유아보육법」 제2조 제5항). 2011년 「영유아보육법」의 부분 개정은 "보육시설종사자"에서 "보육교직원"으로 명칭이 변경되었으며(「영유아보육법」 제17조, 개정 2011. 6. 7.), 이는 어린이집에 근무하는 자들에 대한 전문성과 위상을 제고하려는 사회적 인식을 반영했다고 볼 수 있으며, 보육교직원에는 원장과 보육교사를 포함하여 간호사, 영양사, 취사부와 그 밖의 보육교직원 등이 있다.

1. 원장의 역할과 지격

1) 어린이집 원장의 역할

어린이집을 대표하는 원장은 어린이집의 다양한 역할을 수행해야 하고 보육교사, 그 외의 직원을 지도 · 감독하고, 영유아의 신체를 보호하고 바르고 건실한 교육을 통해 건강한 사회성원으로 양성해야 하며, 또한 영유아의 건강관리와 보호자와의 상담 그 외에 어린이집의 관리 · 운영 등의 업무를 책임져야 하는 중대한 의무를 가지고 있어 보육서비스에서 가장 중요한 역할을 한다.

어린이집 원장은 영유아 보육과 관련된 제반 업무를 총괄하며, 이와 함께 기대되는 역할 또한 포괄적이고 다양하게 정의될 수 있다. 여러 학자의 제안을 토대로 어린이집 원장의 역할을 정리하면 〈표 6-1〉과 같다.

〈표 6-1〉 어린이집 원장의 역할

항목	내용
보육철학 제시 및 보육과정 수립과 평가	원장은 어린이집의 보육철학을 수립하고, 이를 기초로 보육교사와 협의하여 운영목표 및 보육과정을 수립하고 평가하여야 한다.
영유아 보호와 교육관리	영유아의 보호와 교육에 관련된 구체적인 내용을 교사와 협의하여 제공하고, 이를 위하여 필요한 교재·교구를 구입하여 적절하게 배열하고 관리해야 한다.
실내외 어린이집의 관리	원장은 영유아의 발달에 적합한 시설을 설비·제공하며 제반 어린이집의 안전·위생을 관리해야 한다.
보육교직원의 인사관리와 감독	유능한 보육교직원을 충원하고 관리·감독해야 하고, 보육교직원들이 최선을 다하여 보육의 임무를 수행할 수 있도록 긍정적인 분위기를 조성하고 격려해 주어야 한다.
부모관리	원장은 보육의 효과를 높이기 위하여 부모의 요구를 파악하고 어린이집의 교육과정을 공유하며, 부모참여나 부모교육 등을 통하여 부모와의 유기적 관계를 형성한다.
지역사회와의 협력	원장은 지역사회 교류와 협력을 모색하여 지역사회에 활용할 수 있는 보육적 자원을 발굴하고 활용한다. 보육의 내용 중에서 지역의 협력을 필요로 하는 부분이 많으며, 지역사회의 우체국, 은행, 병원, 각급 학교, 공원, 호수 등 여러 가지 주제별로 다양한 현장학습장소를 필요로 한다.
예산 편성 및 집행	원장은 재정 관리의 총 책임자로서 예산을 편성하고 집행하며 재정과 관련된 다양한 의사결정을 바람직하게 수행할 수 있어야 한다.
행정적인 업무처리 및 서류·기록의 보관	보육교직원과 영유아에 대한 신상기록부 및 운영과 관련된 각종 서류를 보관하며 정기적으로 갱신하고 관리해야 한다.
자체장학	보육 전반을 관찰하고 자체 장학을 통하여 평가하면서 개선방향을 모색하고 보육의 질을 높이고자 노력해야 한다.

출처: 나종혜 외(2014).

2) 어린이집의 원장 자격

어린이집의 원장은 대통령령이 정하는 자격을 가진자로서 보건복지부장관이 검정 · 수여하는 국가자격증을 발급받아야 한다(「영유아보육법」 제21조). 어린이집 원장의 자격기준은 크게 일반 어린이집, 가정 어린이집, 영아전담 어린이집, 장애아 전담 어린이집 원장이다. 자격기준 중 어느 하나에 해당하는 사람은 보건복지부령으로 정하는 사전직무교육을 받아야 한다.

일반, 가정, 영아전담, 장애아전담 어린이집 원장의 자격기준 중 어느 하나에 해당하는 자는 사전직무교육(80시간)을 이수해야 어린이집 원장 자격을 취득할 수 있다. 어린이집 원장 사전직무교육은 원장 자격 취득자의 자질과 전문성 향상을 목적으로 한다.

〈표 6-2〉 현행 규정에 의한 어린이집 원장의 자격기준(2014. 3. 1.)

구분	자격기준
일반기준 (300인 이하 어린이집)	· 보육교사 1급 자격을 취득한 후 3년 이상의 보육 등 아동복지업무 경력이 있는 사람 · 「유아교육법」에 따른 유치원 정교사 1급 자격을 취득한 후 3년 이상의 보육 등 아동복지업무 경력이 있는 사람 · 유치원 원장의 자격을 가진 사람 · 「초·중등교육법」에 따른 초등학교 정교사 자격을 취득한 후 5년 이상의 보육 등 아동복지업무 경력이 있는 사람 · 「사회복지사업법」에 따른 사회복지사 1급 자격을 취득한 후 5년 이상의 보육 등 아동복지업무 경력이 있는 사람 · 「의료법」에 따른 간호사 면허를 취득한 후 7년 이상의 보육 등 아동복지업무 경력이 있는 사람 · 국가 또는 지방자치단체에서 7급 이상의 공무원으로 보육 등 아동 복지업무에 5년 이상 근무한 경력이 있는 사람
가정 어린이집 (5인 이상 20인 이하 어린이집)	· 일반기준에서 정한 자격을 갖춘 사람 · 보육교사 1급 이상의 자격을 취득한 후 1년 이상의 보육업무 경력이 있는 사람
영아전담 어린이집 (만 3세 미만의 영아만을 20명 이상 보육하는 어린이집)	· 일반기준에서 정한 자격을 갖춘 사람 · 간호사 면허를 취득한 후 5년 이상의 아동간호업무 경력이 있는 사람
장애아전담 어린이집 (「장애인복지법」 제32조에 따라 장애인으로 등록된 영유아만을 20명 이상 보육하는 어린이집)	· 일반기준에서 정한 자격을 갖춘 자로서 다음 어느 하나에 해당하는 사람 - 대학(전문대학을 포함한다)에서 장애인복지 및 재활 관련 학과를 전공한 사람 - 장애아 보육시설에서 2년 이상의 보육업무 경력이 있는 사람

구분	자격기준
「고등교육법」에 따른 대학(전문대학을 포함) 또는 법 제21조 제2항 제2호에 따른 교육훈련시설이 운영(위탁 또는 부설 운영을 말함)하는 어린이집	- 일반기준에서 정한 자격을 갖춘 사람 - 어린이집을 운영하는 대학의 전임강사 또는 교육훈련시설의 전임교수 이상으로서 보육 관련 교과목에 대하여 3년 이상의 교육 경력이 있는 사람

※ 비고

1. "보육 등 아동복지업무 경력"이란 다음의 어느 하나에 해당하는 경력을 말한다.
   가. 어린이집에서 어린이집의 원장 보육교사, 특수교사「초·중등교육법」 제21조 제2항에 따라 특수학교의 정교사, 준교사 또는 실기교사(담당과목이 재활복지과목인 경우만 해당한다)의 자격증을 가진 사람과 이에 준하는 사람으로 보건 복지부장관이 인정하는 사람을 말한다. 이하 같다] 또는 치료사로 근무하거나 육아종합지원센터에서 육아종합지원센터 장, 보육전문요원 또는 특수교사로 근무한 경력
   나.「유아교육법」에 따른 유치원에서 원장, 원감, 수석교사 또는 교사로 근무한 경력
   다.「아동복지법」에 따른 아동복지시설에서 시설장, 총무, 보육사, 생활복지사, 상담지도원 또는 자립지원전담요원으로 근무한 경력
   라.「장애인복지법」에 따른 장애 영유아 생활시설에서 장애아동과 관련된 업무에 종사한 경력
   마.「유아교육법」 및「초·중등교육법」에 따른 특수학교(유치원 과정)에서 특수학교 교원으로 근무한 경력
   바. 법률 제7120호 유아교육법 제정으로 폐지되기 전「유아교육진흥법」에 따른 새마을 유아원에서 근무한 경력
   사. 가목부터 바목까지의 아동복지업무를 수행하는 시설 등에서 간호사로 근무한 경력
   아. 국가 또는 지방자치단체에서 7급 이상의 공무원으로 보육 등 아동복지에 관한 행정 업무에 종사한 경력

2. "보육업무경력"이란 다음의 어느 하나에 해당하는 경력을 말한다.
   가. 어린이집에서 어린이집의 원장, 보육교사, 특수교사 또는 치료사로 근무하거나 육아종합지원센터에서 육아종합지원센터의 장, 보육전문요원 또는 특수교사로 근무한 경력
   나.「유아교육법」에 따른 종일제 유치원에서 원장 원감, 수석교사 또는 교사로 근무한 경력

3. "아동간호업무 경력"이란 병원의 소아청소년과나 신생아실, 보건소 모자보건센터, 초등학교 보건실 등에서 근무한 경력을 말한다.

출처: 보건복지부(2014). 보육교직원 자격기준 변경사항 안내.

* 2014. 3. 1. 이후 원장 자격증 신청자는 개정 기준 시행 이전에 경력요건 등을 갖춘 경우라도 사전직무교육 80시간을 반드시 이수하여야 한다.

2. 보육교사의 역할과 자격

보육교사를 "보호자의 위탁을 받아 만 5세 미만의 영유아를 보육하는 사람으로 영유아보육법에 의해 어린이집에서 영유아의 보육, 건강관리 및 부모와의 상담, 그 외에 어린이집 관리, 운영 등의 업무를 담당하는 사람"이라고 정의하고, 또한 보육교사는 "표준보육과정의 내용이 제시하는 영유아의 전인적 성장을 위하여 교육서비스와 함께 영유아의 안전과 건강관리를 위한 서비스를 실행할 의무가 주어진다"라고 정의함으로써 보육교사의 지위를 법적으로 보장하고 있으며, 보육교사는 영유아의 전인적 성장을 돕는 데 필요한 보호와 교육적 측면의 지식을 갖춘 전문가이며 영유아의 성장과 발달에 직접적으로 영향을 주는 중요한 인적 자원이다.

1) 보육교사의 역할

보육교사 자격관리사무국(2005)에서 정의한 보육교사의 역할을 살펴보면 다음과 같다.

① 영유아의 성장·발달의 자연스러운 과정에 있어 보호와 교육적 측면의 전문가로서 신체적·사회적·정서적·지적 발달을 균형 있게 격려할 수 있도록 교육방법을 연구하고 적용한다.

② 교실환경을 구성하고 영유아를 가르치는 교육자로서 영유아의 연령과 발달 수준을 의식하여 적절한 자극을 제공한다.

③ 부모들이 자녀 걱정 없이 안심하고 사회·경제활동을 할 수 있도록 부모와의 정보교환 교류자로서 원활한 의사소통을 통하여 보육교사나 어린이집에 대하여 신뢰감을 형성하는 역할을 담당하여야 한다(천은영 외, 2014).

카츠(Katz, 1980)는 보육교사의 역할을 세 가지 유형으로 나누었다.

① 모친유형(maternal model)은 영유아들을 안전하고 편안하며 행복하게 하고 긴장을 풀어주며 내적 갈등을 해결하는 데 중점을 두고 있다.

② 치료모형(therapeutic model)은 약한 영유아를 보호하고 안전한 환경을 만들어 주는 것부터 자연적인 환경에 대처하기 위하여 힘과 전략을 발달시키도록 돕는다.

③ 교수모형(instructional model)은 지식과 정보를 전달하고 유아들이 기술을 발달시키도록 하는 중점을 두고 있다.

또한 스포텍(Spodek, 1985; 박덕승, 2005, 재인용)은 보육교사는 양육, 교수, 인격함양, 의사결정의 역할을 수행한다고 보았다.

① 양육역할은 영유아기의 특성상 영유아의 건강, 보호, 안전에 주의를 기울이고 더 나아가 집과 같은 편안함을 제공하고 사랑으로 대하며, 부모를 대신하는 역할을 담당하는 것이다.

② 교수의 역할은 전통적인 지식전달자의 역할뿐만 아니라, 영유아들에게 학습상황을 제공하여 교육자원을 접하게 하며, 영유아들로 하여금 현실에 대하여 지각과 판단을 이끈 역할까지 포함되어야 한다.

③ 인격함양의 역할은 교사와 영유아 간의 상호작용 측면에 중점을 둔 것으로 교사에게 지도자와 안내자로서의 역할을 요구하고 있다.

④ 의사결정 역할은 교사활동의 중심이 되는 역할로서 보육현장에서 보육교사가 직면하는 수많은 의사결정 상황에서 보육교사가 수행하는 정책결정, 제도상의 의사결정, 전문적 의사결정 역할을 강조하였다(유구종 외, 2015).

2) 보육교사의 자격

보육교사는 어린이집에서 근무하는 자격기준(「영유아보육법」 시행령 제21조에 해당하는 사람으로서 보건복지부장관이 검정·수여하는 국가자격증을 발급받은 사람이어야 한다. 이러한 보육교사 국가자격증을 취득하기 위한 방법으로는 교육훈련시설(보육교사교육원)을 수료하여 보육교사 3급 자격증을 신청하는 것과 전문대학 또는 이와 동등 이상의 학교를 졸업하여 보육교사 2급 자격증을 신청하는 것의 2가지가 있다(나종혜 외, 2014).

〈표 6-3〉 보육교사 국가자격증 취득방법

교육훈련시설(보육교사교육원) 수료	보육교사 3급 자격증
영유아보육법 제21조 제2항 제2호의 규정에 의해 고등학교 또는 이와 동등 이상의 학교를 졸업한 사람으로서 보건복시부령이 정하는 교육훈련시실에서 소정의 교육과정을 수료한 경우 보육교사 3급 자격증을 신청하여 발급받은 후 어린이집에서 보육교사로 근무할 수 있다.	
전문대학 또는 이와 동등 이상의 학교 졸업	보육교사 2급 자격증
영유아보육법 제21조 제2항 제1조의 규정에 의해 고등교육법에 의한 전문대학 또는 이와 동등 이상의 학교에서 보건복지부령이 정하는 보육 관련 교과목 및 학점을 이수하고 졸업한 경우 보육교사 2급 자격증을 신청하여 발급받은 후 어린이집에서 보육교사로 근무할 수 있다.	

출처: 나종혜 외(2014).

〈표 6-4〉 보육교사 등급별 자격기준

등급	자격기준
보육교사 1급	·보육교사 2급 자격을 취득한 후 3년 이상의 보육업무 경력이 있는 사람으로서 보건복지부장관이 정하는 승급교육을 받은 사람 ·보육교사 2급 자격을 취득한 후 보육 관련 대학원에서 석사학위를 취득하고 1년 이상의 보육업무 경력이 있는 사람으로서 보건복지부장관이 정하는 승급교육을 받은 사람
보육교사 2급	·전문대학 또는 이와 같은 수준 이상의 학교에서 보건복지부령으로 정하는 보육 관련 교과목 및 학점을 이수하고 졸업한 사람 ·보육교사 3급 자격을 취득한 후 2년 이상의 보육업무 경력이 있는 사람으로서 보건복지부장관이 정하는 승급교육을 받은 사람
보육교사 3급	고등학교 또는 이와 같은 수준 이상의 학교를 졸업한 사람으로서 보건복지부령으로 정하는 교육훈련시설에서 정해진 교육과정을 수료한 사람

출처: 「영유아보육법 시행령」 제21조 관련 별표 1 〔시행일 : 2014. 3. 1.〕

보육실습은 법적으로 인가받은 정원 15명 이상으로 평가인증을 유지하는 어린이집 또는 교육과정과 방과후 과정을 운영하는 유치원에서 보육교사 1급 또는 유치원 정교사 1급 자격을 가진 사람이 실습을 지도하여야 하며, 이 경우 실습 지도교사 1명당 보육실습생은 3명 이내로 한다.

2016년 1월 1일부터 시행되는 보육실습기간은 6주(240시간)를 원칙으로 하되, 실습을 2회에 나누어 실시할 수 있다. 실습의 평가는 보건복지부장관이 정하는 보육실습일지와 실습평가서에 근거하여 하되, 평가점수가 80점 이상이어야 실습을 이수한 것을 인정하고 있다.

〈표 6-5〉 대학 등에서 이수하여야 할 교과목 및 학점(2016년 개정)

구분		교과목	이수과목(학점)
교사 인성 영역(필수 교과목)		보육교사(인성)론, 아동권리와 복지	2과목(6학점)
보육 지식과 기술 영역	필수 교과목	보육학개론, 보육과정, 영유아발달, 영유아교수방법론, 놀이지도, 언어지도, 아동음악(또는 아동동작, 아동미술), 아동수학지도(또는 아동과학지도), 아동안전관리(또는 아동생활지도)	9과목(27학점)
	선택 교과목	아동건강교육, 영유아 사회정서지도, 아동문학교육, 아동상담론, 장애아 지도, 특수아동 이해, 어린이집 운영관리, 영유아보육프로그램 개발과 평가, 보육정책론, 정신건강론, 인간행동과 사회환경, 아동간호학, 아동영양학, 부모교육론, 가족복지론, 가족관계론, 지역사회복지론	2과목(6학점) 이상
보육 실무 영역(필수 교과목)		아동관찰 및 행동연구, 보육실습	2과목(6학점)
전체		17과목(51학점) 이상	

출처: 영유아보육법 시행규칙 제12조 제1항 〔별표4〕, 보육교사 자격기준변경안내(2017). 보건복지부 · 한국보육진흥원.

* 각 교과목은 3학점을 기준으로 하되, 최소 2학점이어야 함

〈표 6-6〉 **대면 교과목에 관한 기준**

영역	교과목
교사 인성 영역	보육교사(인성)론, 아동권리와 복지
보육 지식과 기술 영역	놀이지도, 언어지도, 아동음악(또는 아동동작, 아동미술), 아동수학지도(또는 아동과학지도), 아동안전관리(또는 아동생활지도)
보육 실무 영역	아동관찰 및 행동연구, 보육실습

출처: 영유아보육법 시행규칙 제12조 제1항 〔별표4〕, 보육교사 자격기준변경안내(2017). 보건복지부 · 한국보육진흥원.

* 실시 방법 : 과목당 8시간 이상 출석 수업 1회 이상 출석 시험 실시.
단, 「보육실무영역」의 교과목 중 보육실습은 '보육실습기준'에 따름

〈표 6-7〉 **보육실습 기준**

구분	기준
실습 운영	이론수업과 보육현장실습으로 운영
실습 기간	6주 240시간(2회에 나누어 실시 가능)
실습 기관	- 정원 15명 이상으로 평가인증을 유지하는 어린이집 - 방과 후 과정을 운영하는 유치원
실습 지도교사	- 보육교사 1급 또는 유치원 정교사 1급 - 실습 지도교사 1명당 보육실습생 3명 이내 지도
실습 인정시간	- 평일(월요일 ~ 금요일) 오전 9시 ~ 오후 7시 - 실습시간은 하루에 8시간을 초과할 수 없음
실습의 평가	- 보육실습일지와 실습평가서 작성 - 평가점수 80점 이상

출처: 영유아보육법 시행규칙 제12조 제1항 〔별표4〕, 보육교사 자격기준변경안내(2017). 보건복지부 · 한국보육진흥원.

3. 보육교직원의 배치 및 직무교육

1) 보육교직원의 배치 및 교육

〈표 6-8〉 보육교직원 배치

<table>
<tr><th>구분</th><th>배치기준</th><th>비고</th></tr>
<tr><td>원장</td><td>전 어린이집별 1인</td><td>정원기준</td></tr>
<tr><td>보육교사</td><td>만 1세 미만: 영아 3인당 1인
만 2세 미만: 영아 5인당 1인
만 3세 미만: 영아 7인당 1인
만 4세 미만: 영아 15인당 1인
만 4세 이상 미취학 유아: 유아 20인당 1인
장애아: 3인당 1인</td><td rowspan="3">현원기준</td></tr>
<tr><td>간호사</td><td rowspan="2">영유아 100인 이상</td></tr>
<tr><td>영양사</td></tr>
<tr><td>취사부</td><td>영유아 40인 이상</td><td>현원기준
(방과후 제외)</td></tr>
</table>

출처: 보건복지부(2013).

2) 보육교직원의 보수교육

(1) 보육교직원 직무교육

보육교직원의 직무교육은 보육에 필요한 지식과 능력을 유지, 개발하기 위하여 보육교직원이 정기적으로 받는 교육이다.

□ 어린이집 원장의 보수교육

<table>
<tr><th colspan="5">직무교육</th><th>사전직무교육</th></tr>
<tr><td colspan="2">일반직무교육</td><td colspan="3">특별직무교육</td><td rowspan="2">어린이집 원장
사전직무교육</td></tr>
<tr><td>기본교육</td><td>심화교육</td><td>영아보육
직무교육</td><td>장애아보육
직무교육</td><td>방과후보육
직무교육</td></tr>
</table>

□ 보육교사 등의 보수교육

<table>
<tr><th colspan="5">직무교육</th><th colspan="2">승급교육</th></tr>
<tr><td colspan="2">일반직무교육</td><td colspan="3">특별직무교육</td><td rowspan="2">2급 보육교사 승급교육</td><td rowspan="2">1급 보육교사 승급교육</td></tr>
<tr><td>기본교육</td><td>심화교육</td><td>영아보육 직무교육</td><td>장애아보육 직무교육</td><td>방과후보육 직무교육</td></tr>
</table>

*원장 및 보육교사 일반직무교육에서 기본 및 심화교육과정은 보육업무경력 등을 감안하여 교육대상자가 선택하여 이수할 수 있음

〈표 6-9〉 **보육교직원 직무교육**

<table>
<tr><th colspan="2">구분</th><th>대상자</th><th>시간
(과목수)</th><th>비고</th></tr>
<tr><td>일반</td><td>보육교사</td><td>현직에 종사하고 있는 보육교사로서 보육업무 경력이 만 2년을 경과한 자와 보육교사 직무교육(승급교육 포함)받은 해부터 만 2년이 경과한 자</td><td>40(20)</td><td>매 3년마다</td></tr>
<tr><td rowspan="2">일반</td><td>원장 신규</td><td>현직에 종사하고 있는 원장으로서 어린이집 원장의 직무를 담당하는 첫해에 해당하는 자</td><td>40(21)</td><td>원장 첫해</td></tr>
<tr><td>원장</td><td>현직에 종사하고 있는 원장으로서 어린이집 원장의 직무교육을 받은 해부터 만 2년을 경과한 자</td><td>40(20)</td><td>매 3년마다</td></tr>
<tr><td rowspan="3">특별</td><td>영아보육</td><td>영아보육을 담당하고 있는 일반직무교육 대상자와 영아보육을 담당하고자 하는 보육교사 및 어린이집 원장</td><td>40(20)</td><td rowspan="3">이수를 원하는 자</td></tr>
<tr><td>장애아보육</td><td>장애아보육을 담당하고 있는 일반직무교육대상자와 장애아보육을 담당하고자 하는 보육교사 및 어린이집 원장</td><td>40(20)</td></tr>
<tr><td>방과후보육</td><td>방과후 보육을 담당하고 있는 일반직무교육 대상자와 방과후 보육을 담당하고자 하는 보육교사 및 어린이집 원장</td><td>40(20)</td></tr>
</table>

출처: 보건복지부(2013).

*어린이집에서 특수교사나 치료사로 근무하는 자도 일반·특별직무교육대상으로서 보수교육을 이수하여야 한다(일반직무교육이나 특별직무교육 중 선택적으로 이수할 수 있음).

*보수교육을 연속하여 3회 이상 받지 아니하는 경우 자격이 정지될 수 있으므로 보수교육 대상자는 필히 보수교육을 이수하여야 한다.

(2) 보육교직원 승급교육

보육교직원 승급교육은 보육교사가 3급에서 2급 또는 2급에서 1급으로 승급하기 위하여 필요한 교육이다.

〈표 6-10〉 보육교직원 승급교육

구분	대상자	시간 (과목수)	비고
2급 승급교육	보육교사 3급의 자격을 취득한 후 보육업무 경력이 만 6개월이 경과한 자	80(21)	이수를 원하는자
1급 승급교육	보육교사 2급의 자격을 취득한 후 보육업무 경력이 만 2년이 경과한 자 및 보육교사 2급의 자격을 취득한 후 보육 관련 대학원에서 석사 학위를 취득한 경우 보육업무 경력이 만 6개월이 경과한 자	80(20)	

출처: 보건복지부(2013).

(3) 보육교직원 의무교육

〈표 6-11〉 보육교직원 의무교육

교육명	구분	내용
개인정보 보호교육	근거	① 개인정보 보호법 제28조(개인정보취급자에 대한 감독) ② 개인정보처리자는 개인정보의 적정한 취급을 보장하기 위하여 개인정보취급자에게 정기적으로 필요한 교육을 실시하여야 한다.
	대상	개인정보의 이용, 활용 등 실질적으로 개인정보를 취급하는 자
	교육횟수	① 개인정보보호법에 따르는 사업장 : 연 1회 이상 ※ 개인정보보호법 준수 사업장이란? 개인정보를 취하는 모든 사업장 ② 정보통신망 이용 촉진 및 정보보호 등에 관한 법률을 따른 사업장 : 1년 2회 이상 ※ 정보통신망법 준수 사업장이란? 정보통신망(회원가입, 별도의 개인정보작성 홈페이지 등)을 통해 개인정보의 송·수신이 이루어지는 사업장
	교육정보	행정자치부 '개인정보보호 종합포털'(http://www.privacy.go.kr)
	관련문의	법령문의 02-2100-2817 / 교육문의 02-2100-4104
	※ 행정자치부에서 개인정보보호 교육을 위탁(지정)한 민간기관 없음. 교육 관련 스팸(팩스) 신고 : 118 또는 스팸대응센터(http://spam.kisa.or.kr)	

교육명	구분	내용
다중이용 시설 등의 실내공기질 관리자	근거	다중이용시설 등의 실내공기질관리법 제7조 시행령 제2조 (의무)
	대상	연면적 430㎡ 이상인 국공립어린이집 , 법인어린이집 , 직장어린이집 및 민간어린이집 기관장 또는 관리 책임자
	교육횟수	· 신규교육 : 1년 이내에 1회 · 보수교육 : 신규교육을 받은 날을 기준으로 3년마다 1회
	교육정보	환경보전협회(http://epa.ecoedu.go.kr)
	관련문의	경기협회 031-253-0312/4
석면건축물 안전관리인 교육	근거	석면안전관리법 제24조(의무)
	대상	연면적 430㎡ 이상인 국공립어린이집, 법인어린이집, 직장 어린이집 및 민간어린이집 석면건축물관리자(관리책임자-담당 보육교직원)
	교육횟수	신고 또는 변경신고를 한 날부터 1년 이내(교육시간 6시간)
	교육정보	국립환경인력개발원 e-러닝(http://e-learning.me.go.kr)
	관련문의	사이버교육팀 032-560-7798 / 7779 / 7786
식품위생 교육	근거	식품위생법 제41조(의무)
	대상	50인 이상 집단 급식소의 기관장 또는 관리책임자(조리사, 영양사 등)
	교육횟수	연 1회
	교육정보	한국식품산업협회(http://www.kfia.or.kr/)
	관련문의	02-3470-8150
성폭력 예방교육	근거	성폭력방지 및 피해자보호 등에 관한 법률 제5조 (의무)
	대상	모든 보육교직원
	교육횟수	연 1회
	교육정보	여성가족부 예방교육통합관리 (https://shp.mogef.go.kr) 예방교육통합관리시스템에 성폭력예방교육 추진실적 등록 필요
	관련문의	02-2100-6437~40
성희롱 예방교육	근거	남녀고용평등과 일·가정 양립 지원에 관한 법률 제13조 및 동법 시행령 제3조
	대상	사업주 및 모든 직원
	교육횟수	연 1회 ※ 사업의 규모나 특성 등을 고려하여 직원연수·조회·회의, 인터넷 등 정보통신망을 이용한사이버교육 등을 통하여 실시. 다만, 다음 각호의 어느 하나에 해당하는 사업의 사업주는홍보물을 게시하거나 배포하는 방법으로 직장 내 성희롱 예방 교육을 할 수 있다. 1. 상시 10명 미만의 근로자를 고용하는 사업 2. 사업주 및 근로자 모두가 남성 또는 여성 중 어느 한 성(性)으로 구성된 사업

<table>
<tr><th>교육명</th><th>구분</th><th>내용</th></tr>
<tr><td rowspan="2">성희롱
예방교육</td><td>교육정보</td><td>여성가족부 예방교육통합관리(https://shp.mogef.go.kr)</td></tr>
<tr><td>관련문의</td><td>02-2100-6437~40</td></tr>
<tr><td rowspan="5">아동학대
예방교육</td><td>근거</td><td>아동복지법 시행규칙 제14조, 2015 어린이집 부모모니터링 지표 12- ①</td></tr>
<tr><td>대상</td><td>모든 보육교직원</td></tr>
<tr><td>교육횟수</td><td>연 1회</td></tr>
<tr><td>교육정보</td><td>· 온라인교육 : 중앙육아종합지원센터e러닝(http://lms.educare.or.kr)
· 집합교육 : 경기도육아종합지원센터(http://gyeonggi.childcare.go.kr)</td></tr>
<tr><td>관련문의</td><td>02-6901-0218 / 031-258-1485</td></tr>
<tr><td rowspan="5">어린이집
놀이시설
안전교육</td><td>근거</td><td>어린이놀이시설 안전관리법 제20조(의무)</td></tr>
<tr><td>대상</td><td>어린이놀이시설이 되어 있는 경우 안전관리책임자(담당 보육교직원)</td></tr>
<tr><td>교육횟수</td><td>· 신규교육 : 어린이놀이시설 인도받은 날부터 6개월 이내, 안전 관리자가 변경된 날, 또는 안전교육 유효기간이 만료되는 경우 만료 전 3개월 이내
· 보수교육 : 2년마다 1회</td></tr>
<tr><td>교육정보</td><td>한국생활안전연합(http://playsafety.or.kr)
대한산업안전협회(http://edu.safety.or.kr)
한국안전교육협회(http://koreakid.co.kr)</td></tr>
<tr><td>관련문의</td><td>02-3476-0119 / 02-860-7000 / 055-352-2276</td></tr>
<tr><td rowspan="5">어린이집
통학차량
운전자
교통안전
교육</td><td>근거</td><td>· 도로교통법 제53조3항, 동법 시행령 제31조2항, 동법 시행규칙 제37조2항(의무)
· '15. 1. 29. 이후 확인 대상 어린이집은 개정된 「도로교통법」의 안전교육 이수기간 적용(제53조의3)</td></tr>
<tr><td>대상</td><td>어린이통학버스 운영자 및 운전자</td></tr>
<tr><td>교육횟수</td><td>· 신규 안전교육 : 어린이통학버스 운영 또는 운전을 하기 전에 실시
· 정기 안전교육 : 2년마다 정기적으로 실시</td></tr>
<tr><td>교육정보</td><td>한국도로교통공단(http://www.koroad.or.kr)</td></tr>
<tr><td>관련문의</td><td>경기지부 031-8006-1114</td></tr>
</table>

(4) 보수교육의 이수기준

보수교육의 이수기준에 대하여 살펴보면 다음과 같다.

① 보수교육은 해당 교육시간을 모두 출석한 경우에만 이수한 것으로 본다.

② 직계가족의 사망·사고 또는 결혼 등으로 인한 결석이나 본인의 사고·질병 등으로 인한 결석의 경우에는 교육시간의 최대 10% 범위에서 출석한 것으로 인정받을 수 있다. 다만, 출석 인정을 받기 위해서는 반드시 관련 서류를 제출하여야 한다.

③ 승급교육 대상자 중 출석기준을 충족하였으나 평가시험에서 80점 이상을 받지 못한 경우에는 승급교육을 이수한 것으로 인정받을 수 없다.

4. 보육지원 인력의 역할과 중요성

어린이집에 근무하는 모든 보육교직원은 영유아들에게 직·간접적으로 영향을 주는 인적 환경이므로 신체적, 정신적, 사회적으로 건강해야 하며, 영유아를 진정으로 이해하고 사랑할 수 있어야 하고, 대인관계를 원만하게 형성하고 유지할 수 있어야 하며, 영유아의 전인적 성장을 도모하기 위하여 제 역할을 수행할 수 있는 사람이어야 한다.

1) 취사부(조리사)

영유아보육법 제33조에 의하면, 보육시설에서는 급식을 직접 조리하는 것을 원칙으로 하기 때문에 취사부는 식단에 따라 급식과 간식을 직접 만들어 제공하며, 주방의 식기와 식재료 등을 위생적으로 보관하고 관리하며, 영양사와 상의하여 영유아들이 음식을 잘 먹을 수 있도록 조리법을 연구, 개발하는 업무를 수행하고, 취사부의 경우 자격사항에 대한 특별한 제도적 자격기준이 명시되어 있지는 않지만 영유아들에 대한 사랑과 이해의 마음 가짐은 물론, 건강과 안전, 영양에 대한 기본적인 조리직무를 충실히 수행할 수 있는 능력이 요구되며 「영유아보육법」에 의하여 영유아 40명 이상 ~ 80명 이하를 보육하는 어린이집의 경우 취사부 1명을 두어야 하며, 영유아가

80명 이상 초과 되었을 때마다 1명씩 증원해야 한다(박찬옥 외, 2014).

2) 영양사

영양사는 영유아 발달 성장을 위한 식단 작성, 재료구입, 취사부 조리활동 지도, 조리 과정과 각종 식기류와 집기류 위생관리 감독, 영양교육과 식습관 지도가 주 업무이며, 영유아 보육법에 따라 영유아 100명 이상을 보육하는 어린이집의 경우 영양사 1명을 두도록 규정하고 있다. 어린이집 단독으로 영양사를 두는 것이 곤란한 경우에는 동일한 시 · 군 · 구의 5개 이내 어린이집이 공동으로 영양사를 둘 수도 있으며, 영양사의 주된 역할은 영유아들의 건강 증진을 위해 적당한 영양을 공급하는 데 있으며, 이를 위하여 영양사는 충분한 여러 가지 메뉴의 간식과 식사를 제공하기 위한 식단계획을 수립하고, 식품재료를 구입하고, 취사부들의 취사활동을 지도하며, 영유아들의 식습관 지도는 물론 보육교직원과 부모들을 대상으로 영유아의 건강, 영양 및 식습관에 관한 보육활동을 담당한다.

영양사의 자격은 「식품위생법」 제37조에 의해

① 「고등교육법」에 의한 학교에서 식품학 또는 영양학을 전공한 사람으로서 교과목 및 학점이수 등에 관해 보건복지부령이 정하는 요건을 가진 경우
② 외국에서 영양사 자격을 받은 경우
③ 외국의 영양사 양성학교 중 보건복지부 장관이 인정하는 학교를 졸업한 경우

중 어느 하나에 해당하는 사람으로서 영양사 자격시험에 합격한 뒤 보건복지부장관의 면허를 받아야 한다고 규정하고 있다.

3) 간호사

어린이집에서 간호사를 채용하는 경우는 매우 드물며 보육교사가 간호사의 역할까지 담당하는 실정이다. 「영유아보육법」에 의해 영유아 100인 이상을 보육하는 어

린이집에서는 영유아들의 건강, 안전, 위생 등에 관한 업무를 담당하는 간호사(간호조무사)를 두도록 규정하고 있으며, 간호사(간호조무사)는 영유아의 신체적 성장(키, 몸무게, 가슴둘레 등)과 운동발달에 관하여 정기적인 체크, 건강검진, 전염성 질환의 예방과 격리조치, 안전사고의 예방과 치료, 투약, 응급조치를 위하여 비상약품과 의료기구의 비치와 관리, 응급처치 요령의 전달교육 등의 역할을 수행한다.

간호사의 자격은 「의료법」 제2장 제7조에 해당하는 학교를 졸업하거나 외국의 간호사 자격을 받은 경우 중 어느 하나에 해당하는 사람으로서 간호사 국가시험에 합격한 후 보건복지부 장관의 자격을 받아야 한다.

4) 사무원

전반적인 행정사무를 담당하는 직으로서 각종 공문서의 처리, 보육교직원과 영유아들에 대한 각종 기록의 관리, 영유아들의 보육료 수납을 포함한 어린이집의 재정 및 기타 행정업무를 담당한다. 대체로 규모가 큰 시설에서는 별도로 사무원을 두고 있으나 소규모 시설에서는 원장이나 보육교사가 이 업무를 담당하는 경우도 있다. 대체로 사무원은 고졸 이상의 학력을 갖추고 사무 능력이 있는 사람이면 가능하다.

5) 운전기사(관리인)

어린이집의 등·하원은 부모가 직접 영유아를 데려다 놓고 데려가는 것이 영유아에게 이상적이며, 어린이집에서 관리인이나 운전기사가 반드시 있어야 되는 것은 아니지만 대부분의 보육교직원이 여성인 관계로 관리인 또는 운전기사의 역할은 상당한 비중을 차지하고 있다. 관리인 또는 운전기사의 구체적인 역할은 다음과 같다.

① 어린이집의 보수 관리를 담당하여야 한다.
② 경비, 휴일 당직근무를 해야 한다
③ 비품이나 교구의 운반 및 수리를 해야 한다.
④ 실내·외 공동구역의 청소 및 관리를 해야 한다.

한편 운전기사는 면허증을 소지해야 하며, 차량의 정비는 물론 자동차 보험 가입과 안전상의 책임을 져야 한다. 또한 등 · 하원 시 영유아들을 직접 접하게 되고 수송활동 자체가 중요한 보육활동이 되므로 영유아들을 사랑하고 이해하는 태도와 자세가 요구되어야 한다.

6) 특수교사와 치료사

어린이집에서 장애아를 보육할 때에는 장애아 9인당 1명의 특수학교 정교사 1급 및 2급, 준교사 자격증을 취득한 경우이거나,

① 「초 · 중등교육법」 제21조 제2항에 의한 교사자격기준 중 특수학교 정교사 1급 및 2급 준교사 자격증을 취득한 경우
② 「초 · 중등교육법」 제21조 제2항에 의한 교사자격기준 중 치료교육 과목의 특수 학교 실기교사 자격증을 취득한 경우이거나
③ 대학(전문대학 및 대학원을 포함)에서 특수교육 또는 재활 관련 학과를 전공하고 졸업한 경우에 해당한다.

치료사 자격의 인정범위는

① 국가에서 발급한 치료사 자격증(물리치료사, 작업치료사, 임상심리사 등)을 소지한 경우이거나,
② 「자격기본법」에서 정한 절차에 따라 국가가 공인한 치료 관련 민간자격을 소지한 경우이거나,
③ 한국학술진흥재단에 등재(후보)된 학술지를 발간하는 학회에서 소정의 절차를 거쳐 발급하는 치료사 자격증 소지자[언어치료(교육)사, 행동치료사, 미술치료사]인 경우이거나,
④ 한국언어치료전문가협회에서 발급하는 언어치료사 자격증을 소지한 경우에 해당하고 있다.

보육교직원 임면권자가 특수교사 또는 치료사를 채용하는 경우에는 자격기준을 갖춘 자를 채용하여야 하고 교직원 임면보고를 받은 시 · 군 · 구청장은 자격의 적격성 여부를 확인해야 하고, 특히 특수교사 및 치료사의 자격은 원장 또는 보육교사 자격과 달리 보건복지부장관이 국가자격증을 발급하지 않으므로 어린이집 및 시 · 군 · 구청에서 자격의 적격성 여부를 판단해 무자격자가 채용하는 사례가 없도록 주의해야 한다(박찬옥 외, 2014).

7) 실습교사

실습교사는 보육교사에게 필요한 전문적인 지식을 심화시키기 위해 보육 현장에서 그동안 배운 이론과 실제를 통합해 보는 기회를 갖게 된다. 실습교사들은 참관이나 참여실습을 통해 영유아들과 상호작용하며 예비교사로서의 자질을 확인하며 역할을 배우게 된다. 실습교사도 영유아에게 중요한 영향을 미칠 수 있는 보육교직원 인력으로서 항상 영유아에게 올바른 행동모델로서의 역할을 해야 한다.

〈표 6-12〉 실습교사의 보육실습 내용 예시

주	보육실습 내용
제1주 (참관 실습)	· 실습생 · 보육교직원 · 원아의 소개 및 상호 인사 · 보육실습기관 및 보육실습에 대한 오리엔테이션 · 영유아 관찰 및 참관 - 보조교사 역할, 자료 정리, 뒷정리 · 영유아 보육활동 관찰 및 부분수업 참여 · 일지 쓰는 법 지도 · 보육실습일지 작성 - 지도교사 검토
제2주 (참여 실습)	· 영유아 관찰기록 · 지도교사 보조 및 관찰 · 1일 1~2개씩 부분수업 진행 - 자유선택활동 참여 · 부분수업에 필요한 교재 · 교구 제작 · 부분수업에 대한 평가 및 수정 : 지도교사, 실습생 · 보육실습일지 작성 - 지도교사 검토

주	보육실습 내용
제3주 (반나절 보육)	·1일 부분수업 2~3개씩 부분수업 진행 및 연계보육활동 실시(예: 이야기 나누기+게임) ·교재·교구 제작(반나절수업, 종일보육에 필요한 교구 제작) ·반나절수업 진행 및 평가 ·영유아 관찰 평가 ·4주의 종일(반나절)보육활동계획안 작성 : 지도교사 및 원장 검토 - 종일(반나절)보육활동에 필요한 교구 어린이집 자료 파악 및 교재·교구 준비
제4주 (반나절/ 종일보육)	·반나절 및 종일 보육활동 실시 - 반나절보육: 등원부터 점심시간 전까지 - 종일보육: 등원부터 하원까지 ·보육활동에 필요한 교재·교구 준비: 지도교사 검토 ·종일보육활동 평가: 원장, 지도교사, 실습생 ·보육실습 총평가: 원장, 지도교사, 실습생 ·실습 마무리 - 실습생 평가표, 최종평가자료, 성적표, 일지, 출근부 정리

출처: 우정순(2014). 유능한 교사의 첫 출발, 보육실습.

생각해 보기

1. 보육교직원을 위한 국가자격증 제도의 장 · 단점에 대하여 논의하시오.

2. 원장은 어떠한 일을 하는지 원장의 역할을 구체적으로 설명하시오.

3. 교직원의 교육의 종류 및 내용에 대하여 설명하시오.

제7장
보육과정

CONTENTS

1. 보육과정의 개념과 유형

정부에서는 0세~만 5세까지 무상교육을 국가정책으로 내놓았으며, 만 3~5세 유아를 위한 유치원과 어린이집의 공통과정인 누리과정을 고시하였다. 정부가 영유아의 보육과 교육을 책임지기 위하여서는 기존의 영유아 보육과정을 다시 살펴보아야 한다. 먼저, 보육과정의 개념과 중요성을 살펴보고 보육과정의 유형이 무엇인지 충분히 이해하고 확실하게 알아보고자 한다.

1) 보육과정의 개념

보육과정은 영유아의 보육목적을 달성하기 위하여 영유아의 발달 특성을 고려한 구체적인 보육활동, 보육 프로그램의 형태로 제시된다. 「영유아보육법」 제29조에서 보육과정은 영유아의 신체 · 정서 · 언어 · 사회성 및 인지적 발달을 도모할 수 있는 내용을 포함하여야 한다고 하였다. 또한, 제30조의 표준보육과정에는 교육 · 영양 · 건강 · 안전 등 영유아의 발달단계에 따른 보육내용을 포함하여야 한다고 하였다. 인간의 전인적 발달을 위한 체계적인 계획을 보육과정이라 할 수 있다.

보육과정 속에는 영유아를 어떻게 바라보고 정의하는가 하는 보육철학과 그 사회에서 이상적으로 추구하고자 하는 인간상에 따라 미래의 일꾼인 영유아를 어떻게 보육해야 하는가 하는 보육목적을 달성하기 위한 보육방법 그리고 이러한 과정에 의해 제대로 실천되었는가 하는 보육평가 등이 포함된다.

"보육과정이란 생명을 위협하는 모든 위험으로부터 아동을 지키고, 보다 나은 인간으로 성장 · 발달시키기 위하여 모든 행위를 체계적으로 선정 · 조직 · 관리하는 데 필요한 보육의 기본 설계도를 의미하고 있다."

보육과정은 영유아를 잘 보육하기 위한 보육의 방향과 방법을 제시하는 것이며,

나아가 그 나라의 미래와 직결되는 것이다(보건복지부, 2002).

보육과정 운영에 있어서 제일 기본적으로 보육대상인 영유아의 발달적 특성과 요구가 무엇인지를 알아야 한다. 또한, 사회에서 요구하는 보육의 위치와 목적을 충분이 이해하고 확실하게 파악해야 한다.

2) 보육과정의 유형

보육과정의 유형은 공통적으로 논리적이고 체계적인 특성에 따라 학습자인 영유아가 어떤 특성을 지니고 있고 발달은 어떻게 이루어지고 있는가, 학습과정은 어떠한가에 대한 이해를 중심으로 나누어질 수 있다. 이러한 관점에서 볼 때 성숙주의 이론, 행동주의 이론, 구성주의 이론의 세 가지로 나누어 살펴볼 수 있다(방인옥 · 박찬옥 · 이기현 · 김은희, 2009).

(1) 성숙주의적 보육과정 유형

사람의 바탕을 중시하는 성숙주의는 영유아들은 어떠한 사물이나 현상 안에 갖추어져 있는 바탕이 있어서 자연적인 자극이 없어도 자연스러운 상황에서 이미 타고난 계획대로 성숙한다는 입장이다. 사람은 어떠한 사물이나 현상 안에 갖추어져 있는 성장의 순서대로 계획된 발달을 한다는 견해는 게젤(Gesell)의 표준행동목록에 나타나 있다. 이러한 접근법은 루소(Rousseau)와 프뢰벨(Fröbel), 에릭슨(Erikson)의 정신분석이론, 게젤의 성숙주의 발달이론, 로저스(Rogers)의 인본주의 등의 심리학적 이론이 바탕이 되었으며, 헤드 스타트(Head Start) 이전의 전통적인 아동 중심 프로그램들이 이 접근의 유아교육과정에 속한다.

이러한 접근법은 영유아의 내적 가능성에 따른 '전이적 발달'에 목적을 두며, 특히 사회 · 정서적 특성을 강조하고 있다. 또한 영유아의 성숙 수준을 넘어선 성취를 강조하는 것이나 성숙을 촉진시키기 위한 성인의 지나친 개입은 불필요할 뿐 아니라 발달에 역효과를 가져온다고 본다. 따라서 이들은 허용적이고 편안한 환경을 제공함으로써 영유아의 내적 시간표에 따른 자연스러운 발달을 돕고자 한다. 영유아를 정서적 측면에서 성인과 다른 연약한 존재로 보고, 정서적으로 영유아를 지원하는 물리적 환경과 교사의 역할을 중시하며, 경쟁적 성취보다는 안정적인 분위기에서 영유아의 흥미와 선택에 의한 놀이 중심의 경험을 가지고 있다가 제공해 주어 도움이 되게 하고, 집단 구성은 일반적으로 발달 수준이 유사한, 즉 학습 준비도가 유사한 영유아들로 편성하며, 영유아의 흥미와 성장단계에 따른 자연스러운 학습 기회의 제공이라는 미온적이고 비형식적인 교수방법을 사용하고 있다(심성경 외, 2014).

(2) 행동주의적 보육과정 유형

행동주의는 과학적인 방법을 사용하여 영유아를 연구한다는 공통점을 가지고 있지만, 영유아 발달을 유전으로 보느냐, 아니면 환경으로 보느냐에 현저한 생각 차이가 있다. 행동주의는 성숙주의와는 반대로 영유아의 발달은 환경의 지배를 받는다는 입장이다. 행동주의는 인간의 행동이 내재적인 힘에 의하지 않고 인간의 주변 환경에 의하여 수정될 수 있다고 본다. 왓슨(Watson)이 "나에게 12명의 건강한 아이를 주면 그 아이의 성향에 맞게 의사나 변호사를 만들고, 심지어 거지로 키울 수 있다."라고 한 말은 행동주의 입장을 대변해 주는 것이다. 이는 인간의 바람직한 행동을 증가시키고, 바람직하지 않은 행동을 소거하려는 목적을 가진 외부 환경적 자극의 중요성을 의미한다. 행동주의적 유아교육과정 접근법은 영유아의 발달이 주로 외부적 요인에 의해 결정되며 인지, 윤리 및 문화적 지식을 직접 가르침으로써 가장 잘 발달된다고 보는 행동주의적 관점에 근거한다. 즉, 로크(Locke)의 환경론(environmentalism)에 철학적 뿌리를 두고, 손다이크(Thorndike), 왓슨, 스키너(Skinner), 반두라(Bandura) 등의 행동주의 심리학적 이론을 바탕으로 한다. 베라이터-엥글만(Bereiter-Engelmann: B-E) 프로그램 등 빠른 시간 안에 계획적 강하에 의하여 구체적인 학습목표를 달성하는 상당히 구조화된 소수의 프로그램이 여기에 속한다.

이러한 접근법은 특정한 지식이나 기술의 습득에 목표를 두게 된다. 교수방법은 직접적인 교수와 집중적인 훈련을 중심으로 하며, 체계적 강화의 사용으로 유아의 행동을 긍정적으로 통제하고, 집단 구성은 일반적으로 같은 학습 수준의 소집단으로 이루어지며, 읽기, 셈하기, 언어의 구조적 교수활동이 중심이 된다. 교사의 역할은 긍정적이며 행동을 지시하고 수정하고 강화하는 것이다(심성경 외, 2014).

(3) 구성주의적 보육과정 유형

구성주의는 영유아의 발달이 그들의 능동적인 활동을 통하여 이루어진다고 본다. 주로 영유아와 환경 사이에 일어나는 상호작용에 관심을 갖는 구성주의적 관점에 근거하며, 듀이(Dewey)의 진보주의 철학에 뿌리를 두고, 피아제(Piaget)의 인지주의 심리학에 토대를 두었다. 카미-드브리스(Kamii-DeVries) 프로그램이나 와이카르트(Weikart) 프로그램 등이 구성주의적 보육과정 유형의 대표적인 프로그램이다.

인지적 능력과 태도의 발달에 교육의 목표을 둔다. 교수방법은 영유아의 구체적인 경험을 통한 발견학습을 중심으로 하나, 때로는 직접적인 교수 등 지식의 유형에 따른 여러 가지 교수방법을 사용한다. 영유아는 성인과는 질적으로 다른 인지구조를 가지고 있기 때문에 교사는 영유아의 인지구조에 부합되게 물리적 · 사회적 세계에 대한 긍정적 탐색의 기회를 주어야 한다. 그러므로 영유아의 인지 수준을 확실하게 평가하여 목표적 교수활동을 계획 · 제공해야 한다. 수준이 다른 여러 또래 집단에서의 상호작용을 통하여 인지적 자극을 주고받거나 영유아가 독자적으로 과제를 계획 · 수행할 수 있는 충분한 시간을 허용해야 한다. 집단 구성은 활동에 따라 소집단 또는 개별적으로 구성이 된다.

이상에서 살펴본 발달과 학습에 대한 세 가지 이론에 근거한 유아교육과정 유형을 정리해 보면 〈표 7-1〉과 같다.

〈표 7-1〉 발달과 학습에 대한 세 가지 이론에 근거한 유아교육과정 접근법

구분		성숙주의	행동주의	구성주의
목적		영유아의 내적 가능성에 따른 전인적 발달 도모	특정한 지식이나 기술 습득	학습과정의 관련된 태도와 성향의 형성
환경구성		영유아의 운동성을 최대화하는 넓은 환경으로 설계하고, 흥미영역으로 구성	영유아의 주의를 집중시키기 위해 작은 공간으로 구성	영유아의 활동적 참여 기회를 높이는 넓은 환경으로 구성
교사역할		소극적: 따뜻하고 지지적인 환경을 제공	주도적: 직접적인 교수 · 행동 수정의 원칙 사용	적극적: 유아의 자율성을 기를 수 있게 계획하고 안내
집단 구성		발달 수준이나 학습 준비도가 유사한 동질 집단	단일 연령 집단	활동에 따라 소집단이나 개별 활동
평가	유아 평가	영유아의 전체적인 면(신체적 · 인시적 · 정서적)를 평가 - 주로 자연관찰법을 이용	형식적 평가에 의해 평가함	사고 능력이 변화하는 것이 진보하는 것이라 여김
	프로그램 평가	영유아의 신체적 · 인지적 · 정서적 발달의 표준 행동 발달의 도달 여부	목표의 특정 학습 성취 여부	좀 더 높은 발달단계로의 진보 여부

출처: 심성경 외(2014).

2. 보육과정의 구성과 내용

영유아 보육과정의 구성요소에는 최선의 보육이 이루어질 수 있도록 목적과 목표 설정, 보육활동 프로그램의 계획, 보육활동 내용의 조직과 평가를 들 수 있으며, 영유아 보육과정은 우선 보육의 목표 및 목적을 가려서 정하는 것부터 시작한다. 여기서는 보육과정의 목적과 목표 설정 및 내용 선정, 표준보육과정 적용상의 유의점에 대해 살펴보고자 한다.

1) 0~2세 표준보육과정

우리나라의 표준보육과정은 어린이집에서 영유아에게 무엇을 어떻게 가르칠 것인지에 대해 기술되어 있는 국가 수준의 보편적 교육과정으로 어린이집에서 0~2세 영아가 경험하여야 할 바람직한 태도와 가치, 지식, 기술 등을 제시하고 있다.

(1) 표준보육과정의 구성과 체계

① 구성방향

- 영유아의 발달 특성과 개인차를 고려하여 연령과 수준별로 구성한다.
- 어린이집에서 편안하고 행복한 일상생활이 되도록 중점을 두어 구성한다.
- 질서, 배려, 협력 등 기본생활습관 및 바른 인성을 기르는 데 중점을 두어 구성한다.
- 자율성과 창의성을 기르는 데 중점을 두고, 전인발달을 이루도록 구성한다.
- 사람과 자연을 존중하고, 우리 문화를 이해하는 데 중점을 두어 구성한다.

② 구성체계

- 어린이집 표준보육과정은 0~1세 보육과정, 2세 보육과정, 3~5세 보육과정으로 구성한다.
- 어린이집 표준보육과정은 영역, 내용범주, 내용, 세부내용으로 구분하고, 내용 간에 연계가 이루어지도록 구성한다.
- 세부내용이라 함은 0~1세 보육과정과 2세 보육과정에서는 수준별 세부내용을 의미하고, 3~5세 보육과정에서는 연령별 세부내용을 의미한다.
- 0~1세 보육과정은 기본생활, 신체운동, 의사소통, 사회관계, 예술경험, 자연탐구의 6개 영역을 중심으로 구성한다.
- 2세 보육과정은 기본생활, 신체운동, 의사소통, 사회관계, 예술경험, 자연탐구의 6개 영역을 중심으로 구성한다.

- 3~5세 보육과정은 신체운동·건강, 의사소통, 사회관계, 예술경험, 자연탐구의 5개 영역을 중심으로 구성한다.
- 3~5세 보육과정은 초등학교 교육과정과의 연계성을 고려하여 구성한다.

(2) 표준보육과정의 목적 및 목표

표준보육과정은 0~2세 영유아의 심신의 건강과 전인적 발달을 도와 행복을 도모하며 민주시민의 기초 형성을 목적으로 한다. 이에 따른 목표는 다음과 같다.

① 0~1세 보육과정의 목표

- 건강하고 안전한 일상생활을 경험하게 한다.
- 감각 및 기본 신체운동 능력을 기른다.
- 말소리를 구분하고 의사소통의 기초를 장만한다.
- 친하고 익숙한 사람과 관계를 형성한다.
- 아름다움에 관심을 갖게 된다.
- 보고, 듣고, 만지면서 주변 환경에 관심을 갖게 된다.

② 2세 보육과정의 목표

- 건강하고 안전한 생활습관의 기초를 마련한다.
- 감각, 신체조절과 기본 운동 능력을 기른다.
- 의사소통 능력의 기초를 기른다.
- 나를 인식하고 다른 사람과 더불어 생활하는 경험을 한다.
- 아름다움에 관심을 가지고 예술경험을 즐긴다.
- 주변 환경에 호기심을 갖고 탐색하기를 즐긴다.

(3) 표준보육과정의 연령별 내용

표준보육과정의 0~2세 연령별 내용은 다음과 같다.

〈표 7-2〉 표준보육과정의 연령별 내용

구분	기본생활	신체운동	의사소통	사회관계	예술경험	자연탐구
0~1세, 2세 보육 과정	건강하게 생활하기	감각과 신체 인식하기	듣기	나를 알고 존중하기	아름다움 찾아보기	탐구하는 태도 기르기
	안전하게 생활하기	신체조절과 기본운동하기	말하기	나와 다른 사람의 감정 알기	예술적 표현하기	수학적 탐구하기
		신체활동에 참여하기	읽기	더불어 생활하기	예술 감상하기	과학적 탐구하기
			쓰기			

(4) 표준보육과정의 영역별 세부내용

표준보육과정은 기본생활, 신체운동, 의사소통, 사회관계, 예술경험, 자연탐구의 여섯 영역으로 구성되어 있다. 표준보육과정에 포함된 각 영역의 내용은 다음과 같다.

① 기본생활 영역은 건강하고 안전한 일상생활과 생활습관의 기초를 마련하고 경험한다.
- 건강하고 편안한 일상생활을 경험한다.
- 안전한 생활을 경험한다.
- 건강한 생활습관의 기초를 경험한다.
- 안전한 생활습관의 기초를 경험한다.

〈표 7-3〉 기본생활영역의 세부내용

<table>
<tr><th rowspan="2">내용 범주</th><th colspan="5">0~1세</th><th colspan="3">2세</th></tr>
<tr><th>내용</th><th>1수준</th><th>2수준</th><th>3수준</th><th>4수준</th><th>내용</th><th>1수준</th><th>2수준</th></tr>
<tr><td rowspan="10">건강하게 생활하기</td><td rowspan="3">몸을 깨끗이 하기</td><td colspan="4">몸이 깨끗해졌을 때 기분이 좋음을 안다.</td><td rowspan="2">몸을 깨끗이 하기</td><td colspan="2">스스로 손과 몸 씻기를 시도한다.</td></tr>
<tr><td colspan="4">도움을 받아 손을 씻는다.</td><td colspan="2">스스로 이 닦기를 시도한다.</td></tr>
<tr><td></td><td colspan="3">도움을 받아 이를 닦는다.</td><td rowspan="3">바르게 먹기</td><td colspan="2">음식을 골고루 먹는다.</td></tr>
<tr><td rowspan="3">즐겁게 먹기</td><td>편안하게 안겨서 우유(모유)를 먹는다.</td><td>이유식에 적응한다</td><td>고형식에 적응한다.</td><td>다양한 음식을 먹어 본다.</td><td colspan="2">도구를 사용하여 스스로 먹는다.</td></tr>
<tr><td colspan="2"></td><td colspan="2">도구로 음식을 먹어 본다.</td><td colspan="2">정해진 자리에서 먹는다.</td></tr>
<tr><td colspan="4">즐겁게 먹는다.</td><td rowspan="4">건강한 일상생활 하기</td><td colspan="2">일과에 따라 규칙적으로 잠을 잔다.</td></tr>
<tr><td rowspan="4">건강한 일상생활 하기</td><td colspan="4">수면을 충분히 취한다.</td><td colspan="2">정해진 시간에 알맞게 휴식한다.</td></tr>
<tr><td colspan="4">편안하게 쉰다.</td><td colspan="2">하루 일과에 즐겁게 참여한다.</td></tr>
<tr><td colspan="4">하루 일과에 편안하게 참여한다.</td><td>정해진 곳에서 배변한다.</td><td>화장실에서 배변한다.</td></tr>
<tr><td colspan="2"></td><td colspan="2">배변의사를 표현한다.</td><td>질병에 대해 알기</td><td colspan="2">질병의 위험을 안다.</td></tr>
<tr><td rowspan="5">안전하게 생활하기</td><td rowspan="3">안전하게 지내기</td><td colspan="3">안전한 상황에서 놀이한다.</td><td>놀잇감을 안전하게 사용한다.</td><td rowspan="2">안전하게 놀이하기</td><td colspan="2">놀이기구나 놀잇감을 안전하게 사용한다.</td></tr>
<tr><td colspan="4">안전한 장소에서 놀이한다.</td><td colspan="2">안전한 장소에서 놀이한다.</td></tr>
<tr><td colspan="4">차량 승·하차 시 안전장구를 착용한다.</td><td>교통안전 알기</td><td>교통수단의 위험을 안다.</td><td>교통수단의 위험을 알고 조심한다.</td></tr>
<tr><td rowspan="2">위험한 상황에 반응하기</td><td rowspan="2"></td><td rowspan="2">위험하다는 말에 반응을 보인다.</td><td colspan="2" rowspan="2">위험하다고 알려 주면 주의한다.</td><td rowspan="2">위험한 상황 알기</td><td>위험한 상황과 위험한 것을 안다.</td><td>위험한 상황과 위험한 것을 알고 조심한다.</td></tr>
<tr><td colspan="2">위험한 상황 시 어른의 지시에 따른다.</td></tr>
</table>

출처: 심성경 외(2014).

② 신체운동 영역은 감각, 신체조절 및 기본 신체운동 능력을 기른다.

- 감각기능을 발달시키고 자신의 신체를 탐색한다.
- 대 · 소근육을 조절하고 걷기 등의 능력을 기른다.
- 규칙적으로 신체활동에 참여한다.
- 감각 능력을 기르고, 자신의 신체 움직임을 탐색한다.
- 안정된 자세로 대 · 소근육을 조절하고 기본운동 능력을 기른다.
- 규칙적으로 신체활동에 참여한다.

〈표 7-4〉 신체운동 영역의 세부내용

<table>
<tr><th rowspan="2">내용 범주</th><th colspan="5">0~1세</th><th colspan="3">2세</th></tr>
<tr><th>내용</th><th>1수준</th><th>2수준</th><th>3수준</th><th>4수준</th><th>내용</th><th>1수준</th><th>2수준</th></tr>
<tr><td rowspan="4">감각과 신체 인식하기</td><td rowspan="2">감각적 자극에 반응하기</td><td colspan="4">시각, 청각, 촉각, 후각, 미각으로 자극을 느낀다.</td><td>감각 능력 기르기</td><td colspan="2">다양한 감각적 차이에 반응한다.</td></tr>
<tr><td colspan="4">시각, 청각, 촉각, 후각, 미각으로 반응한다.</td><td>감각기관 활용하기</td><td colspan="2">감각기관으로 주변 환경을 탐색한다.</td></tr>
<tr><td>감각기관으로 탐색하기</td><td colspan="4">감각기관으로 주변 환경을 탐색한다.</td><td rowspan="2">신체를 인식하고 움직이기</td><td colspan="2">신체 각 부분의 명칭을 안다.</td></tr>
<tr><td>신체 탐색하기</td><td>손과 발 등을 바라보며 탐색한다.</td><td colspan="3">주요 신체 부분의 움직임을 탐색한다.</td><td colspan="2">신체 각 부분의 움직임을 탐색한다.</td></tr>
<tr><td rowspan="3">신체 조절과 기본 운동 하기</td><td>신체 균형 잡기</td><td>몸의 균형을 잡기 위한 자세를 시도한다.</td><td>붙잡고 서 있기 등의 자세를 취한다.</td><td colspan="2">누웠다 앉기 등 몸의 움직임을 조절한다.</td><td>신체 균형 잡기</td><td colspan="2">안정된 자세를 취하려고 시도한다.</td></tr>
<tr><td>대근육 조절하기</td><td>뒤집기 등 몸을 조절하여 위치를 바꾼다.</td><td colspan="3">누웠다 앉기 등 몸의 움직임을 조절한다.</td><td>대근육 조절하기</td><td colspan="2">팔, 다리, 목, 허리 등 움직임을 조절한다.</td></tr>
<tr><td>소근육 조절하기</td><td>보이는 물체에 손을 뻗는다.</td><td colspan="3">눈과 손을 협응하여 소근육을 활용해 본다.</td><td>소근육 조절하기</td><td colspan="2">눈과 손을 협응하여 소근육을 조절한다.</td></tr>
</table>

<table>
<tr><th rowspan="2">내용
범주</th><th colspan="5">0~1세</th><th colspan="3">2세</th></tr>
<tr><th>내용</th><th>1수준</th><th>2수준</th><th>3수준</th><th>4수준</th><th>내용</th><th>1수준</th><th>2수준</th></tr>
<tr><td rowspan="2">신체
조절과
기본
운동
하기</td><td rowspan="2">기본
운동하기</td><td>배밀이 등
이동운동을
시도한다.</td><td>기기, 걷기 등
이동운동을
시도한다.</td><td colspan="2">걷기 등
이동운동을
시도한다.</td><td rowspan="2">기본
운동하기</td><td colspan="2">걷기, 계단 오르기 등
이동운동을 한다.</td></tr>
<tr><td colspan="2">팔다리 뻗기, 흔들기 등
제자리 운동을 시도한다.</td><td colspan="2">서 있기, 앉기 등
제자리 운동을 시도한다.</td><td colspan="2">제자리에서
몸을 움직여 본다.</td></tr>
<tr><td rowspan="3">신체
활동
참여
하기</td><td>몸 움직임
즐기기</td><td colspan="2">몸을 활발히 움직인다.</td><td colspan="2">몸의 움직임을
다양하게 시도한다.</td><td>신체활동에
참여하기</td><td colspan="2">신체활동에 자발적으로
참여해 본다.</td></tr>
<tr><td>바깥에서
신체
움직이기</td><td colspan="2">규칙적으로 바깥 환경을
경험한다.</td><td colspan="2">규칙적으로 바깥에서
신체활동을 한다.</td><td>바깥에서
신체활동하기</td><td colspan="2">규칙적으로 바깥에서
신체활동을 한다.</td></tr>
<tr><td>기구를
이용하여
신체활동
시도하기</td><td></td><td colspan="3">간단한 기구를 이용하여
신체활동을 시도한다.</td><td>기구를
이용하여
신체활동하기</td><td colspan="2">간단한 기구를 이용하여
신체활동을 한다.</td></tr>
</table>

출처: 심성경 외(2014).

③ 의사소통 영역은 말소리를 구분하고 의사소통의 기초와 능력을 마련한다.

- 주변의 소리와 말소리 듣기에 관심을 보인다.
- 표정, 소리, 몸짓으로 자신의 생각과 느낌을 표현한다.
- 짧은 그림책이나 친숙한 환경 인쇄물에 관심을 가진다.
- 끼적이기에 관심을 가진다.
- 다른 사람의 말과 짧은 이야기 듣는 것을 즐긴다.
- 자신의 생각과 느낌을 말로 주고받기를 즐긴다.
- 그림책이나 환경 인쇄물에 관심을 가지며 글의 내용에 흥미를 가진다.
- 글자 형태 끼적이기에 관심을 가진다.

〈표 7-5〉 의사소통 영역의 세부내용

<table>
<tr><th rowspan="2">구분</th><th rowspan="2">내용</th><th colspan="4">1세</th><th rowspan="2">내용</th><th colspan="2">2세</th></tr>
<tr><th>1수준</th><th>2수준</th><th>3수준</th><th>4수준</th><th>1수준</th><th>2수준</th></tr>
<tr><td rowspan="7">듣기</td><td rowspan="3">주변의 소리와 말소리 구분하여 듣기</td><td colspan="3">여러 가지 소리와 말소리 듣기에 흥미를 보인다.</td><td>친숙한 낱말의 발음에 흥미를 보인다.</td><td rowspan="3">말소리 구분하여 듣고 의미 알기</td><td>친숙한 낱말의 발음에 흥미를 보인다.</td><td>친숙한 낱말의 발음에 관심을 가지고 듣는다.</td></tr>
<tr><td colspan="4">익숙한 목소리를 듣고 그것에 반응한다.</td><td colspan="2" rowspan="2">다양한 말소리의 차이를 구분한다.</td></tr>
<tr><td colspan="2"></td><td colspan="2">높낮이와 세기 등 말소리의 차이에 반응한다.</td></tr>
<tr><td rowspan="2">경험과 관련된 말 듣고 알기</td><td colspan="4">눈앞에 보이는 경험과 관련된 말에 반응한다.</td><td rowspan="2">짧은 문장 듣고 알기</td><td>낱말을 듣고 친숙한 사물과 사람을 찾아본다.</td><td>일상생활과 관련된 친숙한 낱말을 듣고 뜻을 이해한다.</td></tr>
<tr><td></td><td colspan="3">자신의 이름이 불리면 듣고 반응한다.</td><td colspan="2">친숙한 짧은 문장을 듣고 반응한다.</td></tr>
<tr><td>운율이 있는 말 듣기</td><td colspan="4">운율이 있는 짧은 말소리를 관심 있게 듣는다.</td><td>짧은 이야기 듣기</td><td colspan="2">짧은 이야기와 노랫말 등을 즐겁게 듣는다.</td></tr>
<tr><td>말하는 사람을 보기</td><td colspan="2">말하는 사람의 눈을 마주 바라본다.</td><td colspan="2">말하는 사람의 표정, 몸짓을 관심 있게 본다.</td><td>말하는 사람을 주의 깊게 보기</td><td colspan="2">말하는 사람의 표정, 몸짓, 억양 등을 주의 깊게 보고 듣는다.</td></tr>
<tr><td rowspan="3">말하기</td><td rowspan="3">발성과 발음으로 소리 내기</td><td colspan="2" rowspan="2">말하는 사람의 눈을 마주 바라본다.</td><td colspan="2">여러 말소리를 즐겁게 내어 본다.</td><td rowspan="3">낱말과 간단한 문장으로 말하기</td><td>눈앞에 보이는 친숙한 사물의 이름을 발음해 본다.</td><td>친숙한 낱말을 발음해 본다.</td></tr>
<tr><td colspan="2">의미 있는 음절을 내어 본다.</td><td colspan="2">일상생활에서 경험한 새로운 낱말에 관심을 가진다.</td></tr>
<tr><td colspan="2">옹알이와 말소리에 대해 말로 반응해 주면 모방하여 소리 낸다.</td><td colspan="2">교사의 말을 모방하여 발음한다.</td><td colspan="2">일상생활의 반복적인 일이나 친숙한 상황을 한두 낱말이나 간단한 문장으로 말해 본다.</td></tr>
</table>

구분	내용	1세				내용	2세	
		1수준	2수준	3수준	4수준		1수준	2수준
말하기	표성 짓기 말소리로 말하기	표정과 소리로 의사표현을 한다.	표정, 몸짓, 소리로 의사표현을 한다.	표정, 몸짓, 말소리로 의사표현을 한다.		자신이 원하는 것을 말하기	표정, 몸짓, 말소리로 의사표현을 한다.	
							자신이 원하는 것을 한두 낱말로 말해 본다.	자신이 원하는 것을 낱말이나 짧은 문장으로 말해 본다.
	말할 순서 구별하기	말할 순서에 따라 표정, 몸짓, 말소리로 반응한다.				상대방을 바라보며 말하기	말할 순서에 상대방을 바라보며 말을 주고받는다.	
읽기	그림책과 환경 인쇄물에 관심 가지기	다양한 감각책을 탐색해 본다.				그림책과 환경 인쇄물에 흥미 가지기	그림책과 환경 인쇄물에 있는 그림과 내용에 관심을 가진다.	
				사물과 주변의 친숙한 환경 인쇄물에 관심을 가진다.			친숙한 그림과 환경 인쇄물을 보고 읽는 흉내를 내어 본다.	
		읽어 주는 짧은 그림책에 관심을 가진다.					선호하는 그림책들을 읽어 주면 집중하여 듣는다.	
쓰기	끼적이기		끼적이기에 관심을 가진다.			끼적이며 즐기기	의도적으로 끼적인다.	
							자기 이름 끼적이기에 관심을 가진다.	

출처: 심성경 외(2014).

④ 사회관계 영역은 친숙한 사람과 관계를 형성하고, 나를 인식하며 다른 사람과 더불어 생활하는 경험을 한다.

- 자신과 다른 사람을 구별된 존재로 인식한다.
- 기본 정서를 표현하고 다른 사람의 감정에 주의를 기울인다.
- 안정적인 애착을 형성하고 또래나 교사와 함께 지낸다.
- 자기 존중감을 형성한다.
- 자신의 감정을 알고 다른 사람의 감정에 반응을 보인다.
- 가족을 사랑하고 또래, 교사와 즐겁게 지내며 간단한 규칙 등을 지킨다.

〈표 7-6〉 사회관계 영역의 세부내용

<table>
<tr><th rowspan="2">구분</th><th rowspan="2">내용</th><th colspan="4">1세</th><th rowspan="2">내용</th><th colspan="2">2세</th></tr>
<tr><th>1수준</th><th>2수준</th><th>3수준</th><th>4수준</th><th>1수준</th><th>2수준</th></tr>
<tr><td rowspan="3">나를 알고 존중하기</td><td>나를 구별하기</td><td colspan="2">거울 속의 나에게 관심을 가진다.</td><td colspan="2">거울 속의 나를 알아본다.</td><td>나를 구별하기</td><td colspan="2">나와 다른 사람의 모습을 구별한다.</td></tr>
<tr><td rowspan="2">나의 것 인식하기</td><td colspan="4">자기 이름을 부르는 소리에 반응한다.</td><td rowspan="2">좋아하는 것 해 보기</td><td colspan="2">내가 좋아하는 것을 찾아본다.</td></tr>
<tr><td colspan="2"></td><td colspan="2">친숙한 자기 물건을 안다.</td><td>좋아하는 놀이나 놀잇감을 선택해 본다.</td><td>스스로 선택한 놀이나 놀잇감을 즐긴다.</td></tr>
<tr><td rowspan="2">나와 다른 사람의 감정 알기</td><td>나의 감정을 나타내기</td><td colspan="4">나의 욕구와 감정을 나타낸다.</td><td>나의 감정을 나타내기</td><td colspan="2">여러 가지 감정을 말과 행동으로 나타낸다.</td></tr>
<tr><td>다른 사람에게 주의 기울이기</td><td colspan="2">다른 사람의 말과 표정, 몸짓에 주의를 기울인다.</td><td colspan="2">다른 사람이 나타내는 여러 가지 감정에 주의를 기울인다.</td><td>다른 사람의 감정에 반응하기</td><td colspan="2">다른 사람이 나타내는 여러 가지 감정에 반응을 보인다.</td></tr>
<tr><td rowspan="7">더불어 생활하기</td><td rowspan="2">안정적인 애착 형성하기</td><td>양육자와 시선을 맞춘다.</td><td colspan="3">양육자에게 적극적으로 관심과 욕구를 표현한다.</td><td>내 가족 알기</td><td>내 가족에게 애정을 표현한다.</td><td>내 가족에게 다른 사람과는 구별된 특별한 감정을 갖는다.</td></tr>
<tr><td colspan="2">주변의 친숙한 사람의 얼굴과 목소리를 인식한다.</td><td colspan="2">주변의 친숙한 사람에게 애정을 표현한다.</td><td rowspan="2">또래와 관계하기</td><td>또래에게 관심을 보인다</td><td>또래의 모습과 행동을 모방한다.</td></tr>
<tr><td>또래에 관심 갖기</td><td colspan="4">다른 영아와 함께 지내는 것을 경험한다.</td><td>또래의 이름을 안다.</td><td>또래가 있는 곳에서 놀이를 한다.</td></tr>
<tr><td>자신이 속한 집단 알기</td><td colspan="2">담임교사를 구별한다.</td><td colspan="2">자기 반에서 지내며 안정감을 가진다.</td><td>자신이 속한 집단 알기</td><td>자신이 속한 반과 교사를 안다.</td><td>자신이 속한 반의 활동에 즐겁게 참여한다.</td></tr>
<tr><td rowspan="3">사회적 가치를 알기</td><td colspan="2"></td><td colspan="2">친숙한 물건의 자리를 안다.</td><td rowspan="3">사회적 가치를 알기</td><td>자기 순서를 안다.</td><td>순서를 기다린다.</td></tr>
<tr><td colspan="4" rowspan="2">만나고 헤어지는 인사를 해 본다.</td><td colspan="2">바른 태도로 인사한다.</td></tr>
<tr><td colspan="2">간단한 약속을 지킨다.</td></tr>
</table>

출처: 심성경 외(2014).

⑤ 예술경험 영역은 아름다움에 관심을 가지고 예술경험을 즐긴다.

- 자신의 신체와 주변의 감각 자극에 호기심을 가지고 반응한다.
- 소리와 움직임으로 반응하고 단순한 미술을 경험하며, 모방행동을 즐긴다.
- 친근한 소리나 노래를 즐겨 듣고, 자연물, 사물, 주변 환경에 관심을 가진다.
- 주변 생활에서 예술적 요소를 발견하고 흥미롭게 탐색한다.
- 간단한 리듬이나 노래, 움직임, 자발적인 미술활동을 자유롭게 시도하고 모방이나 상상놀이로 표현한다.
- 주변의 환경과 자연 및 다양한 표현에서 예술적 요소를 관심 있게 보고 즐긴다.

〈표 7-7〉 예술경험 영역의 세부내용

<table>
<tr><th rowspan="2">구분</th><th rowspan="2">내용</th><th colspan="4">1세</th><th rowspan="2">내용</th><th colspan="2">2세</th></tr>
<tr><th>1수준</th><th>2수준</th><th>3수준</th><th>4수준</th><th>1수준</th><th>2수준</th></tr>
<tr><td rowspan="2">아름다움 찾아보기</td><td rowspan="2">예술적 요소에 호기심 가지기</td><td colspan="4">주변의 소리와 움직임에 호기심을 가진다.</td><td rowspan="2">예술적 요소 탐색하기</td><td colspan="2">주변 환경에서 나는 다양한 소리로 움직임을 탐색한다.</td></tr>
<tr><td colspan="4">주변 환경에서 색, 모양에 호기심을 가진다.</td><td colspan="2">주변 환경에서 색, 모양을 탐색한다.</td></tr>
<tr><td rowspan="4">예술적 표현하기</td><td rowspan="2">리듬 있는 소리로 반응하기</td><td colspan="2">리듬 있는 소리에 관심을 가진다.</td><td colspan="2">노래를 부분적으로 따라 부른다.</td><td rowspan="2">리듬 있는 소리와 노래로 표현하기</td><td colspan="2">친근한 노래를 따라 부른다.</td></tr>
<tr><td colspan="2">리듬과 노래에 소리로 반응한다.</td><td colspan="2">리듬과 음높이에 맞추어 소리를 낸다.</td><td colspan="2">신체, 사물, 리듬악기 등을 이용하여 간단한 리듬과 소리를 만든다.</td></tr>
<tr><td rowspan="2">움직임으로 반응하기</td><td colspan="4">손발 흔들기와 몸 움직임으로 반응한다.</td><td rowspan="2">움직임으로 표현하기</td><td colspan="2">노래와 리듬에 맞춰 몸으로 표현한다.</td></tr>
<tr><td colspan="2"></td><td colspan="2">간단한 도구를 활용하여 움직인다.</td><td colspan="2">간단한 도구를 활용하여 몸으로 표현한다.</td></tr>
</table>

<table>
<tr><th rowspan="2">구분</th><th rowspan="2">내용</th><th colspan="4">1세</th><th rowspan="2">내용</th><th colspan="2">2세</th></tr>
<tr><th>1수준</th><th>2수준</th><th>3수준</th><th>4수준</th><th>1수준</th><th>2수준</th></tr>
<tr><td rowspan="3">예술적 표현하기</td><td rowspan="2">단순한 미술 경험하기</td><td colspan="2" rowspan="2"></td><td colspan="2" rowspan="2">감각적으로 단순한 미술경험을 한다.</td><td rowspan="2">자발적으로 미술 활동하기</td><td colspan="2">자발적으로 그리기, 만들기를 한다.</td></tr>
<tr><td colspan="2">간단한 도구와 미술재료를 다룬다.</td></tr>
<tr><td>모방행동 즐기기</td><td colspan="2">소리나 표정, 몸 움직임 등을 모방한다.</td><td colspan="2">단순한 모방행동을 놀이처럼 즐긴다.</td><td>모방과 상상놀이 하기</td><td>모방행동을 놀이처럼 즐긴다.</td><td>일상생활 경험을 상상놀이로 즐긴다.</td></tr>
<tr><td rowspan="3">예술 감상하기</td><td rowspan="3">아름다움 경험하기</td><td colspan="2">일상생활에서 반복되는 소리와 노래에 관심을 가진다.</td><td colspan="2">일상생활에서 리듬 있는 소리와 노래를 즐겨 듣는다.</td><td rowspan="3">아름다움 즐기기</td><td colspan="2">자연이나 생활의 소리, 움직임, 친근한 음악과 춤을 관심 있게 듣거나 본다.</td></tr>
<tr><td colspan="4" rowspan="2">일상생활에서 자연이나 사물의 아름다움을 경험한다.</td><td colspan="2">일상생활에서 자연과 사물의 아름다움에 관심을 가지고 즐긴다.</td></tr>
<tr><td colspan="2">자신과 또래가 표현한 노래, 춤, 미술품 등에 관심을 가지고 즐긴다.</td></tr>
</table>

출처: 심성경 외(2014).

⑥ 자연탐구 영역은 보고, 듣고, 만지면서 주변 환경에 관심과 호기심을 탐색하기를 즐긴다.

- 주변 사물에 대한 탐색을 시도한다.
- 주변에서 일어나는 수학적 상황을 지각한다.
- 감각과 조작을 통하여 주변 사물과 자연환경에 대해 지각한다.
- 호기심을 가지고 주변 세계에 대해 다양하게 탐색한다.
- 주변에서 경험하는 수학적 상황을 인식한다.
- 다양한 탐색을 통하여 주변 사물과 자연환경을 인식한다.

〈표 7-8〉 자연탐구 영역의 세부내용

구분	내용	0~1세				내용	2세	
		1수준	2수준	3수준	4수준		1수준	2수준
탐구하는 태도 기르기	사물에 관심 가지기		주변 사물에 관심을 가진다.			호기심 가지기	주변 사물과 자연 세계에 호기심을 가진다.	
	탐색 시도하기	나의 주변 사물을 감각으로 탐색한다.	주변의 사물에 대해 의도적인 탐색을 시도한다.			반복적 탐색 즐기기	관심 있는 사물을 반복하여 주도적으로 탐색하기를 즐긴다.	
수학적 탐구하기	수량 지각하기		있고 없는 상황을 지각한다.	'있다'와 '없다'를 구별한다.	한 개와 여러 개를 구별한다.	수량 인식하기	많고 적음을 구별한다.	
							두 개가량의 수 이름을 말해 본다.	세 개가량의 구체물을 말하며 세어 본다.
							구체물을 일대일로 대응해 본다.	
	주변 공간 탐색하기		도움을 받아 주변의 공간을 탐색한다.			공간과 도형에 관심 가지기	나를 중심으로 익숙한 위치, 장소를 인식한다.	
		주변 사물의 모양을 지각한다.					주변 사물의 모양에 관심을 가진다.	
	차이를 지각하기			주변 사물의 차이를 지각한다.		차이에 관심 가지기	주변 사물의 크기(속성의 차이)에 관심을 가진다.	
	간단한 규칙성 지각하기			일상과 놀이에서 간단한 규칙성을 경험한다.		단순한 규칙성에 관심 가지기	주변에서 단순하게 반복되는 규칙성에 관심을 가진다.	
						구분하기	주변 사물의 같고 다름에 따라 구분한다.	
과학적 탐구하기	물체와 물질 탐색하기	일상생활 주변의 몇 가지 친숙한 것들을 양육자와 함께 탐색한다.				물체와 물질 탐색하기	친숙한 물체와 물질을 능동적으로 탐색한다.	
	주변 동식물에 관심 가지기			주변 동·식물 모양, 소리, 움직임에 관심을 가진다.		주변 동식물에 관심 가지기	주변 동식물의 모양, 소리, 움직임에 관심을 가진다.	
	주변 자연에 관심 가지기		생활 주변의 자연물을 감각으로 느껴본다.			자연을 탐색하기	돌, 물, 모래 등의 자연물을 탐색한다.	
			바람, 햇빛, 비 등을 감각으로 느껴본다.				날씨를 감각으로 느낀다.	
	생활도구 탐색하기			도움을 받아 생활도구를 탐색한다.		생활도구 사용하기	생활 속에서 간단한 도구에 관심을 가진다.	
							간단한 도구를 사용한다.	

출처: 심성경 외(2014).

이상의 표준보육과정은 2013년에 개정 · 공포되었으며, 어린이집에서는 표준보육과정에 제시된 영역별 목표와 내용에 의하여 0~2세 영아의 연령이나 반별로 연간보육계획과 월간 또는 주간보육계획을 수립하여 보육내용에 적합한 여러 가지 활동을 선정하고, 통합적으로 운영함으로써 표준보육과정의 영역별 목표가 균형있게 달성되도록 노력하여야 한다(심성경 외, 2014).

2) 3~5세 누리과정

(1) 3~5세 누리과정의 개요

보건복지부와 교육부는 2011년에 5세 누리과정 제정하였다. 2012년 3월부터 시행되고 있는 5세 누리과정에 이어 만 3~4세까지 누리과정이 확대 · 도입됨에 따라 3~5세 연령별 누리과정이 고시되었으며, 2013년 3월부터는 전국의 모든 어린이집과 유치원에서 '만 3~5세 연령별 누리과정'이 전면 시행되었다. 만 3~5세 누리과정은 현재 어린이집과 유치원으로 이원화되어 있는 유아교육 · 보육과정을 통합해 만 3~5세의 모든 어린이집에 만 3~5세 자녀를 보내는 모든 부모(보호자)에 대해 보육비와 유치원비 지원을 순차적으로 늘려 경제적 부담을 경감하는 것도 이 제도의 중요한 의미 중 하나이다.

3~5세 연령별 누리과정의 개요를 요약하면 다음과 같다.

(2) 누리과정의 구성방향

① 질서, 배려, 협력 등 기본생활습관과 바른 인성을 기르는 데 중점을 두어 구성한다.

② 자율성과 창의성을 기르는 데 중점을 두고, 전인발달을 이루도록 구성한다.

③ 사람과 자연을 존중하고, 우리 문화를 이해하는 데 중점을 두어 구성한다.

④ 만 3~5세 유아의 발달 특성을 고려하여 연령별로 구성한다.

⑤ 신체운동 · 건강, 의사소통, 사회관계, 예술경험, 자연탐구의 5개 영역을 중심

으로 구성한다.

⑥ 초등학교 교육과정과 0~2세 표준보육과정과의 연계성을 고려해 구성한다.

(3) 누리과정의 목적 및 목표

누리과정은 만 3~5세 유아의 심신의 건강과 조화로운 발달을 도와 민주시민의 기초를 형성하는 것을 목적으로 하며, 이에 따른 목표는 다음과 같다.

① 기본 운동 능력과 건강하고 안전한 생활습관을 기른다.
② 일상생활에 필요한 의사소통 능력과 바른 언어 사용 습관을 기른다.
③ 자신을 존중하고 다른 사람과 더불어 생활하는 능력과 태도를 기른다.
④ 아름다움에 관심을 가지고 예술경험을 즐기며, 창의적으로 표현하는 능력을 기른다.
⑤ 호기심을 가지고 주변 세계를 탐구하며, 일상생활에서 수학적 · 과학적으로 생각하는 능력과 태도를 기른다.

〈표 7-9〉 누리과정의 3~5세 연령별 내용

구분	신체운동 · 건강	의사소통	사회관계	예술경험	자연탐구
3~5세 보육과정 (누리과정)	신체 인식하기	듣기	나를 알고 존중하기	아름다움 찾아보기	탐구하는 태도 기르기
	신체조절과 기본 운동하기	말하기	나와 다른 사람의 감정 알고 조절하기	예술적 표현하기	수학적 탐구하기
	신체활동에 참여하기	읽기	가족을 소중히 여기기	예술 감상하기	과학적 탐구하기
	건강하게 생활하기	쓰기	다른 사람과 더불어 생활하기		
	안전하게 생활하기		사회에 관심 갖기		

출처: 심성경 외(2014).

(4) 누리과정의 영역별 세부내용

누리과정은 신체운동 · 건강, 의사소통, 사회관계, 예술경험, 자연탐구의 다섯 영역으로 구성되어 있다. 누리과정에 포함된 각 영역의 내용을 소개하면 다음과 같다.

① 신체운동 · 건강 영역은 영유아의 기본 운동 능력과 건강하고 안전한 생활습관을 기른다.

- 감각 능력을 기르고, 자신의 신체를 긍정적으로 인식한다.
- 신체를 조절하고 기본 운동 능력을 기른다.
- 신체활동에 즐겁게 참여한다.
- 건강한 생활습관을 기른다.
- 안전한 생활습관을 기른다.

〈표 7-10〉 신체운동 · 건강 영역의 연령별 세부내용

내용범주	내용	3세	4세	5세
신체 인식하기	감각 능력 기르고 활용하기	- 감각적 차이를 경험한다.	- 감각적 차이를 구분한다.	- 감각으로 대상이나 사물의 특성과 차이를 구분한다.
	신체를 인식하고 움직이기	- 감각기관을 인식하고 활용해 본다.	- 여러 감각기관을 협응하여 활용한다.	- 여러 감각기관을 협응하여 활용한다.
신체조절과 기본 운동하기	신체 조절하기	- 신체균형을 유지해 본다. - 공간, 힘, 시간 등의 움직임 요소를 경험한다. - 신체 각 부분의 움직임을 조절해 본다. - 눈과 손을 협응하여 소근육을 조절해 본다.	- 다양한 자세와 움직임에서 신체 균형을 유지한다. - 공간, 힘, 시간 등의 움직임 요소를 활용하여 움직인다. - 신체 각 부분을 협응하여 움직임을 조절한다. - 눈과 손을 협응하여 소근육을 조절해 본다.	- 다양한 자세와 움직임에서 신체균형을 유지한다. - 공간, 힘, 시간 등의 움직임 요소를 활용하여 움직인다. - 신체 각 부분을 협응하여 움직임을 조절한다. - 눈과 손을 협응하여 소근육을 조절해 본다. - 도구를 활용하여 여러 가지 조작운동을 한다.

내용범주	내용	3세	4세	5세
신체조절과 기본 운동하기	기본 운동하기	- 걷기, 달리기 등 이동운동을 한다. - 제자리에서 몸을 움직여 본다.	- 걷기, 달리기, 뛰기 등 다양한 이동운동을 한다. - 제자리에서 몸을 다양하게 움직인다.	- 걷기, 달리기, 뛰기 등 다양한 이동운동을 한다. - 제자리에서 몸을 다양하게 움직인다.
신체활동에 참여하기	자발적으로 신체활동에 참여하기	- 신체활동에 자발적으로 참여한다. - 다른 사람과 함께하는 신체활동에 참여한다.	- 신체활동에 자발적이고 지속적으로 참여한다. - 다른 사람과 함께하는 신체활동에 참여한다. - 자신과 다른 사람의 운동능력의 차이에 관심을 갖는다.	- 신체활동에 자발적이고 지속적으로 참여한다. - 다른 사람과 함께하는 신체활동에 참여한다. - 자신과 다른 사람의 운동능력의 차이를 이해한다.
	바깥에서 신체 활동하기	- 규칙적으로 바깥에서 신체활동을 한다.	- 규칙적으로 바깥에서 신체활동을 한다.	- 규칙적으로 바깥에서 신체활동을 한다.
	기구를 이용하여 신체 활동하기	- 여러 가지 기구를 이용하여 신체활동을 한다.	- 여러 가지 기구를 이용하여 신체활동을 한다.	- 여러 가지 기구를 이용하여 신체활동을 한다.
건강하게 생활하기	몸과 주변을 깨끗이 하기	- 손과 이를 깨끗이 하는 방법을 알고 실천한다. - 주변을 깨끗이 한다.	- 손과 이를 깨끗이 하는 방법을 알고 실천한다. - 주변을 깨끗이 하는 습관을 기른다.	- 스스로 몸을 깨끗이 하는 습관을 기른다. - 주변을 깨끗이 하는 습관을 기른다.
	바른 식생활 하기	- 음식을 골고루 먹는다. - 몸에 좋은 음식에 관심을 갖는다. 바른 태도로 식사한다.	- 음식을 골고루 먹는다. - 몸에 좋은 음식을 알아본다. - 음식을 소중히 여기고 식사 예절을 지킨다.	- 적당량의 음식을 골고루 먹는다. - 몸에 좋은 음식을 선택할 수 있다. - 음식을 소중히 여기고 식사 예절을 지킨다.
	건강한 일상 생활하기	- 규칙적으로 잠을 자고, 적당한 휴식을 취한다. - 하루 일과에 즐겁게 참여한다. - 스스로 화상실에서 배변한다.	- 규칙적으로 잠을 자고, 적당한 휴식을 취한다. - 하루 일과에 즐겁게 참여한다. - 바른 배변습관을 기른다.	- 규칙적으로 잠을 자고 적당한 휴식을 취한다. - 하루 일과에 즐겁게 참여한다. 규칙적인 배변습관을 가진다.

내용범주	내용	3세	4세	5세
건강하게 생활하기	질병 예방하기	- 질병의 위험을 알고 주의한다. - 날씨에 맞게 옷을 입는다.	- 질병을 예방하는 방법을 알고 실천한다. - 날씨의 상황에 알맞게 옷을 입는다.	- 질병을 예방하는 방법을 알고 실천한다. - 날씨와 상황에 알맞게 옷을 입는다.
안전하게 생활하기	안전하게 놀이하기	- 놀이기구나 놀잇감, 도구를 안전하게 사용한다. - 안전한 놀이장소를 안다. - TV, 인터넷, 통신기기 등을 바르게 사용한다	- 놀이기구나 놀잇감, 도구를 안전하게 사용한다. - 안전한 장소를 알고 안전하게 놀이한다. - TV, 인터넷, 통신기기 등의 위해성을 알고 바르게 사용한다.	- 놀이기구나 놀잇감, 도구의 바른 사용법을 알고 안전하게 사용한다. - 안전한 장소를 알고 안전하게 놀이한다. - TV, 인터넷, 통신기기 등의 위해성을 알고, 바르게 사용한다.
	교통안전 규칙 지키기	- 교통안전 규칙을 안다. - 교통수단을 안전하게 이용한다.	- 교통안전 규칙을 안다. - 교통수단을 안전하게 이용한다.	- 교통안전 규칙을 안다. - 교통수단을 안전하게 이용한다.
	비상시 적절히 대처하기	- 학대, 성폭력, 실종, 유괴 상황을 알고 도움을 요청한다. - 재난 및 사고 등 비상시 적절하게 대처하는 방법을 안다.	- 학대, 성폭력, 실종, 유괴 상황 시 도움을 요청하는 방법을 알고 행동한다. - 재난 및 사고 등 비상시 적절하게 대처하는 방법을 알고 행동한다.	- 학대, 성폭력, 실종, 유괴 상황 시 도움을 요청하는 방법을 알고 행동한다. - 재난 및 사고 등 비상시 적절하게 대처하는 방법을 알고 행동한다.

출처: 심성경 외(2014).

② 의사소통 영역은 영유아의 일상생활에 필요한 의사소통 능력과 바른 언어 사용 습관을 기른다.

- 다른 사람의 말을 주의 깊게 듣는 태도와 이해하는 능력을 기른다.
- 자신의 생각과 느낌을 말하는 능력을 기른다.
- 글자와 책에 친숙해지는 경험을 통하여 글자 모양을 인식하고 읽기에 흥미를 가진다.
- 말과 글의 관계를 알고 자신의 생각, 느낌, 경험을 글로 표현하는 데 관심을 가진다.

〈표 7-11〉 의사소통 영역의 연령별 세부내용

내용범주	내용	3세	4세	5세
듣기	낱말과 문장 듣고 이해하기	- 낱말의 발음에 관심을 가지고 듣는다. - 일상생활과 관련된 낱말과 문장을 듣고 뜻을 이해한다.	- 낱말의 발음에 관심을 가지고 듣는다. - 일상생활과 관련된 낱말과 문장을 듣고 뜻을 이해한다.	- 낱말의 발음에 관심을 가지고 비슷한 발음을 듣고 구별한다. - 다양한 낱말과 문장을 듣고 뜻을 이해한다.
	이야기 듣고 이해하기	- 다른 사람의 이야기를 관심 있게 듣는다.	- 다른 사람의 이야기를 듣고 이해한다. - 이야기를 듣고 궁금한 것에 대해 질문한다.	- 다른 사람의 이야기를 듣고 이해한다. - 이야기를 듣고 궁금한 것에 대해 질문한다.
	동요, 동시, 동화 듣고 이해하기	- 동요, 동시, 동화를 다양한 방법으로 듣고 즐긴다.	- 동요, 동시, 동화를 다양한 방법으로 듣고 우리말의 재미를 느낀다.	- 동요, 동시, 동화를 다양한 방법으로 듣고 이해한다. - 전래동요, 동시, 동화를 듣고 우리말의 재미를 느낀다.
	바른 태도로 듣기	- 말하는 사람을 바라보며 듣는다.	- 다른 사람의 이야기를 주의 깊게 듣는다.	- 다른 사람의 이야기를 끝까지 주의 깊게 듣는다.
말하기	낱말과 문장으로 말하기	- 친숙한 낱말을 발음해 본다. - 새로운 낱말에 관심을 가진다. - 일상생활에서 일어나는 일들을 간단한 문장으로 말한다.	- 친숙한 낱말을 발음해 본다. - 다양한 낱말을 사용하여 말한다. - 일상생활에서 일어나는 일들을 간단한 문장으로 말한다.	- 정확한 발음으로 말한다. - 다양한 낱말을 사용하여 상황에 맞게 말한다. - 일상생활에서 일어나는 일들을 다양한 문장으로 말한다.
	느낌, 생각, 경험 말하기	- 자신의 느낌, 생각, 경험을 말해 본다.	- 자신의 느낌, 생각, 경험을 말한다. - 주제를 정하여 함께 이야기를 나눈다. 이야기를 지어 말한다.	- 자신의 느낌, 생각, 경험을 적절한 낱말과 문장으로 말한다. - 주제를 정하여 함께 이야기를 나눈다 - 이야기 지어 말하기를 즐긴다.
	상황에 맞게 바른 태도로 말하기	- 상대방을 바라보며 말한다. 바르고 고운 말을 사용한다.	- 듣는 사람의 생각과 느낌을 고려하여 말한다. - 차례를 지켜 말한다. - 바르고 고운 말을 사용한다.	- 듣는 사람의 생각과 느낌을 고려하여 말한다. - 때와 장소, 대상에 알맞게 말한다. - 바르고 고운 말을 사용한다.

내용범주	내용	3세	4세	5세
읽기	읽기에 흥미 가지기	- 주변에 친숙한 글자를 찾아본다. - 읽어 주는 글의 내용에 관심을 가진다.	- 주변에서 친숙한 글자를 찾아본다. - 읽어 주는 글의 내용에 관심을 가진다.	- 주변에서 친숙한 글자를 찾아본다. - 읽어주는 글의 내용에 관심을 가지고 읽어 본다.
	책 읽기에 관심 가지기	- 책에 흥미를 가진다. - 책의 그림을 단서로 내용을 추측해 본다.	- 책 보는 것을 즐기고 소중하게 다룬다. - 책의 그림을 단서로 내용을 이해한다. - 궁금한 것을 책에서 찾아본다.	- 책 보는 것을 즐기고 소중하게 다룬다. - 책의 그림을 단서로 내용을 이해한다. - 궁금한 것을 책에서 찾아본다.
쓰기	쓰기에 관심 가지기	- 말을 글로 나타내는 것에 관심을 보인다. - 자기 이름의 글자에 관심을 가진다.	- 말이나 생각을 글로 나타낼 수 있음을 안다. - 자기 이름을 써 본다. - 자신의 느낌, 생각, 경험을 글자와 비슷한 형태로 표현한다.	- 말이나 생각을 글로 나타낼 수 있음을 안다. - 자기 이름과 주변의 친숙한 글자를 써 본다. - 자신의 느낌, 생각, 경험을 글자와 비슷한 형태나 글로 표현한다.
	쓰기 도구 사용하기		- 쓰기 도구에 관심을 가지고 사용해 본다.	- 쓰기 도구의 바른 사용법을 알고 사용한다.

출처: 심성경 외(2014).

③ 사회관계 영역은 영유아가 자신을 존중하고 다른 사람과 더불어 생활하는 능력과 태도를 기른다.

- 자신을 소중히 여기며 자율성을 기른다.
- 자신과 타인의 감정을 알고, 자신의 감정을 적절하게 표현하고 조절한다.
- 가족과 화목하게 지내며 서로 협력한다.
- 친구, 공동체 구성원들과 서로 돕고, 예의 · 규칙 등 사회적 가치를 알고 지킨다.
- 우리 동네, 우리나라, 다른 나라에 관심을 가진다.

〈표 7-12〉 사회관계 영역의 연령별 세부내용

내용범주	내용	3세	4세	5세
나를 알고 존중하기	나를 알고 소중히 여기기	- 나에 대해 관심을 갖는다. - 나와 다른 사람의 차이에 관심을 갖는다. - 나를 소중하게 여긴다.	- 나에 대해 알아본다. - 나와 다른 사람의 차이점을 알아본다. - 나에 대해 긍정적으로 생각하고 나를 소중하게 여긴다.	- 나에 대해 알아본다. - 나와 다른 사람의 신체적, 사회적, 문화적 차이를 존중한다. - 나에 대해 긍정적으로 생각하고 나를 소중하게 여긴다.
	나의 일 스스로 하기	- 내가 할 수 있는 일을 알아본다. - 내가 하고 싶은 일을 선택해 본다.	- 내가 할 수 있는 일을 해 본다. - 하고 싶은 일을 계획하고 해 본다.	- 내가 할 수 있는 일을 스스로 한다. - 하고 싶은 일을 계획하고 해 본다.
나와 다른 사람의 감정 알고 조절하기	나와 다른 사람의 감정 알고 표현하기	- 자신에게 여러 가지 감정이 있음을 안다. - 다른 사람의 감정에 관심을 갖는다.	- 자신의 감정을 알고 표현한다. - 다른 사람의 감정을 안다.	- 자신의 감정을 알고 표현한다. - 다른 사람의 감정을 알고 공감한다.
	나와의 감정 조절하기	- 자기 감정을 조절해 본다.	- 자기 감정을 조절해 본다.	- 자기 감정을 상황에 맞게 조절한다.
가족을 소중히 여기기	가족과 화목하게 지내기	- 가족의 소중함을 안다.	- 가족의 소중함을 안다.	- 가족의 의미와 소중함을 안다. - 가족과 화목하게 지낸다.
	가족과 협력하기	- 가족구성원을 알아본다. - 가족을 위하여 내가 할 수 있는 일을 알아본다.	- 가족구성원의 역할에 대해 알아본다. - 가족을 위하여 내가 할 수 있는 일을 알아보고 실천한다.	- 다양한 가족구조에 대해 알아본다. - 가족은 서로 도와야 함을 알고 실천한다.
다른 사람과 더불어 생활하기	친구와 사이좋게 지내기	- 친구와 함께 놀이한다. - 나와 친구의 의견에 차이가 있음을 안다.	- 친구와 협동하며 놀이한다. - 친구와의 갈등을 긍정적인 방법으로 해결한다.	- 친구와 협동하며 놀이한다. - 친구와의 갈등을 긍정적인 방법으로 해결한다.
	공동체에서 화목하게 지내기	- 교사 및 주변 사람과 화목하게 지낸다.	- 도움이 필요할 때 다른 사람과 도움을 주고받는다. - 교사 및 주변 사람과 화목하게 지낸다.	- 다른 사람과 도움을 주고받고, 서로 협력한다. - 교사 및 주변 사람과 화목하게 지낸다.

내용범주	내용	3세	4세	5세
다른 사람과 더불어 생활하기	사회적 가치를 알고 지키기	- 다른 사람의 소유물을 존중한다. - 약속과 규칙을 지켜야 함을 안다.	- 정직하게 말하고 행동한다. - 다른 사람의 생각, 행동을 존중한다. - 친구와 어른께 예의 바르게 행동한다. - 다른 사람과 한 약속이나 공공규칙을 지킨다. - 자연과 자원을 아끼는 습관을 기른다.	- 정직하게 말하고 행동한다. - 다른 사람을 배려하여 행동한다. - 친구와 어른께 예의 바르게 행동한다. - 다른 사람과 한 약속이나 공공규칙을 지킨다. - 자연과 자원을 아끼는 습관을 기른다.
사회에 관심 갖기	지역사회에 관심 갖고 이해하기	- 우리 동네의 이름을 안다. - 우리 동네 사람들에 관심을 갖는다.	- 우리 동네를 알아본다. - 우리 동네 사람들이 하는 일에 관심을 갖는다. - 물건을 살 때 돈이 필요함을 안다.	- 우리 동네를 알아본다. - 다양한 직업에 관심을 갖는다. - 일상생활에서 돈의 쓰임에 대해 안다.
	우리나라에 관심 갖고 이해하기	- 우리나라를 상징하는 것에 관심을 가진다. - 우리나라의 전통놀이와 풍습에 관심을 갖는다.	- 우리나라를 상징하는 것을 안다. - 우리나라의 전통놀이와 풍습에 관심을 갖는다.	- 우리나라를 상징하는 것을 알고 예절을 지킨다. - 우리나라의 전통, 역사, 문화에 관심을 갖는다. - 우리나라에 대해 자부심을 갖는다.
	세계와 여러 문화에 관심 가지기		- 세계 여러 나라에 대해 관심을 갖는다. - 다양한 인종과 문화에 관심을 갖는다.	- 세계 여러 나라에 대해 관심을 갖고 서로 협력해야 함을 안다. - 다양한 인종과 문화를 알아보고 존중한다.

④ 예술경험 영역은 영유아가 아름다움에 관심을 가지고 예술 경험을 즐기며, 창의적으로 표현하는 능력을 기른다.

- 자연과 주변 환경에서 발견한 아름다움과 예술적 요소에 관심을 갖고 탐색한다.
- 자신의 생각과 느낌을 음악, 움직임과 춤, 미술, 극놀이를 통해 창의적으로 표현하는 것을 즐긴다.
- 자연과 다양한 예술작품을 감상하며, 풍부한 감성과 심미적 태도를 기른다.

〈표 7-13〉 예술경험 영역의 연령별 세부내용

내용범주	내용	3세	4세	5세
아름다움 찾아보기	음악적 요소 탐색하기	- 다양한 소리, 음악의 셈여림, 빠르기, 리듬 등에 관심을 갖는다.	- 다양한 소리, 음악의 셈여림, 빠르기, 리듬 등에 관심을 갖는다.	- 다양한 소리, 음악의 셈여림, 빠르기, 리듬 등을 탐색한다.
	움직임과 춤 요소 탐색하기	- 움직임과 춤의 모양, 힘, 빠르기 등에 관심을 갖는다.	- 움직임과 춤의 모양, 힘, 빠르기 등에 관심을 갖는다.	- 움직임과 춤의 모양, 힘, 빠르기, 흐름, 공간 등을 탐색한다.
	미술적 요소 탐색하기	- 자연과 사물의 색, 모양, 질감 등에 관심을 갖는다.	- 자연과 사물의 색, 모양, 질감 등에 관심을 갖는다.	- 자연과 사물에서 색, 모양, 질감, 공간 등을 탐색한다.
예술적 표현하기	음악으로 표현하기	- 간단한 노래를 듣고 따라 부른다. - 전래동요를 즐겨 부른다. - 리듬악기로 간단한 리듬을 표현해 본다. - 간단한 리듬과 노래를 즉흥적으로 만들어 본다.	- 노래로 자신의 생각과 느낌을 표현한다. - 전래동요를 즐겨 부른다. - 리듬악기를 연주해 본다. - 간단한 리듬과 노래를 즉흥적으로 만들어 본다.	- 노래로 자신의 생각과 느낌을 표현한다. - 전래동요를 즐겨 부른다. - 리듬악기를 연주해 본다. - 리듬과 노래 등을 즉흥적으로 만들어 본다.
	움직임과 춤으로 표현하기	- 신체를 이용하여 주변의 움직임을 자유롭게 표현한다. - 움직임과 춤으로 자신의 생각과 느낌을 표현한다. - 도구를 활용하여 다양한 움직임으로 표현한다.	- 신체를 이용하여 주변의 움직임을 자유롭게 표현한다. - 움직임과 춤으로 자신의 생각과 느낌을 표현한다. - 도구를 활용하여 다양한 움직임으로 표현한다.	- 신체를 이용하여 주변의 움직임을 다양하게 표현하며 즐긴다. - 움직임과 춤으로 자신의 생각과 느낌을 표현한다. - 다양한 도구를 활용하여 창의적으로 움직인다.

내용범주	내용	3세	4세	5세
예술적 표현하기	미술 활동으로 표현하기	- 다양한 미술활동을 경험해 본다. - 미술활동에 필요한 재료와 도구에 관심을 가지고 사용한다.	- 다양한 미술활동으로 자신의 생각과 느낌을 표현한다. - 협동적인 미술활동에 참여한다. - 미술활동에 필요한 재료와 도구를 다양하게 사용한다.	- 다양한 미술활동으로 자신의 생각과 느낌을 표현한다. - 협동적인 미술활동에 참여하여 즐긴다. - 미술활동에 필요한 재료와 도구를 다양하게 사용한다.
	극놀이로 표현하기	- 일상생활의 경험을 극놀이로 표현한다.	- 일상생활의 경험이나 간단한 이야기를 극놀이로 표현한다. - 소품, 배경, 의상 등을 사용하여 협동적으로 극놀이를 한다.	- 경험이나 이야기를 극놀이로 표현한다. - 소품, 배경, 의상 등을 사용하여 협동적으로 극놀이를 한다.
	통합적으로 표현하기	- 예술활동에 참여하여 표현과정을 즐긴다.	- 음악, 움직임과 춤, 미술, 극놀이 등을 통합하여 표현한다. - 예술활동에 참여하여 표현과정을 즐긴다.	- 음악, 움직임과 춤, 미술, 극놀이 등을 통합하여 표현한다. - 예술활동에 참여하여 창의적으로 표현하는 과정을 즐긴다.
예술 감상하기	다양한 예술 감상하기	- 다양한 음악, 춤, 미술작품, 극놀이 등을 듣거나 본다. - 나와 다른 사람의 예술표현을 소중히 여긴다.	- 다양한 음악, 춤, 미술작품, 극놀이 등을 보고 즐긴다. - 나와 다른 사람의 예술표현을 소중히 여긴다.	- 다양한 음악, 춤, 미술작품, 극놀이 등을 보고 즐긴다. - 나와 다른 사람의 예술표현을 소중히 여긴다.
	전통 예술 감상하기	- 우리나라의 전통예술에 관심을 갖는다.	- 우리나라의 전통예술에 관심을 갖는다.	- 우리나라의 전통예술의 관심을 갖고 친숙해진다.

⑤ 자연탐구 영역은 영유아가 호기심을 가지고 주변 세계를 탐구하며, 일상생활에서 수학적 · 과학적으로 생각하는 능력과 태도를 기른다.

- 주변의 사물과 자연 세계에 대해 알고자 하는 호기심을 가지고 탐구하는 태도를 기른다.
- 생활 속의 여러 상황과 문제를 논리 · 수학적으로 이해하고 해결하기 위한 기초 능력을 기른다.
- 주변의 관심 있는 사물과 생명체 및 자연 현상을 탐구하기 위한 기초 능력을 기른다.

〈표 7-14〉 자연탐구 영역의 연령별 세부내용

내용범주	내용	3세	4세	5세
탐구하는 태도 기르기	호기심을 유지하고 확장하기	- 주변 사물과 자연 세계에 대해 호기심을 갖는다.	- 주변 사물과 자연 세계에 대해 지속적으로 호기심을 갖는다.	- 주변 사물과 자연 세계에 대해 지속적으로 호기심을 갖고 알고자 한다.
	탐구과정 즐기기	- 궁금한 점을 알아보는 과정에 흥미를 갖는다.	- 궁금한 점을 알아보는 탐구과정에 관심을 가지고 참여한다.	- 궁금한 점을 알아보는 탐구과정에 참여하고 즐긴다. - 탐구과정에서 서로 다른 생각에 관심을 갖는다.
	탐구기술 활용하기		- 일상생활의 문제를 해결하는 과정에서 탐색, 관찰 등의 방법을 활용해 본다.	- 일상생활의 문제를 해결하는 과정에서 탐색, 관찰, 비교, 예측 등의 탐구기술을 활용해 본다.
수학적 탐구하기	수와 연산의 기초 개념 알아보기	- 생활 속에서 수에 관심을 갖는다. - 구체물 수량의 많고 적음을 비교한다. - 다섯 개가량의 구체물을 세어 보고 수량에 관심을 갖는다.	- 생활 속에서 사용되는 수의 여러 가지 의미를 안다. - 구체물 수량에서 '같다', '더 적다'의 관계를 안다. - 열 개가량의 구체물을 세어 보고 수량을 알아본다.	- 생활 속에서 사용되는 수의 여러 가지 의미를 안다. - 구체물 수량의 부분과 전체 관계를 알아본다. - 스무 개가량의 구체물을 세어 보고 수량을 알아본다. - 구체물을 가지고 더하고 빼는 경험을 해 본다.

내용범주	내용	3세	4세	5세
수학적 탐구하기	공간과 도형의 기초 개념 알아보기	- 나를 중심으로 앞, 뒤, 옆, 위, 아래를 알아본다. - 물체의 모양에 관심을 갖는다.	- 위치와 방향을 여러 가지 방법으로 나타내 본다. - 기본 도형의 특성을 인식한다. - 기본 도형을 사용하여 여러 가지 모양을 구성한다.	- 위치와 방향을 여러 가지 방법으로 나타내 본다. - 여러 방향에서 물체를 보고 그 차이점을 비교한다. - 기본 도형의 공통점과 차이점을 알아본다. - 기본 도형을 사용하여 여러 가지 모양을 구성한다.
	기초적인 측정하기	- 두 물체의 길이, 크기를 비교해 본다.	- 일상생활에서 길이, 크기, 무게 등을 비교해 본다.	
	규칙성 이해하기	- 생활 주변에서 반복되는 규칙성에 관심을 갖는다.	- 생활 주변에서 반복되는 규칙성을 알아본다. - 반복되는 규칙성을 인식하고 모방한다.	- 생활주변에서 반복되는 규칙성을 알고 다음에 올 것을 예측해 본다. - 스스로 규칙성을 만들어 본다.
	기초적인 자료 수집과 결과 나타내기	- 같은 것끼리 짝을 짓는다.	- 필요한 정보나 자료를 수집한다. - 한 가지 기준으로 자료를 분류해 본다.	- 필요한 정보나 자료를 수집한다. -한 가지 기준으로 분류한 자료를 다른 기준으로 재분류해 본다. - 그림, 사진, 기호나 숫자를 사용해 그래프로 나타내 본다.
과학적 탐구하기	물체와 물질 알아보기	- 친숙한 물체와 물질의 특성에 관심을 갖는다.	- 친숙한 물체와 물질의 특성을 알아본다. - 물체와 물질을 여러 가지 방법으로 변화시켜 본다.	- 주변의 여러 가지 물체와 물질의 기본 특성을 알아본다. - 물체와 물질의 여러 가지 방법으로 변화시켜 본다.
	생명체와 자연환경 알아보기	- 나의 출생과 성장에 대해 관심을 갖는다. - 주변의 동식물에 관심을 가진다. - 생명체를 소중히 여기는 마음을 갖는다.	- 나의 출생과 성장에 대해 관심을 갖는다. - 관심 있는 동식물의 특성을 알아본다. - 생명체를 소중히 여기는 마음을 갖는다. - 생명체가 살기 좋은 환경에 대해 관심을 갖는다.	- 나와 다른 사람의 출생과 성장에 대해 알아본다. - 관심 있는 동식물의 특성과 성장과정을 알아본다. - 생명체를 소중히 여기는 마음을 갖는다. - 생명체가 살기 좋은 환경과 녹색 환경에 대해 알아본다.

내용범주	내용	3세	4세	5세
과학적 탐구하기	자연 현상 알아보기	- 돌, 물, 흙 등 자연물에 관심을 갖는다. - 날씨에 관심을 갖는다.	- 돌, 물, 흙 등 자연물의 특성과 변화를 알아본다. - 날씨와 기후 변화에 관심을 갖는다.	- 돌, 물, 흙 등 자연물의 특성과 변화를 알아본다. - 낮과 밤, 계절의 변화와 규칙성을 알아본다. - 날씨와 기후 변화 등 자연현상에 관심을 갖는다.
	간단한 도구와 기계 활용하기	- 생활 속에서 간단한 도구와 기계에 관심을 갖는다. - 도구와 기계의 편리함에 관심을 갖는다.	- 생활 속에서 간단한 도구와 기계를 활용한다. - 도구와 기계의 편리함에 관심을 갖는다.	- 생활 속에서 간단한 도구와 기계를 활용한다. - 변화하는 새로운 도구와 기계에 관심을 갖고 장·단점을 안다.

3. 보육과정의 계획

영아들에게 의미 있는 보육활동을 실시하기 위해서는 영아발달에 적합한 보육과정 계획이 필수적이다. 영아의 경우 발달 특성상 개인차가 심하므로 교사는 영아들 개인을 이해하고 배려하여 융통성 있게 보육과정 계획을 수립하고 실시하는 유연한 태도가 필요하다. 또한, 기저귀 갈이, 수유 등과 같은 일상적 양육활동이 많은 비중을 차지하므로 영아들의 발달 수준에 맞는 일상적 양육 활동과 놀이 활동 간의 균형을 맞추어 계획한다. 구체적인 연간보육계획, 월간보육계획, 주간보육계획, 일일보육계획을 위한 원리와 계획상의 유의점에 대하여 알아보기로 한다(나종혜 외, 2014; 보건복지부·육아정책연구소, 2011).

1) 영아를 위한 보육과정의 계획

(1) 영아를 위한 연간보육계획

연간보육계획은 1년 동안 어린이집에서 실행해야 할 보육목표와 보육내용을 한눈에 파악할 수 있도록 제시한 것으로 어린이집 보육과정 운영의 근간이 된다. 연간보육계획은 보육과정의 기본 개념이 담긴 생활주제로 이루어지는데 각 연령에서 다루어야 할 주제, 보육의 목표, 연간행사 등이 포함된다. 연간 보육과정에 기초해 월간, 주간, 월간계획으로 구체화한다.

〈표 7-15〉 0~2세 영아반 연간보육계획 주제의 예

구분	0세	1세	2세
1	낯설어요(8주)	새로운 것이 낯설어요(8주)	어린이집이 좋아요(7주)
2	느껴보아요(8주)	느낄 수 있어요(10주)	봄나들이 가요(5주)
3	움직여요(8주)	놀이할 수 있어요(8주)	나는요(5주)
4	놀이는 재미있어요 I (8주)	나는 할 수 있어요(6주)	재미있는 어른이에요(7주)
5	놀이는 재미있어요 II (8주)	움직이는 것이 재미있어요(7주)	나는 가족이 있어요(5주)
6	좋아해요(8주)	좋아하는 놀이가 있어요(9주)	동물놀이해요(6주)
7		새로운 것도 좋아요(4주)	알록달록 가을이에요(6주)
8			겨울과 모양을 즐겨요(5주)
9			나는 친구가 있어요(6주)
	0세의 발달 특성과 발달과업을 중심으로 세상에 대한 호기심, 애착을 보이는 사람과 사물을 중심으로 주제 선정	1세 발달 특성과 발달과업, 적응, 계절, 어린이집이나 지역사회의 특성을 반영하고, 0세 및 2세와의 연계성을 고려	어린이집-나-가족-친구로 관계를 확장해 나가는 동시에 계절의 변화, 흥미와 관심 등을 반영하는 주제를 선정

출처: 보건복지부 · 중앙보육정보센터(2013). 어린이집 표준보육과정 및 0~2세 영아 보육 프로그램의 이해; 교육과학기술 · 보건복지부 · 육아정책연구소(2012). 3~5세 연령별 누리과정.

(2) 영아를 위한 월간보육계획

월간보육계획안은 연간보육계획을 토대로 작성한 월 단위의 보육계획을 말한다. 즉, 연간보육계획안에서 계획한 주제를 4~8개 정도의 소주제로 나누어 활동을 계획하는데 이를 월간보육계획이라고 한다. 월간보육계획을 수립할 때에는 활동의 형태를 고려하여 구성하는 것이 바람직하다. 활동은 영아의 경우 일상생활과 놀이 활동을 중심으로 구분할 수 있으며, 유아의 경우 자유선택활동과 대·소집단 활동, 기본생활습관 관련 활동 등으로 구분할 수 있다. 월간보육계획은 활동의 목표를 분명하게 가지고 일관성 있는 보육을 할 수 있도록 수립한다. 주별 소주제를 구성하되, 소주제에 서술되는 목표는 보육과정의 목표를 달성할 수 있도록 3~4가지의 개념이나 태도 등으로 구성한다(박찬옥 외, 2014).

〈표 7-16〉 만 0세반 월간보육계획안 예시

<table>
<tr><td colspan="2">주제</td><td colspan="2">낯설어요</td><td>추정기간</td><td colspan="2">3월 1주~4월 5주(8주)</td></tr>
<tr><td colspan="2">소주제</td><td>엄마와 함께해요</td><td>선생님을 만나요</td><td>선생님을 만져 봐요</td><td>선생님과 놀아요</td><td>익숙해졌어요</td></tr>
<tr><td colspan="2">교사의 준비 및 보육실 점검</td><td colspan="5">- 보육실 환기하기 - 보육실 청결 및 세팅하기 - 수유용품 및 물 준비하기
- 위생용품 준비하기 - 영아의 개별 소지품 확인하기
- 일일보고서 작성 준비하기 - 보육용품이나 비품의 모서리 보호대 점검하기</td></tr>
<tr><td colspan="2" rowspan="2">맞이하기 및 가정과의 연계</td><td colspan="5">- 집에서의 영아의 상태나 특이사항에 대해 이야기 나누기 - 체온 재기
- 영아의 컨디션 시진하기 - 투약 의뢰 살피기</td></tr>
<tr><td colspan="5">엄마와 함께 놀러 가요 엄마와 선생님이 인사해요</td></tr>
<tr><td rowspan="6">일상생활</td><td rowspan="2">수유 및 이유</td><td colspan="5">- 교사의 손 씻기 - 우유나 이유식 준비하기
- 이유 테이블 닦기 - 수건, 휴지 등 위생용품 준비하기</td></tr>
<tr><td colspan="5">선생님께 안겨서 먹어요 이유식을 시작해요</td></tr>
<tr><td rowspan="2"></td><td colspan="5">- 보육실 환기하기 - 잠자리 매트 깔기
- 커튼 치거나 조도 낮추기 - 기저귀 확인하기 - 자는 영아 수시로 살펴보기</td></tr>
<tr><td colspan="5">○○야, 매트에 누워 보아요 선생님의 토닥임을 느껴 보아요</td></tr>
<tr><td rowspan="2">기저귀 갈이</td><td colspan="5">- 물휴지, 소독액 등 위생용품 준비하기 - 기저귀 갈이 매트 소독하기
- 기저귀 갈이 전 교사의 손 씻기 - 기저귀 갈이 후 교사의 손 씻기</td></tr>
<tr><td colspan="5">선생님 품에 안겨 기저귀 가는 곳으로 가 보아요
기저귀 가는 곳으로 기어가 보아요</td></tr>
<tr><td rowspan="8">실내 자유 놀이</td><td rowspan="2">신체</td><td>영차, 영차 엄마에게로</td><td>엄마와 같이 선생님과 놀아요</td><td>아이 간지러워</td><td rowspan="2">와르르 무너졌다</td><td rowspan="2">선생님이 밀어 주는 자동차를 타요</td></tr>
<tr><td>엄마와 함께 모빌을 만져 봐요</td><td>손가락 인형 잡기</td><td>선생님은 흔들의자</td></tr>
<tr><td rowspan="4">언어</td><td colspan="2">누구 목소리일까? 누구일까요?</td><td></td><td>선생님에게 옹알이해요</td><td>똑똑똑~</td></tr>
<tr><td rowspan="3">내 이름은?</td><td rowspan="3">엄마랑 선생님이랑 책을 보아요</td><td>돼지코 놀이</td><td></td><td></td></tr>
<tr><td></td><td colspan="2">딩동 누구세요? 손 흔들어 안녕!</td></tr>
<tr><td></td><td></td><td></td></tr>
<tr><td rowspan="2">탐색</td><td rowspan="2">까꿍! 우리 가족들</td><td rowspan="2">선생님, 우리 선생님 여기!</td><td>'선생님, 안녕' 노래</td><td>선생님 노랫소리가 좋아요</td><td rowspan="2">여기가 우리 반이에요</td></tr>
<tr><td>우리 선생님 웃은요</td><td>없어졌다! 나타났다!</td></tr>
<tr><td colspan="2">실외 놀이</td><td>엄마와 어린이집 오는 길 둘러보기</td><td>어린이집 구경하러 가자</td><td>창문에서 실외 놀이터 내다보기</td><td>선생님 품에 안겨 바깥 구경해요</td><td>유모차 타고 주변 산책하기</td></tr>
<tr><td colspan="2" rowspan="2">귀가 및 가정과의 연계</td><td colspan="5">- 수유 및 이유 상황 전달하기 - 영아의 건강 및 안전의 특이사항 전달하기
- 영아의 개별 용품 점검 후 요청하기 - 어린이집에서 영아의 활동 간략히 전달하기</td></tr>
<tr><td colspan="5">엄마를 반갑게 만나요 엄마의 손을 잡고 집에 가요</td></tr>
</table>

출처: 보건복지부(2013).

〈표 7-17〉 만 1세 월간보육계획안 예시

<table>
<tr><td colspan="2">주제</td><td colspan="10">느낄 수 있어요(총 10주)</td></tr>
<tr><td colspan="2">소주제</td><td colspan="10">만져 보아요/살펴보아요/들어 보아요/맡아 보아요/맛보아요/온몸으로 느껴 보아요</td></tr>
<tr><td colspan="2">구분</td><td>1주</td><td>2주</td><td>3주</td><td>4주</td><td>5주</td><td>6주</td><td>7주</td><td>8주</td><td>9주</td><td>10주</td></tr>
<tr><td colspan="2">소주제</td><td colspan="2">만져 보아요</td><td colspan="2">살펴보아요</td><td colspan="2">들어 보아요</td><td colspan="2">맡아 보아요</td><td>맛보아요</td><td>온몸으로 느껴 보아요</td></tr>
<tr><td colspan="2">등원 및 맞이하기</td><td colspan="5">부모와 교사가 반갑게 인사하기</td><td colspan="5">영아의 옷차림과 건강에 대해 이야기하기</td></tr>
<tr><td rowspan="3">일상생활</td><td>기본생활 및 안전</td><td colspan="4">즐겁게 먹어요</td><td colspan="4">숟가락, 포크를 사용해요</td><td colspan="2">내 물건을 찾아요</td></tr>
<tr><td>식사 및 간식</td><td colspan="4">내 이불, 내 베개를 찾아요</td><td colspan="4">편안한 옷 입고 잠을 자요</td><td colspan="2">이불을 덮고 잠을 자요</td></tr>
<tr><td>기저귀 갈이/ 배변활동</td><td colspan="4">친구들도 기저귀가 있어요</td><td colspan="4">기저귀를 휴지통에 버려요</td><td colspan="2">쉬, 응가라고 표현해요</td></tr>
<tr><td rowspan="4">실내자유놀이</td><td>신체</td><td>둥근 고리 끼우기 놀이해요</td><td>촉감신발 신고 걸어요</td><td>굴러 가는 공을 따라가요</td><td>데굴데굴 색깔 물병</td><td>소리 나는 구슬발을 지나가요</td><td>부엌 물건으로 쿵작쿵작</td><td>향기 주머니 나무</td><td>코를 킁킁!</td><td>조물조물 바나나 주스를 만들어요</td><td>감각 터널을 지나가요</td></tr>
<tr><td>언어</td><td>내 이름을 부르면 대답해요</td><td>울퉁불퉁 종이에 끼적여요</td><td>이게 뭐야?</td><td>물로 끼적인 그림을 보아요</td><td>속닥속닥 작은 소리</td><td>토닥토닥 발헤기 놀이</td><td>코코코</td><td>음식 관련 그림책을 보아요</td><td>과일 이름을 말해요</td><td>몸을 부딪쳐서 소리 내요</td></tr>
<tr><td>감각 · 탐색</td><td>선생님과 로션을 발라요</td><td>누구의 기저귀 일까요?</td><td>색안경을 써요</td><td>신문지로 놀아요</td><td>종이가 쿵쿵</td><td>놀잇감으로 소리 내요</td><td>간식 냄새를 맡아요</td><td>음식 봉지 2조각 퍼즐</td><td>과일을 맛보아요</td><td>손발로 물도장을 찍어요</td></tr>
<tr><td>역할 · 쌓기</td><td>소꿉그릇에 밀가루 반죽을 담아요</td><td>촉감블록으로 놀이해요</td><td>원통블록으로 놀이해요</td><td>가방을 메고 다녀요</td><td>소리 나는 블록을 쌓아 보아요</td><td>동물 소리 듣고 흉내 내요</td><td>우유 갑을 쌓아요</td><td>주스 따르는 흉내 내요</td><td>모형 음식을 식판에 담아요</td><td>하얀 블록에 끼적여요</td></tr>
<tr><td colspan="2">실외 놀이</td><td colspan="2">모래로 놀아요</td><td colspan="2">색안경으로 공원을 보아요</td><td colspan="2">소리 나는 신발을 신고 걸어요</td><td colspan="2">향기 나는 꽃과 풀을 찾아요</td><td>그늘이 시원해요</td><td>바람이 불어요</td></tr>
<tr><td colspan="2">귀가 및 가정과의 연계</td><td colspan="4">놀이 사진을 함께 보아요</td><td colspan="4">'누가 왔을까?' 목소리를 들어요</td><td colspan="2">만났을 때 꼭 안아요</td></tr>
<tr><td colspan="2">비고</td><td colspan="10">1년 중 어느 시기라도 할 수 있도록 융통적으로 조정할 수 있으나, 각 소주제가 적어도 2주 동안 충분히 이루어지도록 계획한다.</td></tr>
</table>

출처: 보건복지부(2013).

〈표 7-18〉 만 2세 월간보육계획안 예시

구분		주 / 소주제	1주	2주	3주	4주	5주
구분		소주제	바깥 놀이가 재미있어요	안전하게 바깥놀이 해요	꽃 구경은 즐거워요	벌레가 꿈틀꿈틀해요	봄나들이 갈까요
등원 및 맞이하기			가족과 손 흔들며 인사하기				
일상생활	기본생활 및 안전		바깥놀이 후 손 깨끗이 씻기 선생님이 주는 약만 먹기				
일상생활	점심 및 간식		식사 전 손 씻고 수건으로 닦아 보기				
일상생활	낮잠		선생님, 친구들과 인사하고 낮잠 자기				
일상생활	배변활동		선생님 도움받아 변기에 쉬해 보기				
실내자유놀이	신체영역		데굴데굴 굴러 봐요	두 발 모아 폴짝!	멀리, 더 멀리!	꼬물꼬물 터널 통과하기	우리 함께 훌라후프를
실내자유놀이	언어영역		어디일까요	누구일까요? 무얼 할까요?	테이블 동화 '봄을 찾으러 간 아기 토끼'	함께 벌레가 되어 보아요	동시 '꼼실개미'
실내자유놀이	감각·탐색 영역		쓱쓱 싹싹 잼 바르기	안전하게 놀아요	움직이는 꽃구슬	벌레 잡기	맛있는 딸기 우유
실내자유놀이	역할·탐색 영역		가방 안에 쏙, 버스 만들기	찰칵! 친구 사진을 찍어요 1 놀이터 만들기	찰칵! 친구 사진을 찍어요 2 꽃밭 만들기	나비가 훨훨~ 봄 동산을 만들어요 1	아가야, 산책하자! 봄 동산을 만들어요 2
실내자유놀이	미술영역		지퍼백 가방 꾸미기	길게 길게 붙여 봐요	나만의 화분 만들기	크림으로 그림을 그려요	나뭇잎 베개, 꽃잎 베개
실내자유놀이	음률영역		노래 '밖으로 나가 놀자'	노래 '꼭꼭 약속해'	친구와 함께 왈츠를	악기로 연주하기	노래 '고추 먹고 맴맴'
실외 놀이			하늘을 보아요 데구르르! 공 굴리기	데구르르! 공 굴리기 찾았다!	찾았다! 알록달록 세상	알록달록 세상 산책하기	산책하기, 발자국 놀이
귀가 및 연계	귀가		- 선생님 도움받아 옷매무새 정리하기				
귀가 및 연계	가정 및 지역사회 연계		- 가정과의 연계: 가족과 함께 집 주변 산책하기 - 지역사회와의 연계: 선생님과 꽃과 벌레를 관찰할 수 있는 공원이나 뒷동산, 농원 등 산책하기				
비고			- 스팟이 공원에 갔어요 - 아기 고양이가 놀이터에 갔어요	- 모래놀이 가자 - 엄마: 놀이터에 가요	- 봄이 왔어요 - 비눗방울 봄 소식 - 풀꽃 안녕	- 개미네 집이에요 - 달팽이가 꿈틀 - 나비가 팔랑팔랑 - 모두 달아났네	- 산책을 해요 - 아기 오리들의 나들이
비고			이 주제는 봄과 관련된 내용이므로 4~5월에 실시하는 것이 바람직하다. 실외 놀이터 적응 및 봄과 관련된 내용으로 5주가 이루어지도록 계획할 수 있으나, 반의 상황에 따라 실시 기간은 융통성 있게 운영하도록 한다.				

출처: 보건복지부(2013).

(3) 영아를 위한 주간보육계획

주간보육계획은 월간보육계획을 기초로 작성한다. 주간보육계획은 선정된 활동을 요일별로 어떻게 배분할지 결정하는 것으로 여러 가지 측면에서의 균형을 고려하여 수립한다. 예를 들면, 영유아가 가정에서 주말을 보내고 오는 월요일에는 집중도가 높은 활동을 배치하지 않는 것이 바람직하다.

〈표 7-19〉 만 1세 주간보육계획안 예시

주제		느낄 수 있어요									
구분	주	1주	2주	3주	4주	5주	6주	7주	8주	9주	10주
	소주제	만져 보아요		살펴보아요		들어 보아요		맡아 보아요		맛보아요	온몸으로 느껴 보아요
등원 및 맞이하기		부모와 교사가 반갑게 인사하기				영아의 옷차림과 건강에 대해 이야기하기					
일상생활	기본생활 및 안전	흔지서 양말을 벗어요				양말을 서랍에 넣어요				내 물건을 찾아요	
	식사 및 간식	즐겁게 먹어요				숟가락, 포크를 사용해요				꼭꼭 씹어 먹어요	
	낮잠	내 이불, 내 베개를 찾아요				편안한 옷 입고 잠을 자요				이불을 덮고 잠을 자요	
	기저기 갈이/배변활동	친구들도 기저귀가 있어요				기저귀를 휴지통에 버려요				쉬, 응가라고 표현해요	
실내자유놀이	신체	둥근 고리 끼우기 놀이해요	촉감신발 신고 걸어요	굴러 가는 공을 따라가요	데굴데굴 색깔 물병	소리 나는 구슬발을 지나가요	부엌 물건으로 쿵짝쿵짝	향기 주머니 나무	코를 킁킁	조물조물 바나나 주스를 만들어요	감각 터널을 지나가요
	언어	내 이름을 부르면 대답해요	울퉁불퉁 종이에 끼적여요	이게 뭐야?	물로 끼적인 그림을 보아요	속닥속닥 작은 소리	토닥토닥 발헤기 놀이	코코코	음식 봉지 2조각 퍼즐	과일 이름을 말해요	몸을 부딪쳐서 소리 내요
	감각·탐색	선생님과 로션을 발라요	누구의 기저귀 일까요?	색안경을 써요	신문지로 놀아요	종이가 쿵쿵	놀잇감으로 소리 내요	간식 냄새를 맡아요	음식 봉지 2조각 퍼즐	과일을 맛보아요	손발로 물도장을 찍어요
	역할·쌓기	소꿉그릇에 밀가루 반죽을 담아요	촉감블록으로 놀이해요	원통 블록으로 놀이해요	가방을 메고 다녀요	소리 나는 블록을 쌓아요	동물소리 듣고 흉내 내요	우유팩을 쌓아요	주스 따르는 흉내 내요	무형음식을 식판에 담아요	하얀 블록에 끼적여요
실외 놀이		모래로 놀아요		색깔판으로 공원을 보아요		소리 나는 신발을 신고 걸어요		향기 나는 꽃과 풀을 찾아요		그늘이 시원해요	바람이 불어요
귀가 및 가정과 연계		놀이 사진을 함께 보아요				'누가 왔을까?' 목소리를 들어요				반났을 때 꼭 안아요	
비고		이 주제는 1년 중 어느 시기라도 할 수 있도록 융통성으로 조정할 수 있으나, 각 소주제가 적어도 2주 동안 충분히 이루어지도록 계획한다.									

출처: 보건복지부·중앙보육정보센터(2013). 어린이집 표준보육과정 및 0~2세 영아보육프로그램의 이해.

〈표 7-20〉 만 2세반 주간보육계획안 예

구분		월	화	수	목	금	토
주제		봄 나들이 가요					
소주제		바깥놀이가 재미있어요(1주)					
등원 및 맞이하기		- 가족과 손 흔들며 인사하기					
일상생활	기본생활 및 안전	- 바깥놀이 후 손 깨끗이 씻기 - 선생님이 주는 약만 먹기					
	점심 및 간식	식사 전 손 씻고 수건으로 닦아 보기					
	낮잠	선생님, 친구들과 인사하고 낮잠 자기					
	배변활동	선생님 도움받아 변기에 쉬해 보기					
실내 자유 놀이	신체영역			데굴데굴 굴러 봐요			
	언어영역	어디일까요?					
	감각 · 탐색 영역			쏙쏙 싹싹 잼 바르기			
	역할 · 쌓기 영역			가방 안에 쏙			
		버스 만들기					
	미술영역	지퍼백 가방 꾸미기					
	음률영역		노래 '밖으로 나가 놀자'				
실외 놀이		하늘을 보아요		데구르르! 공 굴리기			
귀가 및 연계	귀가	- 선생님 도움받아 웃매무새 정리하기					
	가정 및 지역사회와 연계	- 가정과의 연계: 가족과 함께 집 주변 산책하기 - 지역사회와의 연계: 선생님과 꽃과 벌레를 관찰할 수 있는 공원이나 뒷동산, 농원 등 산책하기					

출처: 보건복지부(2013).

(4) 영아를 위한 일일보육계획

일일보육계획은 어린이집 등원부터 하원까지 영아들이 어린이집에서 하루를 어떻게 시간을 보낼지에 대한 계획을 말한다. 일일보육을 계획할 때 교사와 개별 영아의 상호작용, 실내 놀이 활동과 실외 놀이 활동, 개별 활동과 소집단 활동 등을 균형 있게 배치한다. 주간보육계획안에서 선정한 활동을 기초로 등원 및 맞이하기, 실내외 자유놀이 활동, 정리 · 정돈, 개별 · 소집단 활동, 간식, 점심, 이유식 하기, 수유하기, 휴식이나 낮잠, 귀가 등 활동의 주제를 중심으로 서로 연관성 있고 통합적으로 이루어지도록 계획한다. 이때 활동의 난이도, 활동 간의 연계, 영아의 흥미와 반응을 고려하여 일일보육을 계획한다.

〈표 7-21〉 일일보육계획안(작성 예시)

- 주　제 : 나와 가족
- 소주제 : 사랑하는 우리가족
- 목　표 : 나의 가족에 대해 알아보고, 가족의 소중함을 안다.

현원	출석	결석	년　월　일(　)　날씨 :	결재	담임	원장

일과 (실시 시간)	실행
등원 (: ~ :)	- 등원하는 영유아를 반갑게 맞이하며 인사한다. - 스스로 옷과 신발 등을 정리한다. - 투약의뢰서 및 가정 전달사항의 유무를 확인한다.
오전 간식 (: ~ :)	- 간식 먹기 전에 차례대로 손을 씻는다. - 맛있게 간식을 먹은 후 접시와 컵을 정리한다.
오전 자유선택활동 (: ~ :)	- 개별적 혹은 소집단으로 원하는 영역에서 놀잇감을 가지고 자유롭게 놀이한다. - 놀이 후 스스로 놀잇감을 제자리에 정리한다. ◆ 언어: 엄마, 아빠 이름 알아보기 (○) ○ 나를 사랑해 주시는 엄마, 아빠의 이름을 알아보고 불러 본다. ○ 엄마, 아빠 이름을 따라 쓴다. ◆ 수・조작 영역: 가족의 수를 세어 보기 / 가족 퍼즐 맞추기 (○) ○ 가족사진 속에 있는 가족구성원 수를 세어 본다. ○ 가족사진으로 만든 16조각 퍼즐을 맞춘다. ◆ 과학: 씨앗 관찰하기 (×) → 나무열매 관찰하기(도토리, 솔방울을 관찰・비교한다.) ○ 해바라기씨, 호박씨를 관찰하고 비교한다. ◆ 음악 및 동작: 사과 같은 내 얼굴 (○) ○ '사과 같은 내 얼굴'을 부르며 악기 연주를 한다. ○ 노랫말에 맞추어 율동을 만든다. ◆ 미술: 가족 얼굴 꾸미기 (○) ○ 수수깡, 색종이, 모루, 눈알 등을 종이접시에 붙여 가족 얼굴을 만든다. ◆ 역할: 엄마, 아빠에게 전화하기 (○) ○ 장난감 전화기를 자유롭게 탐색하며 엄마, 아빠에게 전화하는 놀이를 한다. ◆ 쌓기: 우리 집 짓기 (○) ○ 벽돌블록, 와플블록을 이용하여 여러 가지 모양, 크기의 집을 구성한다.

일과 (실시 시간)	실행
오전 실외활동 (: ~ :)	◆ 엄마, 아빠에게 달려 가기 (○) ○ 엄마, 아빠 얼굴이 붙어 있는 목표물까지 달려 간다. ◆ 모래성 쌓기 (○) ○ 모래와 물, 모종삽, 컵을 이용하여 모래성을 쌓는다. ◆ 자전거 타기 (○) ○ 친구들과 함께 순서대로 자전거를 탄다. ◆ 배추 크기 재어 보기 (○) ○ 우리가 심은 배추가 얼마나 자랐는지 줄자로 길이와 둘레를 잰다.
전이 및 대·소집단 활동 (: ~ :)	◆ '꽃밭에서' 손유희하기 (○) ○ 모든 유아가 쌓기 영역에 모일 때까지 '꽃밭에서' 손유희를 함께한다. ◆ 우리 가족 소개하기 (○) ○ 가족사진을 보며 우리 가족을 친구들에게 소개한다.
점심 (: ~ :)	- 점심 먹기 전 차례대로 손을 씻는다. - 맛있게 점심을 먹은 후 양치질을 한다.
낮잠 및 휴식 (: ~ :)	- 화장실을 다녀온다. - '자장가'를 들으며 낮잠을 잔다. - 개인 이불을 스스로 정리한다. - 낮잠을 자지 않는 영아는 교실에서 조용한 놀이를 하거나 휴식을 취한다.
오후 간식 (: ~ :)	- 간식을 먹기 전 차례대로 손을 씻는다. - 맛있게 간식을 먹은 후 접시와 컵을 정리한다.
오후 자유선택활동 (: ~ :)	- 개별적 혹은 소집단으로 원하는 영역에서 놀잇감을 가지고 자유롭게 놀이한다. - 놀이 후 스스로 놀잇감을 제자리에 정리한다.
특별활동 (: ~ :)	◆ 튼튼체육교실: 칼라 유니바 뛰어넘기 ○ 두 발 모아 뛰어넘기, 한 발로 뛰어넘기 등 다양한 방법으로 균형을 잡으며 뛰어넘는다. ○ 유니바의 높이를 다양하게 하여 뛰어넘는다.
오후 실외활동 (: ~ :)	◆ 우리 집에 친구 초대하기 ○ 모래 영역에 우리 집을 구성하여 소꿉놀이를 한다. ○ 친구들을 우리 집에 초대하여 함께 놀이한다. ◆ 자전거 타기 ○ 친구들과 함께 순서대로 자전거를 탄다. ◆ 배추 크기 재어 보기 ○ 우리가 심은 배추가 얼마나 자랐는지 줄자로 길이와 둘레를 잰다. → 실내 놀이(볼풀 공놀이, 훌라후프 돌리기)

일과 (실시 시간)	실행
통합보육/ 귀가 (: ~ :)	- 각 흥미영역에서 개별적 혹은 소집단으로 원하는 놀이를 한다. - 부모님이 오시면 아이의 일과를 부모님께 전한 후 교사, 친구들과 인사하며 귀가한다.
평가 (일일 평가)	- 아이들은 오전 실외활동 중 '가족사진이 붙어 있는 목표물까지 달려 가는 활동'에 많은 흥미를 보였으나, 아이들이 한꺼번에 목표물로 달려가 서로 부딪히는 경우가 발생하였다. 다음에는 규칙을 세워 게임을 진행하는 것이 더욱 효과적일 것 같다. - 아이들이 가져온 가족사진을 이용하여 '우리 가족 소개하기' 활동을 진행하였다. 프로젝터로 가족사진을 확대하여 제시함으로써 더욱 많은 흥미를 유발시킬 수 있었다. - 과학영역에서 '씨앗 관찰'을 계획하였으나, 아이들이 ○○이가 집에서 가져온 도토리와 솔방울에 더 많은 관심을 보여 관찰 대상을 변경하였다. 아이들은 도토리와 솔방울의 생김새를 비교하며 적극적으로 활동에 참여하였다. - 꽃샘추위로 오후 기온이 많이 낮아 오후 실외활동은 실내 유희실에서 '볼풀 공놀이', '훌라후프 돌리기'로 변경하여 진행하였다.

※ (○)는 실행한 활동이며 (×)는 실행하지 못하거나 다른 활동으로 대체된 활동임.

출처: 중앙육아종합지원센터(2015). 어린이집 운영서식 및 문서자료집.

2) 유아를 위한 보육과정의 계획

유아를 위한 보육계획도 어린이집과 교사의 보육철학, 유아의 발달 수준, 유아의 흥미, 가정과 지역사회의 여건 등을 토대로 수립한다는 점은 영아와 맥락을 같이 한다. 연간보육계획, 월간보육계획, 주간보육계획, 일일보육계획 수립에 관한 기본적인 원칙과 유의점은 영아의 보육계획에서 설명한 내용을 참고한다. 여기에서는 유아를 대상으로 하는 보육계획에서 특별히 추가되는 사항 위주로 살펴보도록 하겠다.

(1) 유아를 위한 연간보육계획

〈표 7-22〉 만 3~5세 연간보육계획 주제의 예시

구분	3세	4세	5세
3월	어린이집과 친구	어린이집과 친구	즐거운 어린이집
4월	봄, 동식물과 자연	봄, 동식물과 자연	봄과 동식물
5월	동식물과 자연, 나와 가족	동식물과 자연, 나와 가족	소중한 가족
6월	우리 동네	우리 동네, 건강과 안전	우리 동네
7월	건강과 안전	여름, 교통기관	신나는 여름
8월	여름, 교통기관	교통기관, 우리나라	교통과 안전
9월	교통기관	우리나라, 세계 여러 나라	세계 속의 우리나라
10월	우리나라	가을과 열매	가을과 환경
11월	가을과 열매, 환경과 생활	환경과 생활	지구와 환경
12월	환경과 생활, 겨울과 놀이	겨울과 놀이	겨울과 놀이
1월	겨울과 놀이, 생활도구	생활도구	기계와 생활
2월	형님이 되어요	형님이 되어요	초등학교에 가요

출처: 보건복지부(2012); 보건복지부(2013).

(2) 유아를 위한 월간보육계획안

유아반 월간보육계획 수립 시 유의할 점은 다른 연령과의 연계를 고려하여 동일 개념의 주제 및 소주제라도 해당 유아의 연령과 흥미를 고려하여 활동 범위를 정하고, 전체 활동에 누리과정의 영역이 균형 있게 포함되도록 계획하는 것이다. 연령이 증가할수록 한 주에 계획하는 활동의 수를 늘린다.

〈표 7-23〉 만 5세반 월간보육계획안 예

구분 \ 주		1주	2주	3주	4주
소주제		새로 만난 우리 반	새로 꾸민 우리 반	어린이집 탐험	사이좋은 친구
기본생활		- 소지품 사물함에 넣기	- 신발 벗어 제자리에 넣기	- 실내에서 걸어 다니기	- 놀잇감 사용 후 제자리에 정리하기
등원		- 선생님께 반갑게 인사하기	- 친구에게 인사하기	- 어린이집 어른들께 인사하기	- 친구 이름 부르며 반갑게 인사하기
오전 자유선택활동	쌓기놀이 영역	- 블록 탐색하고 자유롭게 구성하기	- 블록으로 우리 반 구성하기	- 블록으로 어린이집 구성하기	- 어린이집 오는 길 - 우정의 공원 모험의 길 구성하기
	역할놀이 영역	- 가족놀이	- 우리 반 교실놀이 - 우리 반 도우미 놀이	- 어린이집 놀이	- 친구 초대하기 - 친구와 함께 생일 잔치하기
	미술 영역	이름표 꾸미기 - 우리 교실 그리기 - 나를 소개해요: 책 만들기	- 영역 표지판 꾸미기 - 내 사물함 꾸미기	- 다양한 재료로 어린이집 모형 입체 작품 만들기 - 트레이싱지로 어린이집 도면을 따라 그리기	- 친구와 사진 찍어 액자 만들기 - 물감과 붓으로 친구 얼굴 그리기
	언어 영역	- 암호를 풀어라 - 신문에서 어린이집 이름 찾기	- 우리 반 사인 만들기 - 어떤 영역일까요?	- 원장선생님 인터뷰 목록 만들기 - OHP카드로 단어 만들기	- 친구 인터뷰하기 - 글자 도장으로 친구 이름 만들기 - '온 세상의 친구 가득' 동화 듣기
	수·과학 영역	- 수: 우리 반 성씨 그래프 - 수: 걸음으로 교실 재기 - 과학: 확대경으로 교실 놀잇감 살피기	- 수: 우리 반 하루 일과 퍼즐 - 수: 내가 좋아하는 영역 그래프 - 과학: 양팔 저울로 교실 물건 재기	- 수: 어린이집에서 사용하는 물건 분류하기 - 수: 보물지도 암호 해석하기 게임 - 과학: 교실 틀린 곳 찾기	- 수: 우정의 공원 모험의 길 설계하기 - 수: 우정의 공원 모험의 길 탐험하기 - 과학: 친구의 반쪽 얼굴 찾기
	음률 영역	- 우리 반에 있는 악기들 어린이집 뭔가 연주하기	- 우리 반 노래 만들기 - 친구와 함께 마라카스 연주하기	- '보물' 노래 부르기 - 보물찾기 대모험 신체표현	- 요한 슈트라우스 2세 '친한 친구 왈츠' 감상하기

대·소 집단 활동	- 이야기 나누기 - 우리 반 선생님을 소개해요 - 우리 반의 약속 - 동화: 어린이집에 처음 가는 날 - 동시: 나를 소개해요 - 음악: 원가 부르기 - 음악감상: 어린이의 정경	- 이야기 나누기: 우리 반에는 ○○이 있어요 - 실험: 교실에서 자석에 붙은 물건 찾아보기 - 음악: 우리 반 노래 부르기 - 미술: 영역 약속판 만들기 - 언어: 우리 반 환경 인쇄물 퍼즐	- 조사하기: 어린이집 여기저기 - 동화: 보물찾기 대모험 - 이야기 나누기 - 어린이집을 살펴보았어요 - 어린이집 배치도를 만들려면 - 음악: 보물에 맞춰 자유롭게 악기 연주하기 - 미술: 어린이집 배치도 그리기 - 게임: 어린이집에 숨겨진 보물찾기	- 동화: 우리 친구 할래? - 음악: 내 친구 - 이야기 나누기 - 우정의 공원 모험의 길을 함께 만들기 - 어떤 일이 일어났을까? - 요리: 친구와 샌드위치 만들어 나누어 먹기 - 신체: 친구와 한몸이 되어요
실외활동	- 자유롭게 놀기 - 확대경으로 햇빛 모으기	- 친구와 이어달리기 해 보기 - 우리 집에 왜 왔니?	- 어린이집 실외 놀이 관찰하고 사진 찍기 - 모래놀이터에 숨겨진 보물찾기	- 친구의 그림자 찾기 - 실외 놀이터 약속지켜 놀이하기
점심 및 휴식	- 즐겁게 식사하기 - 내가 가지고 온 책 읽기	- 친구와 이야기 나누며 점심 먹기	- 밥 먹기 전에 손 씻기	- 음식을 골고루 먹기
오후 자유선택 활동	- 부모님의 진급 축하 메시지 읽어 보기	- 실외: 친구와 함께 자전거 타기 - 줄자로 우리 반 놀잇감 크기 재어 보기	- 트레이싱지에 어린이집 그리기 - 원장선생님 인터뷰하기 - 실외: 바깥 놀이터 관찰하기	- 친구와 인터뷰하고 '우리 반 친구' 책 만들기 - 친한 사이 왈츠에 맞춰 친구와 춤추기
귀가 및 가정과의 연계	- 신학기 준비물 확인하기 - 부모님의 진급 축하 메시지 받기	- 어린이집 주변 산책하기	- 가정에서 어린이집 생활에 대해 관심을 가지고 긍정적으로 이야기해 주기	- 친구와 함께 놀 수 있는 기회를 마련해 주기
비고	- 어린이집에 처음 가는 날 - 보물찾기 대모험(헨드리크 요나스 글) - 우리 친구 할래?(밥 칼러 글) - 온 세상에 친구가 가득(오시마 다에코 글, 신자와 도시히코 그림)			

출처: 보건복지부(2012).

(3) 유아를 위한 주간보육계획안

유아반 주간보육계획안 수립 시 소주제에 맞는 관련 활동을 단계적이고 연속적으로 배치한다. 개별·소집단·대집단 활동, 동적·정적 활동, 교사의 개입이 많은 활동과 적은 활동, 교구 준비가 많이 필요한 활동과 그렇지 않은 활동 등 여러 가지 측면의 균형을 고려하여 요일을 배치한다. 각 영역의 활동이 골고루 경험될 수 있도록 연속성을 가지고 며칠에 걸쳐 진행되도록 한다(나종혜 외, 2014).

〈표 7-24〉 만 3세 주간보육계획안 예

<table>
<tr><th colspan="2">반 이름</th><td colspan="2">ㅇㅇ반</td><th>시기</th><td colspan="2">2000년 0월 0주</td></tr>
<tr><th colspan="2">생활주제</th><td colspan="2">교통기관</td><th>주제</th><td colspan="2">항공·해상 교통기관</td></tr>
<tr><th colspan="2">목표</th><td colspan="5">- 항공·해상 교통기관에 관련된 경험을 표현하고 종류에 대해 관심을 갖는다.
- 항공·해상 교통기관의 모양과 특성에 관심을 갖고 놀이를 통해 다양한 방법으로 표현할 수 있다.
- 항공·해상 교통기관의 움직임과 변천과정에 대해 관심을 갖는다.</td></tr>
<tr><th colspan="2">날짜(요일)</th><th>15(월)</th><th>16(화)</th><th>17(수)</th><th>18(목)</th><th>19(금)</th></tr>
<tr><th colspan="2">소주제 / 활동</th><td>항공·해상 교통기관의 종류에 관심 갖기</td><td colspan="2">항공·해상 교통기관의 모양과 특성에 관심 갖기</td><td colspan="2">항공·해상 교통기관의 움직임과 변천에 관심 가지기</td></tr>
<tr><th rowspan="7">자유선택활동</th><th>쌓기놀이 영역</th><td colspan="2">뚝딱! 뚝딱! 만들기 박사님</td><td></td><td colspan="2">활주로 만들기</td></tr>
<tr><th>역할놀이 영역</th><td></td><td colspan="2">나는야 하늘을 나는 조종사</td><td colspan="2">배를 타고 가요</td></tr>
<tr><th>언어영역</th><td>짝꿍을 찾아라</td><td></td><td>내가 왕이야</td><td colspan="2">옛날부터 지금까지</td></tr>
<tr><th>수·조작 영역</th><td></td><td>〈조작〉
해상 교통기관 퍼즐 맞추기</td><td></td><td colspan="2">〈수·조작〉
모양나라 - 요술배</td></tr>
<tr><th>과학영역</th><td></td><td>풍선 로켓</td><td></td><td>둥둥배, 퐁당배</td><td></td></tr>
<tr><th>미술영역</th><td colspan="2">배를 타고 떠나는 여행</td><td></td><td colspan="2">알록달록 열기구</td></tr>
<tr><th>음률영역</th><td>비행기 마라카스</td><td></td><td colspan="2">교통기관 소리 듣고 악기 연주로 표현하기</td><td></td></tr>
</table>

대·소집단활동	이야기 나누기	우리들의 배에 이름을 지어 줘요		자동차, 비행기, 배가 가는 곳 알아보기		
	동화, 동시, 동극					
	음악					
	신체					나는야 블랙 이글스
	게임				배가 되어 보아요	
	요리					
	미술		우리들의 배를 만들어요			
	현장 체험					
바깥놀이 활동		보물섬 탐험하기 놀이해요		자동차, 비행기, 배가 가는 곳은?		종이비행기 날리기

출처: 교육부(2013).

〈표 7-25〉 만 4세 주간보육계획안의 예

주제		생활도구					
소주제		다양한 생활도구					
실시기간		1월 3주					
구분		월	화	수	목	금	토
기본생활		전기 아껴쓰기					
등원		어린이집, 가정에서 사용하는 생활도구에 관심 갖기					
오전 자유선택 활동	쌓기놀이 영역	내 책상을 만들어요		종이벽돌 도미노 놀이			
	역할놀이 영역	부엌 놀이를 해요					
	미술영역	생활도구 본뜨기		색종이 오려 여러 가지 모양 꾸미기		사진기를 만들어요	

<table>
<tr><td rowspan="3">오전자유선택활동</td><td>언어영역</td><td colspan="6">도구의 이름을 찾아요 좋아요</td></tr>
<tr><td>수·조작, 과학영역</td><td colspan="6">수·조작: 컵으로 놀아요 수·조작: 어떤 도구로 잴까요?
과학: 편리한 깔때기 과학: 드라이버를 안전하게 사용해요</td></tr>
<tr><td>음률영역</td><td colspan="6">신기한 자석 가위 안전송</td></tr>
<tr><td colspan="2">대·소집단 활동</td><td>〈동시〉 필요해요</td><td>〈이야기 나누기〉 점점 편리해져요
〈음악〉 무엇이 필요할까요?</td><td>〈신체〉 꽁꽁 감아라, 슬슬 풀어라</td><td>〈동화〉 내가 제일 멋진 도구야
〈게임〉 나는 안전왕</td><td>〈요리〉 달걀찜 만들기</td><td></td></tr>
<tr><td colspan="2">실외활동</td><td colspan="6">뚝딱뚝딱 길을 내자. 받아라, 배턴!</td></tr>
<tr><td colspan="2">점심 및 낮잠</td><td colspan="6">좋아하는 음식과 싫어하는 음식 함께 먹어 보기</td></tr>
<tr><td colspan="2">오후 자유선택활동</td><td colspan="6">실외: 모래와 실이 만나면? 기억 게임, 도형 이용하여 도구 그리기</td></tr>
<tr><td colspan="2">귀가 및 가정과의 연계</td><td colspan="6">가정에서 가족들이 사용하는 다양한 생활도구 찾아보기</td></tr>
<tr><td colspan="2">비고</td><td colspan="6">〈이야기 나누기〉 도구가 필요해요 〈이야기 나누기〉 여러 가지 가방
〈이야기 나누기〉 아차 조심해요
〈게임〉 안전 그림을 찾아요 〈게임〉 힘센 보자기
〈동화〉 신기한 요술냄비 〈현장 체험〉 우리 동네 마트 가요 〈음악〉 주전자

※ '비고'에는 주간보육계획안에 제시된 그 주의 활동들 중 대체할 수 있는 활동이나 연계활동의 내용을 제시하였다. 즉, 동일한 활동 종류의 경우 유아의 흥미나 관심 등에 따라 비고에 제시된 활동으로 대체 또는 확장할 수 있도록 제시한다. 비고란의 굵은 글자로 쓰여진 활동들은 복지부와 교과부에서 공동 개발한 활동들이므로 대·소집단 활동의 경우 서로 대체하여 사용할 수 있다.</td></tr>
</table>

출처: 보건복지부(2013b), 4세 누리과정에 기초한 어린이집 프로그램(일부 내용 수정).

〈표 7-26〉 만 5세 주간보육계획안 예

주제		봄과 동식물					
소주제		동물들의 봄 나들이					
실시기간		4월 3주					
구분		월	화	수	목	금	토
기본생활		- 옷 제자리에 걸기					
등원		- 등원 길에 본 곤충 이야기하기					
오전 자유 선택 활동	쌓기놀이 영역	- 쿨쿨 곰 가족 - 개미집을 지어요					
	역할놀이 영역	- 올챙이 연못나라 - 애벌레의 변신					
	미술영역	- 개구리 접어 연못 꾸미기 - 나비 모빌 만들기					
	언어영역	- 곰 사냥을 떠나자 - 나비의 일기장					
	수·과학 영역	- 수: 개구리 성장 패턴 - 과학: 지렁이화분 만들기 - 수: 무당벌레 주사위 게임					
	음률영역	- 나비야 악기놀이 - 올챙이와 개구리					
대·소집단 활동		〈이야기 나누기〉 겨울잠에서 깨어 났어요 신체) 곰 잡으러 간단다	〈이야기 나누기〉 개구리 왕자와 약속 음악) 개구리 가족	〈요리〉 무당벌레 주먹밥	〈동극〉 무지개 나비가 되었어요	〈이야기 나누기〉 나비의 일기장 함께 들어 보기	
실외활동		- 개구리 발자국 찍기 - 나비 카드 붙이기					
점심 및 휴식		- 지렁이 화분에 음식물 찌꺼기 넣어 보기					
오후 자유선택활동		- 실외: '나비야' 노래에 맞춰 춤추기(확장) - 나비의 일기장 만들어 보기(확장)					
귀가 및 가정과의 연계		- 곤충 그림책 집에서 함께 읽어 보기					

활동 간 연계	※ 가능한 활동 간 연계의 예 - 〈오전 언어〉 나비의 일기장 ⇒ 〈오후〉 나비의 일기장 만들어 보기(확장) ⇒ 〈대 · 소집단〉 '나비의 일기장' 함께 들어 보기 - 〈오전 언어〉 곰 사냥을 떠나자 ⇒ 〈대 · 소집단〉 곰 잡으러 간단다 - 〈오전 음률〉 '나비야' 악기 놀이 ⇒ 〈실외〉 '나비야' 노래에 맞춰 춤추기(확장)

출처: 서울시육아종합지원센터(2015).

(4) 유아를 위한 일일보육계획안

일일보육계획에서는 주간보육계획안에 기초하여 일과를 시간대별로 활동할 순서를 정하고 활동계획과 필요한 준비물 등을 기록하는 것이다. 따라서 교사는 일일계획안을 통하여 소주제하에 일주일 동안 진행되는 모든 활동을 한눈에 파악할 수 있다.

〈표 7-27〉 일일보육계획안 예시

일일보육계획안		2000년 0월 0일 월요일 날씨: ○○	담임 / 원장
주제	봄과 동식물		
소주제	동물들의 봄 나들이		
7:30~9:00 등원 및 통합보육	- 유아의 기분과 건강상태 확인하기 - 스스로 소지품을 정리할 수 있도록 도와주기 - 투약 의뢰서 유무 확인하기 - 통합 보육실에서 자유놀이하기	투약 의뢰서, 일일 연락장, 영역별 놀잇감	
9:00~10:20 오전 자유선택 활동	- 새로운 영역활동 소개하기 - 등원 길에 본 곤충 이야기해 보기 - 관심 있는 영역에서 자유롭게 활동하도록 돕고 교사 및 또래와 긍정적 상호작용 나누기 - 교사의 도움이 필요한 흥미영역의 놀이에 골고루 참여하기		

9:00~10:20 오전 자유선택 활동	[쌓기] [역할] 올챙이 연못나라 ◆ 디오라마 틀에 천을 깔고 바위와 수초로 연못 꾸미기 ◆ 올챙이 인형 특성 표현하며 놀기 [미술] 개구리 접어 연못 꾸미기 ◆ 개구리 접기 순서표 보고 개구리 접기 ◆ 원하는 종이로 연못 꾸미고 종이접기 개구리 구성하기 ◆ 작품 게시 후 이야기 들어 주기 [언어] 곰사냥을 떠나자 ◆ 친구와 함께 『곰 사냥을 떠나자』 읽기 ◆ 그림책에서 나온 의성어 카드와 함께 읽으면서 녹음하고 소리 듣기 [수 · 과학] [음률]	영역별 놀잇감, 여러 모양의 올챙이 인형, 파란색 천조각, 바위 모형, 수초 모형, 디오라마 틀, 개구리 접기 순서표, 색종이, 여러 가지 재질 종이, 그리기 도구, 가위, 풀, 바구니, 『곰 사냥을 떠나자』 동화, 녹음기, 의성어 카드	
10:20~10:50 화장실 가기/ 손 씻기/ 오전 간식	- 화장실 다녀오기 및 손 씻기 - 준비된 간식 가지고 자리에 앉기 - 간식 먹은 후 자리 정리하기	쇠고기버섯죽	
10:50~11:20 대 · 소집단 활동	[이야기 나누기] 겨울잠에서 깨어났어요 ◆ 날씨가 점점 따뜻해지면 겨울잠 자는 동물도 잠에서 깨어나는 점에 대해 이야기 나누기 ◆ 겨울잠 자는 동물의 영상 PPT를 본 후 화면에서 일부분 모습을 보고 겨울잠 자는 동물 이름 알아맞히기 ◆ 준비해 둔 동물카드로 겨울잠 자는 동물 분류판에 붙여 보기	겨울잠 자는 동물 PPT, 분류판, 동물카드	
11:20~12:10 실외 활동/ 손 씻기	[실외활동] 실외 놀이터에서 자유롭게 놀기 - 우천 시: 실내 유희실에서 자유롭게 놀기 - 화장실 다녀오기 및 손 씻기		
12:10~13:20 점심 식사/ 이 닦기	- 골고루 음식 먹고 스스로 자리 정리하기 - 이 닦기 - 먼저 먹은 친구는 자유롭게 놀이하기	검은쌀밥, 건새우아욱국, 사태떡찜, 참나물무침, 김치	

13:20~13:40 대 · 소집단 활동	[신체] 곰 잡으러 간단다 • 『곰 사냥을 떠나자』 동화 간단하게 들려주고 동화 내용에 맞게 동작하기 • '곰 잡으러 간단다' 노래에 맞추어 신체표현하기	『곰 사냥을 떠나자』 동화, 커다란 이불 곰 의상 혹은 곰 모자	
13:40~15:00 오후 자유선택 활동	- 원하는 영역에서 오전에 했던 놀이나 다른 놀이들을 자유롭게 선택하여 하기	영역별 놀잇감, 오전에 새로 제시된 교구 일체	
15:00~15:30 화장실 가기/ 손 씻기/ 오후 간식	- 화장실 다녀오기 및 손 씻기 - 준비된 간식 먹은 후 스스로 자리 정리하기	약식, 과일	
15:30~16:20 실외활동/ 손 씻기	[실외활동] 개구리 발자국 찍기 • 원하는 개구리 신발 신고 모래밭에서 개구리 발자국 자유롭게 만들어 보기 • 개구리 발자국 만든 경험 이야기 나누기 - 우천 시: 실내에서 '개구리 뜀뛰기' 게임하기 • 실내에 신문지 여러 겹을 깔고 개구리 신발에 물 묻혀 신문지 위 걸어 보기 - 화장실 다녀오기 및 손 씻기	개구리 발 붙인 신발 여러 켤레	
16:20~17:30 오후 자유선택 활동	- 원하는 영역에서 자유롭게 놀기	영역별 놀잇감, 오전에 새로 제시된 교구 일체	
17:30~17:50 대 · 소집단 활동	- 오늘 즐거웠던 일에 대해 이야기 나누기		
17:50~19:30 귀가 지도 및 통합보육	통합보육하면서 개별적으로 귀가하기 - 자신의 소지품 정리하기/선생님과 친구에게 인사하기	일일 연락장, 영역별 놀잇감	
일일 전체 평가			
비고	※ 하루 일과에서 규칙적으로 발생한 내용이 아니라 특별히 발생한 내용에 대해 기록하기		

출처: 서울시육아종합지원센터(2015)

4. 보육과정의 운영

보육과정 운영에 있어서 무엇보다 중요한 것은 보육교사와 시설의 장이 보육과정에 대하여 확실한 이해를 바탕으로 자율적이며 창조적으로 연령에 맞게 보육과정을 계획하고 실행하는 것이며, 보육과정에 대하여 얼마나 잘 이해하고, 관리하는가 하는 점은 보육의 목적을 구현하는 데 매우 중요한 사안이 될 수 있다. 최근 OECD 국가들의 유아교육·보육 동향 연구(육아정책개발센터, 2008)에 따르면, 영유아와 교사 간의 교육적 관계는 영유아의 학습에 대한 전문적인 직원일 뿐 아니라 개별 영유아의 일반적인 복리를 위하여 보호, 보육, 관심 등을 포함할 때 가장 효과적일 수 있다고 말하고 있다. 그러므로 어린이집에서 보육과정을 운영할 때 영유아들과 교사, 교사와 교직원들의 관계의 질을 높일 수 있도록 질 높은 교육과 보호, 양육을 포함하는 보육과정이 운영해야 한다(박찬옥 외, 2014).

1) 영아를 위한 보육과정의 운영

하루 일과의 구성을 등원, 실내 자유선택활동, 정리·정돈 및 전이활동, 대·소집단 활동, 실외 자유선택활동, 점심 및 낮잠, 귀가 지도 및 가정과의 연계로 나누어 살펴보면 다음과 같다.

(1) 등원 및 맞이하기

어린이집에 등원하는 영아가 교사와 마주하는 순간에 하루를 어떻게 지낼 것인지가 결정된다. 교사가 영아를 진심으로 환영한다면 영아는 기분 좋게 하루를 시작할 수 있지만, 교사가 영아를 건성으로 대하거나 무관심하다면 영아의 하루는 울적하게 시작될 것이다.

영아가 등원할 때 교사는 영아의 옷차림, 계절 등에 대해 대화하면서 인사를 나누고 반갑게 맞이한다. 의사소통 능력이 미숙한 영아의 특성을 고려하여 학부모를 통해 영아의 기분, 건강상태, 식사 여부 등을 확인하고, 가정과 연계하여 의사소통을 하는 수첩(일일보고서)이 있다면 확인한다.

(2) 기저귀 갈이 및 화장실 가기

기저귀를 갈아 주는 시간은 교사가 영아와 개인적으로 상호작용을 할 수 있는 중요한 시간이다. 기저귀를 가는 동안 교사는 영아와 대화할 수 있는 모빌, 그림 등을 제시하거나 기저귀 갈이대 한쪽 면에 거울을 달아 영아가 자신의 모습을 볼 수 있도록 구성한다. 또한, 영아들과 등지지 않는 자리에서 전체 영아를 보면서 기저귀를 가는 것이 바람직하다. 교사는 영아의 기저귀를 갈아 주기 전에 반드시 손을 씻어야 하고, 여러 영아의 기저귀를 갈아 줄 경우 한 영아의 기저귀를 갈아 준 후 손소독제로 손을 소독하고, 매트에 소독제를 뿌려 청결하게 관리한다. 24개월 전후로 배변훈련을 실시할 경우 영아가 변기에 배변을 하는 것에 대하여 스트레스를 받지 않도록 화장실을 친근하게 꾸며 준다. 영아의 경우 일정한 시간에 단체로 화장실에 가는 것이 아직 힘들기 때문에 영아의 요구가 있을 때마다 함께 가서 배변을 도와주어야 한다.

(3) 손 씻기

단체생활을 하는 어린이집은 전염병에 쉽게 노출될 수 있다. 면역력이 약한 영아의 질병 예방을 위하여 일과 중에 자주 손 씻기를 한다.

간식이나 식사시간 전, 화장실을 다녀온 후, 실외 놀이 후 등에 영아가 깨끗이 손을 씻을 수 있도록 지도해야 하며, 만 0~1세 영아의 경우 혼자서 손 씻는 것이 어려우므로 교사가 도와주어야 한다. 만 2세의 경우에도 혼자 손 씻기를 시도해 보도록 하지만, 어려워하는 영아는 교사가 도와준다.

(4) 수유 및 이유(급 · 간식 시간)

수유 및 이유식이 필요한 만 0세 영아의 경우 수유 및 이유 시간을 배치한다. 엄마의 따뜻한 체온을 느끼며 모유를 먹듯이 아늑하고 포근한 분위기의 수유 장소에서 수유를 하는 것이 좋다. 월령에 따라 이유식의 단계가 다르기 때문에 영아의 수준을 파악하여 적절한 이유식을 제공한다. 영아마다 배고픔을 느끼는 시간이 다르기 때문에 영아의 상황에 따라 수유(이유)시간을 융통성 있게 갖는다. 만 1세 이상의 영아는 고형식을 먹을 수 있으므로 적합한 간식과 식사를 제공한다. 부드럽고 따뜻한 분위기에서 간식과 식사를 하도록 지도하고 바르게 앉아서 먹기, 남기지 않고 먹기와 같은 기본생활습관을 지나치게 강조하지 않아야 한다.

영아들이 처음 접하는 새로운 음식은 영아와 함께 살펴보거나 조금씩 맛보기 등을 통하여 영아가 새로운 음식에 대하여 자연스럽게 관심을 갖고 맛볼 수 있도록 지속적으로 지도한다.

(5) 오전 실내 자유놀이

실내 자유놀이 시간은 영아들의 발달이 통합적으로 이루어질 수 있는 놀이 활동이 가장 활발히 일어나는 시간이며, 영아의 발달 수준과 흥미, 주제에 맞는 놀이 활동을 계획하고 영아가 주도적으로 놀이할 수 있도록 도와준다. 특히, 기다리기 힘들고 양보가 잘 되지 않는 영아의 발달 특성을 고려하여 대집단 활동은 계획하지 않고, 개별적인 활동이 이루어지도록 운영한다. 교사가 미리 계획한 놀이가 있더라도 영아가 흥미를 보이지 않거나 자신이 원하는 놀이를 하고 싶어 하는 경우 영아의 흥미를 인정하고 하고 싶은 대로 할 수 있도록 한다.

(6) 오전 실외 자유놀이

어린이집에서 하루 종일 생활하는 영아들은 상대적으로 실내에서 시간을 오랫동안 보내기 쉽다. 영아가 가정에서 생활한다면 엄마가 시장을 가거나 주민센터 등을 갈 때 따라가서 일상적으로 바깥 구경을 할 수 있지만, 어린이집에 있는 경우

교사가 데리고 나가지 않으면 영아 스스로 실외 놀이를 나가기는 힘들다. 교사는 하루에 1회 이상 실외 놀이를 계획하고 날씨나 영아들의 컨디션에 따라 놀이시간을 조절한다. 걷지 못하는 만 0세반 영아들도 유모차를 타고 산책을 가는 등 실외 놀이를 할 수 있도록 계획을 세워야 한다.

(7) 낮잠시간(잠자기)

영아들이 편안함을 느끼며 휴식을 취할 수 있도록 도와주고 자는 시간이 많다. 만 0세반은 낮잠 자는 시간, 횟수 등에서 개인차가 많이 나기 때문에 낮잠시간을 일률적으로 적용하지 않고, 영아들의 컨디션에 따라 조절해 준다. 빛을 가릴 수 있는 커튼과 밝기가 조절되는 조명, 잠이 들고 깰 때 조용한 음악을 들을 수 있는 카세트 플레이어나 CD 플레이어를 준비하여 영아들이 편안하게 잠을 자고 일어날 수 있도록 한다.

(8) 오후 실내외 자유놀이

어린이집에서 오랜 시간을 보내는 영아들은 쉽게 피로를 느낀다. 오후 일과는 영아들이 가정에서 편안하게 긴장을 풀고 있는 것처럼 여유 있게 진행한다. 오후 일과에 새로운 놀이 활동이나 프로그램을 실시하는 것은 영아들의 피로도를 높일 수 있으므로 오전 자유놀이시간에 했던 활동을 반복하거나 실외 놀이를 통하여 긴장을 풀 수 있도록 운영해야 한다.

(9) 귀가

하루의 일과가 끝나고 부모가 영아를 데리러 보육실에 오면 교사는 영아의 소지품을 챙기고 부모에게 하루 일과 중 있었던 특이사항(예: 넘어져서 다친 경우, 밥을 먹다가 구토한 경우 등)을 전달하고, 영아와 작별인사를 한다. 아직 부모가 오지 않은 경우 영아가 편안하게 있을 수 있도록 지도하며 돌봐 준다. 어린이집은 귀가시간이 일정하지 않고 영아마다 상황이 다르기 때문에 모든 영아가 귀가할 때까지 교사는 긴장을 늦추지 않고 살펴야 한다.

2) 유아를 위한 보육과정의 운영

유아반의 하루 일과는 일반적으로 등원 및 맞이하기, 손 씻기, 오전 간식, 오전 실내 자유선택활동, 정리 · 정돈, 화장실 다녀오기, 대 · 소집단 활동, 오전 실외 자유선택활동, 점심과 낮잠, 오후 간식, 오후 실내외 자유선택활동, 귀가의 순으로 되어 있다.

(1) 등원 및 맞이하기

어린이집에 등원하는 유아의 옷차림, 날씨, 보았던 것 등에 대해 대화하면서 간단한 인사로 반갑게 맞이한다. 유아들이 겉옷과 가방 등을 정리할 때 혼자 할 수 있는 것은 스스로 하도록 격려하고, 도움이 필요한 경우 교사가 도와준다. 학부모가 작성한 대화장 또는 수첩 등을 확인하고 유아의 컨디션(열 체크 등)을 확인한다.

(2) 손 씻기

면역력이 약한 유아들이 어린이집에 단체로 생활하는 곳이기 때문에 질병 예방을 위하여 자주 손을 씻는다. 화장실 다녀온 후, 실외 놀이 후, 간식이나 점심 먹기 전 등 필요한 경우 유아가 손을 스스로 씻을 수 있도록 지도하며, 세면대 주변에 손 씻기 순서도를 붙여 주는 것도 도움이 된다. 손을 씻고 난 후 핸드타월이나 수건으로 손을 닦는 것도 지도한다.

(3) 오전과 오후 간식

허기를 자주 느끼는 유아들은 일과 중간에 간식시간을 갖는 것이 좋다. 혹시 가정에서 아침을 먹지 못하고 등원하는 유아가 있을 수 있어 스크램블드에그, 죽 등의 부드러운 음식을 준비한다. 오전 간식을 많이 먹으면 점심에 지장을 줄 수 있으므로 적당한 양의 간식을 먹도록 지도하고, 점심과 귀가 사이(주로 낮잠 자고 일어난 후)에 오후 간식을 먹도록 한다. 간식은 가공식품이나 인스턴트 음식보다는 제철음식(과일, 고구마, 감자, 단호박 등)과 같은 건강한 음식으로 계획하도록 한다.

(4) 오전 실내 자유선택활동

오전 실내 자유선택활동 시간은 유아들이 일과 중 가장 많은 에너지를 소비하는 시간이다. 유아의 발달 수준, 흥미, 주제에 적합한 활동들을 영역별로 통합적으로 놀이하고, 교사는 유아의 놀이를 관찰하여 개입이 필요한 시기에 적적하게 개입하여 유아의 놀이를 활성화시킨다. 교사는 관찰자, 중재자, 놀이 참여자 등 여러 가지 역할을 하며 유아의 놀이를 격려하며 지도한다.

(5) 정리 · 정돈

자유선택활동이 끝난 후 교구를 제자리에 정리하도록 한다. 자유선택활동 시간이 끝나기 5~10분 전 정리시간을 예고하여 유아들이 놀이를 서서히 정리할 수 있는 여유를 준다. 한꺼번에 많은 양의 놀잇감을 유아 스스로 정리하기는 힘들기 때문에 놀이시간 중간에 더 이상 사용하지 않는 놀잇감을 교사가 도와주어 틈틈이 정리한다. 또한, 놀이가 모두 끝난 후에도 유아 혼자서는 놀잇감을 모두 정리하기 어렵기 때문에 교사가 도와주도록 한다. 정리하는 시간이 유아들에게 하기 싫은 '일'로 인식되지 않도록 '같은 색 장난감 자리 찾아주기' 등의 에피소드를 만들어 흥미있게 정리할 수 있게 한다.

(6) 화장실 다녀오기

유아는 스스로 배변하는 것이 가능하기 때문에 화장실이 가고 싶은 유아들은 자율적으로 화장실을 다녀올 수 있도록 지도한다. 단, 화장실이 교실 안에 있지 않을 경우 유아 혼자 화장실에 두는 것은 위험하므로 교사가 동행한다. 대변의 경우 유아들이 스스로 뒤처리를 하는 것이 어려울 수 있으므로 교사가 도와주어야 하며 기본생활습관과 관련된 행동(손 씻기, 혼자 옷 입기, 배변 처리하기)을 지나치게 강조하지 않도록 한다. 유아 혼자 할 수 있는 것은 스스로 해 볼 수 있도록 격려하지만, 유아의 능력 이상이 필요할 때는 교사가 도와주도록 한다.

(7) 대 · 소집단 활동

유아의 연령이 높아질수록 개별 활동뿐 아니라 대 · 소집단 활동도 가능하다. 소집단 활동은 3~5명의 유아가 모여 하나의 활동을 함께하는 것이고, 대집단 활동은 반 전체 유아가 하나의 활동을 하는 것을 말한다. 대 · 소집단 활동은 주로 이야기 나누기, 동화 듣기, 노래 부르기, 게임 등의 형태로 진행된다. 하지만, 어떤 활동이 대 · 소집단 활동에 적합한지 정해져 있지 않으므로 해당 반 교사와 유아의 수, 활동자료의 준비상태, 유아의 발달 수준, 주의집중 정도 등을 고려하여 어떠한 형태의 집단으로 활동을 실시할지 결정한다.

대집단 활동은 한 반에 있는 모든 유아에게 한꺼번에 정보를 제공해 경제적이라는 장점도 있지만, 많은 유아의 주의를 집중시켜 활동을 진행해야 하는 점이 교사에게 부담스러울 수 있다. 유아의 연령이 증가할수록 대 · 소집단 활동이 가능하지만, 대 · 소집단 위주로 활동을 계획해야 하는 것은 아니므로 유의한다.

(8) 오전 실외 자유선택활동

실외 놀이는 만 3~5세 유아는 하루에 한 번 이상 하도록 계획한다. 실외 놀이에서는 자연 탐색하기, 자전거 타기, 달리기, 미끄럼틀 타기 등 여러 가지 탐색활동과 신체활동을 실시할 수 있다. 실외 자유놀이 시간도 실내 자유놀이 시간과 마찬가지로 역할놀이, 쌓기놀이, 미술활동, 음율활동, 수 · 과학 활동 등 다양한 영역의 놀이를 주제에 적합하게 여러 가지 방법로 계획하고 실행한다.

(9) 점심

만 3세 이상 유아는 혼자서 밥을 먹을 수 있으므로 스스로 밥을 먹어 보도록 교사는 옆에서 지원해 주는 역할을 한다. 단, 바르게 앉아서 먹기, 돌아다니지 않기, 골고루 먹기 등 기본생활습관에 관한 약속은 유아와 함께 정하여 스스로 약속을 지키도록 격려한다. 또한, 식사시간이 지나치게 기본생활습관을 강조하는 시간이 되지 않도록 유의한다. 교사도 유아들과 함께 밥을 먹으며 바른 태도로 식사하는 모습을 보여 줄 수 있도록 한다.

(10) 낮잠

오전 활동 시간에 많은 에너지를 쏟은 유아들은 휴식시간이 필요하다. 오후 일과를 위해서는 짧은 시간이라도 잠을 자는 것이 유아들에게 유익하므로 잠깐이라도 낮잠을 잘 수 있도록 지도한다. 낮잠시간은 꼭 잠을 자는 시간이기보다는 유아들이 편안한 마음으로 여유롭고 한가하게 휴식을 취하는 시간이다. 낮잠 영역이 있어 낮잠을 자는 유아와 그렇지 않은 유아의 공간이 분리될 수 있으면 이상적이지만, 낮잠 영역이 별도로 없다면 잠이 오지 않는 유아들이 한쪽 영역에서 조용한 놀이를 하며 편안하게 쉴 수 있도록 배려해 준다.

(11) 오후 실내외 자유선택활동

오후 실내외 자유선택활동 시간에 새로운 놀이나 프로그램을 실시하기보다는 오전에 활동했던 놀이를 반복하거나 산책을 하여 유아들이 편안하게 보낼 수 있도록 계획한다.

(12) 귀가

귀가 지도 시 교사는 유아와 하루 일과에 대해 평가하며, 부모와도 유아가 하루 동안 지낸 일 등에 관해 이야기를 나눈다. 반드시 유아와 함께 귀가하는 사람이 약속된 사람인지를 확인하며, 늦게 귀가하는 유아의 경우 불안해하지 않도록 개별적으로 배려해 주도록 한다(유구종, 2015).

생각해 보기

1. 영아를 위한 일과 운영에서 가장 중점으로 두어야 할 부분이 무엇인지 설명하시오.

2. 보육과정의 유형에 관하여 공통된 이론적 특성과 영유아의 발달 특성, 학습과정이 어떠한지에 대한 이해를 중심으로 설명하시오.

3. 자유선택활동 시 주의해야 할 점을 설명하시오.

제8장
어린이집 운영관리

CONTENTS

1. 어린이집 운영관리의 이해

1) 운영관리의 개념과 필요성

유아교육기관의 운영관리란 어떤 기관의 목적이나 목표를 효과적으로 달성하기 위하여 그 기관에 소속된 사람, 돈, 공간, 시간 등을 합리적이고 체계적인 방법으로 운용하는 것을 말한다. 어린이집은 다른 사회기관들에 비하여 역사도 짧고, 규모도 작은 경우가 많아서 그동안 운영관리의 필요성을 느끼지 못하였다. 그러나 최근 어린이집의 급격한 수요증가와 더불어 규모가 커지고, 중앙정부 및 지방자치단체와의 밀접한 관계가 형성되면서 보육사업의 전문성을 추구하기 위하여 체계적인 운영관리의 인식이 필요하게 되었다. 또한 어린이집의 운영관리는 어린이집의 철학이 반영되어 원장의 역할이 큰 비중을 차지한다. 어린이집의 바람직한 운영관리 체계 즉, 보육인력의 전문성과 합리적인 근무환경을 갖추게 되면 보육교사가 자신의 업무에 최선을 다할 수 있도록 뒷받침해 줄 수 있으며, 보육과정을 통하여 영유아의 발달에 긍정적인 영향을 미치게 된다(보건복지부, 2011)

「영유아보육법」 제24조(어린이집의 운영기준 등)의 제1항에 의거하여 어린이집을 설치 · 운영하는 자는 보건복지부령으로 정하는 운영기준에 따라 어린이집을 운영하여야 한다고 명시하고 있으며, 시행규칙 제23조[별표 8]에 의하면 어린이집의 원장은 조직 · 인사 · 급여 · 회계 · 물품, 그 밖의 시설의 운영관리에 관하여 필요한 규정을 제정 · 시행하도록 명시하고 있다. 따라서 어린이집은 바람직한 운영관리체계를 통하여 질 높은 보육과정을 제공하여 영유아의 발달에 긍정적인 영향을 주어야 한다. 이는 영유아와 학부모의 요구 뿐 아니라 지역사회의 요구를 충분히 반영하여 체계적이고 효율적인 운영관리를 통하여 보육의 고유의 목적을 달성하는 것이다.

2) 운영관리의 영역

어린이집을 합리적이고 능률적으로 경영하기 위하여 어린이집 원장은 객관적인 기준의 범위 안에서 운영관리영역을 정하고, 그에 적합한 방식으로 운영하는 것이 필요하다. 어린이집의 운영관리 영역은 영유아관리, 보육교직원 관리, 보육과정 관리, 시설설비 관리, 사무관리, 부모관리, 지역사회와의 협력 및 관리 등이 있다. 관리별 내용을 간단히 요약하면 아래와 같다.

- 영유아 관리 : 입소 및 퇴소, 원아 등록 및 학급편성, 출・결석, 개인 관찰 및 부모상담, 위생 및 보건, 급・간식
- 보육교직원 관리 : 채용(임용 및 퇴직), 학급 담당, 보수교육 및 연수, 교사회의, 근무평가, 장학평가
- 보육과정 관리 : 보육과정 운영, 학급 편성, 환경관리, 생활기록부 관리, 각종 관찰기록 관리, 행사 기획 및 실행, 응급처치 실행
- 시설설비 관리 : 물리적 환경 관리, 안전관리, 정기점검관리
- 사무관리 : 예산 및 결산관리, 보육료 관리, 보조금 관리, 각종 서류 관리, 문서처리, 통신 관리, 세무업무 관리
- 부모관리 : 운영위원회 구성 및 관리, 각종 부모교육, 부모상담, 부모참여행사
- 지역사회와의 협력 및 관리 : 지역기관과의 협력 및 유지관리, 지역봉사 관리

3) 어린이집의 유형

어린이집의 유형을 나누는 기준은 보육 장소, 설립 주체, 보육시간 운영, 보육 대상 아동에 따라 구분된다. 여기에서는 보육 장소와 설립 주체에 따른 어린이집 유형에 대해 살펴보고, 보육시간 운영과 보육 대상에 따른 어린이집 유형은 12장 특수보육에서 자세히 다루었다.

(1) 보육 장소에 따른 어린이집 유형

어린이집은 보육이 이루어지는 장소에 따라 가정에서 소규모로 이루어지는 가정보육과 기관에서 집단으로 운영되는 기관보육으로 구분할 수 있다.

① 가정보육

가정보육은 일반 가정집에서 이루어지는 것으로 영유아 자신의 집이 아닌 타인의 집에서 보육되는 것을 말한다. 가정보육은 영유아 자신의 집이 아닌 타인의 집에서 보육이 이루어지는 것이므로 영유아 가정과 비슷한 아늑하고 가정적인 분위기로 기관보육보다 편안하고 보육 시간에 융통성이 있다.

② 기관보육

기관보육(day care center)은 가장 일반적인 보육 형태이며 어린이집에서 보육이 진행된다. 보육에 대해 전문적인 훈련을 받고 일정한 수준의 자격요건을 갖추며 지속적인 재교육을 받는 보육교직원에 의해 보육이 이루어지며 가정보육과 비교해 체계적이고 일관성 있는 보육이 이루어진다. 관계법에 근거한 엄격한 행정지도와 감독, 평가를 정기적으로 받기에 보육환경이 좋다. 운영 시간이 일정하며 발달에 적합한 다양한 교구 · 교재들이 갖추어져 있고 또래들과의 상호작용이 보장되며 균형잡힌 보육과정에 의해 보육이 진행되는 장점이 있다. 단점으로는 규모가 커질수록 일과를 운영함에 다수 영유아의 개인 특성이 고려될 융통성이 줄어들고, 교사-아동 간 상호작용의 기회도 적어질 수 있으며 반면에 질병이나 전염질환에 감염될 가능성은 커질 수 있다.

(2) 설립 주체에 따른 어린이집 유형

「영유아보육법」 제2조에서 제시한 어린이집의 유형은 설립 주체에 따라 국 · 공립 어린이집, 사회복지법인 어린이집, 법인 단체 등 어린이집, 직장 어린이집, 가정 어린이집, 부모협동 어린이집, 민간 어린이집으로 나눈다

① 국공립 어린이집

국가 또는 지방자치단체가 설립 주체가 되는 어린이집으로 지역 주민 자녀를 정원의 50% 이상 보육하는 어린이집이다. 설립의 취지는 보육운영에 관한 연구를 하기 위해 관련 국립교육기관에 설치하거나 시장경제원리에 부응하지 못하는 취약지역(농어촌 지역, 저소득 밀집지역)에 우선으로 설립하여 가정의 육아를 지원하고자 함을 목적으로 한다. 상시 11인 이상을 보육하여야 하며 명칭은 '○○어린이집', 운영방법은 국공립 어린이집을 직접 운영하거나 법인, 단체, 개인 등에 위탁하여 운영한다.

② 사회복지법인 어린이집

「사회복지사업법」에 의해 사회복지법인이 설치 · 운영하는 사회복지법인 어린이집은 복지관 등이 운영주체가 되며 지역주민의 자녀, 저소득층의 자녀를 대상으로 영유아 12인 이상의 보육이 가능하다.

③ 법인 단체 등 어린이집

사회복지법인을 제외한 비영리법인인 각종 법인이나 단체 등이 설치 · 운영하는 어린이집으로서 대통령령으로 정하는 어린이집이다. 「유아교육법」, 「초 · 중등교육법」, 「고등교육법」에 따른 비영리법인인 학교법인, 기업 복지법인, 혹은 종교단체, 근로복지공단 등이 운영 주체가 되어 주거지역 내 주민의 자녀를 대상으로 영유아 21인 이상을 보육한다. 학교나 기업의 설립이념과 철학을 반영하여 운영하는 경우는 재정 및 교육 내용 등의 지원을 통해 양질의 보육을 선도할 수 있다.

학교법인 어린이집은 대학 내에 관련 학과가 개설되어 있거나 대학생들의 전공 학업과 연구의 장으로 활용되기도 하면서 새롭게 개발된 프로그램을 제공하여 보육의 질을 높일 수 있는 특징이 있다. 또한 학내 우수한 인적 자원을 활용할 수 있기 때문에 보육대상자인 영유아와 그 부모의 다양한 욕구를 충족시킬 수 있다. 종교단체 어린이집은 대부분 사랑과 헌신 등의 종교 이념을 기본적인 바탕으로 하고 있다. 특정 종교를 지나치게 강조하지 않으며 타 종교에 대한 편견을 가지지 않도록 하면서 영유아의 전인적 발달에 도움이 되도록 조화로운 보육을 하여야 한다.

근로복지공단 어린이집은 근로복지공단에서 설치 · 운영하며 국민고용보험기금으로 운영되는 기관으로 고용보험에 가입된 부모의 자녀양육을 지원하여 부모들이 안정적인 경제활동과 사회활동을 하도록 돕고자 하며 공공 직장어린이집의 성격을 띤다.

④ 직장 어린이집

사업주가 사업장의 근로자를 위하여 설치 · 운영하는 어린이집(국가나 지방자치단체의 장이 소속 공무원을 위하여 설치 · 운영하는 어린이집을 포함한다)으로 상시 영유아 5인 이상으로 보육 가능하다. 상시 여성근로자 300인 이상이나 근로자 500인 이상을 고용하고 있는 사업주는 시장, 군수의 인가를 받아 직장 어린이집을 설치해야 한다. 보육정원 1/3 이상이 동일 사업장 근로자의 자녀이여야 하며, 기업이 운영비의 50% 이상을 지원해주어야 한다.

⑤ 가정 어린이집

가정 어린이집은 개인이 가정이나 그에 준하는 곳에 설치 · 운영하는 어린이집이다. 명칭은 '○○어린이집'이며, 영유아 5인 이상 20인 이하를 보육할 수 있다.

⑥ 부모협동 어린이집

부모협동 어린이집은 보호자들이 조합을 결성하여 설치 · 운영하는 어린이집이다. 상시 영유아 20인 이하를 보육할 수 있으며, 보육대상 자녀를 둔 보호자 15인 이상이 조합을 만들고 공동자금을 마련하여 어린이집을 임대하며 조합원 $\frac{2}{3}$ 이상의 찬성으로 업무 집행사를 선임하여 원장을 겸직하도록 한다. 또한 원장 이외에도 조합원인 부모들이 교사를 채용하여 보육과정 계획, 운영에 공동으로 참여하기도 하고 부모들이 교사나 보조교사의 역할로 각종 행사에 참여하기도 한다.

⑦ 민간 어린이집

민간 어린이집은 위의 ①~⑥까지의 어린이집 규정에 해당하지 않는 법인, 단체 또는 개인이 설치하여 운영하는 시설을 말한다. 명칭은 '○○어린이집'이며, 영유아 21

인 이상을 보육할 수 있다. 개인의 영리를 목적으로 하는 민간 어린이집은 시 · 도지사가 정한 수납한도액 내에서 자체 보육료를 책정할 수 있어 국가에서 지원하는 보육료와 자체 결정한 보육료의 차액분을 부모에게 부과할 수 있기에 보육료, 프로그램, 교사 대 아동비율, 시설 · 설비, 운영시간 등이 매우 다양하다.

표 7-1에 의하면 국 · 공립 어린이집의 수는 전체 어린이집 중 약 5.7%에 해당하며 민간 어린이집은 34%, 가정 어린이집은 53%, 직장 어린이집은 1.6%로, 전체 어린이집 중 민간 영역이 차지하는 비중이 약 87%에 해당할 정도로 크다.

〈표 8-1〉 어린이집 현황

구분		계	국·공립 어린이집	사회복지 법인 어린이집	법인·단체 등 어린이집	민간 어린이집	가정 어린이집	부모협동 어린이집	직장 어린이집
어린이집 수	개소(A)	43,742	2,489	1,420	852	14,822	23,318	149	692
	(비중)	100.0	5.7	3.2	1.9	33.9	53.3	0.3	1.6
	개소(B)	1,800,659	179,939	137,017	61,483	946,519	419,352	4,682	51,667
	(비중)	100.0	10.0	7.6	3.4	52.6	23.3	0.3	2.9

출처: 보건복지부(2014b).

4) 보육통합정보시스템(https://cpms.childcare.go.kr)

보육업무의 효율적인 운영을 위하여 여성가족부에서는 2008년도에 표준보육행정시스템(e-보육시스템)을 제정하여 운영하였고, 이를 발판으로 보건복지부에서 더욱 세분화되고 다양한 컨텐츠의 개발을 통하여 보육통합정보시스템을 운영하고 있다. 보육통합시스템은 보육행정의 효율성과 투명성 확보를 목적으로 어린이집 설치 · 운영과 국가 및 지방자치단체가 지원하는 보조금 신청 시, 그리고 지급에 관련한 업무를 처리하고, 처리된 자료를 보건복지부와 각 지방자치단체 그리고 각 어린이집이 온라인으로 접속하여 보육관련 자료를 저장 · 관리할 수 있도록 처리하는 프로그램을 말한다. 이 프로그램의 실행 방법과 내용은 다음과 같다.

각 시 · 군 · 구로부터 어린이집의 인가(운영)가 승인되면 어린이집 원장의 공인인증서로 로그인하여 각종 프로그램을 지원받는데 그 영역과 내용은 아래와 같다.

- 정보공시 : 정보공시관리 등
- 어린이집 운영 : 설치운영관리, 반 관리, 아동관리, 보육교직원 관리, 공공형 현황관리 등
- 아이행복카드 : 보육료 및 기타경비 결제, 기타보육료 관리 등
- 보조금 : 각종 보조금 신청 및 신청현황 등
- 안전공제회 : 안전공제회 가입관리, 사고보고, 급여청구관리 등
- 평가인증 : 신청관리, 인증결과확인, 평가심의 등
- 교육관리 : 누리과정, 보육실습생 관리 등
- 시간제보육 : 시간제 보육 일정관리, 등 · 하원관리 등
- 입소대기 : 아동입소대기관리, 이용신청자 명부 등
- 교육통합 : 교육신청
- 회계보고 : 월 회계 보고 등
- 안심등하원 : 등 · 하원관리, 통학버스 관리 등
- 건강안전알림 : 건강관리, 기상정보, 감염병 관리 등

2. 어린이집 운영관리의 실세

1) 인적관리

어린이집은 영유아들이 하루일과를 생활하는 곳이며, 부모를 대신하여 영유아를 돌보고 지도하는 교사와 교직원 등이 근무하는 곳이므로 어린이집의 인적관리를 원아에 대한 부분과 교직원 관리에 대한 부분으로 분류하여 살펴보도록 한다.

(1) 원아에 대한 관리

어린이집은 반일제, 종일제, 시간연장제 등 프로그램의 운영시간이 매우 다양하다. 오늘날 우리 사회는 여성의 경제활동 인구가 증가하면서 종일제 및 시간연장제, 장애통합보육, 야간보육, 휴일보육 등 다양한 형태의 보육이 증가하고 있다. 또한 어린이집은 영유아와 가족이 새로운 환경에 순조롭게 적응할 수 있도록 체계적인 절차를 마련하여 도와주어야 한다.

① 원아모집 : 보육대상은 만 0세~만 5세 취학 전까지의 영유아를 원칙으로 하나 필요한 경우에는 만 12세까지 연장하여 보육할 수 있다(영유아보육법 제27조).

② 모집시기 : 어린이집의 원아 모집 시기는 수시모집과 매년 11~12월에 이루어지는 정시모집으로 구분된다. 수시모집은 어린이집에 결원이 생겼을 경우 대기 순번에 따라 입소하는 방법이고, 정시모집은 초등학교 입학과의 연계성과 재원아의 반 진급을 함께 고려하여 3월 신학기를 기준으로 12월 이전에 한다.

③ 모집절차 : 어린이집 재원원아 파악 ⇒ 모집 공고 ⇒ 입소대기자 접수 현황 파악 ⇒ 입소 대기자 입소 확정 ⇒ 입소순위 증빙서류 확인 ⇒ 입소 확정

④ 입소 준비 서류 : 입소신청서, 생활기록부, 귀가동의서, 응급처치동의서, 개인정보활용 동의서, 건강검진 서류 등

> * 학부모 입소자 대기 접수 절차 : 모바일 또는 컴퓨터 임신육아종합포털아이사랑(http://www.childcare.go.kr) 접속 ⇒ 학부모 공인인증서 로그인 ⇒ 어린이집 검색 후 신청 ⇒ 입소대기 신청 접수 ⇒ 입소대기 신청 결과 문자 확인 ⇒ 입소 순위 증빙서류 제출 후 확인 ⇒ 입소 확정

(2) 반 편성

학급의 형태가 결정되면 한 반의 정원을 결정한다. 반편성을 위해서는 「영유아보육법」 제23조〔별표8〕과 제10조〔별표2〕에 근거하여 각 반의 정원을 결정하고, 연령, 월령, 남녀의 비율을 균형 있게 구성한다. 영유아보육법 시행규칙에 따른 반 편성의

원칙과 기준을 살펴보면 다음과 같다.

① 연령별 반 편성은 동년도 출생아(동년도 1. 1.~동년도 12. 31. 출생아)를 함께 반 편성하는 것을 원칙으로 한다.

② 2세 미만 영아반, 2세 영아반과 3세 이상의 유아반을 동시에 운영하여야 한다. 다만, 지역여건에 따라 시장 · 군수 · 구청장은 관내 어린이집의 반 편성을 달리할 수 있다.

③ 총 정원 및 반별 정원을 준수함과 동시에 어린이집 인가증상의 총 정원을 준수해야 한다. 또한 3세 이상 유아만을 보육할 수 없다. 단, 20인 이하 시설은 영아 또는 유아만을 구분하여 보육할 수 없다.

④ 혼합반 운영 시 교사 대 영유아 비율은 낮은 연령의 교사 대 영유아 비율을 준수하여야 한다. 구체적으로 살펴보면 교사 대 아동비율은 만 0세 교사 1명 대 영아 3명, 만 1세 교사 1명 대 영아 5명, 만 2세 교사 1명 대 영아 7명, 만 3세 교사 1명 대 유아 15명, 만 4~5세 교사 1명 대 유아 20명으로 구성한다.

(3) 원아정보관리

어린이집 운영 시 원아 관련 정보는 원아와 가족에 대한 사항을 파악하여 원아를 위한 프로그램 계획과 생활지도 등에 활용할 수 있도록 체계적으로 관리하여야 한다. 어린이집에서 원아정보관리를 위하여 비치해야 할 서류는 입소신청서, 유아명부, 생활기록부, 보육계획 및 일지, 관찰기록, 퇴소신청서 관리대장, 졸업대장, 상장대상, 건강검진기록부 등이 있으며, 원아와 관련된 정보는 외부로 유출되지 않도록 유의하여야 한다.

① 생활기록부 : 「영유아보육법」 시행규칙 제23조(어린이집 운영기준)에 의하여 어린이집에 비치해야 할 서류는 총 14가지가 있는데 그중에서 '생활기록부'와 '건강진단카드'는 반드시 비치해야 한다. 생활기록부는 영유아와 그 가족에 대한 정보를 파악하는 데 많은 도움이 되며, 어린이집 원장은 영유아의 발달과

특성을 기재하여 초등학교와 연계하여 사용할 수 있도록 하여야 한다.

② 건강진단카드 : 어린이집에서는 매년 1회 이상 보육아동의 건강진단을 의무화하고 있으며 '건강진단카드(건강검진결과서)'는 입소 후 30일 이내에 제출해야 하는 필수서류이다. 유아와 그 가족에 관한 정보는 부모의 동의 없이 함부로 사용하거나 유출되지 않도록 철저히 관리해야 한다.

(4) 신입원아 적응 프로그램

영유아는 처음 오는 어린이집의 새로운 환경, 낯선 양육자, 익숙하지 않은 또래들과의 만남, 친 양육자와의 분리 등으로 불안을 느끼기 쉽다. 부모와 가족 역시 영유아를 새로운 어린이집에 보내는 데 심리적인 어려움이 있을 수 있으므로 신입원아와 부모가 새로운 상황에 잘 적응할 수 있도록 '신입 원아 적응 프로그램'을 진행한다. 이 프로그램은 영유아가 보호자와 헤어지는 것을 두려워하지 않고 어린이집을 안전하고 편안한 장소로 느낄 수 있도록 하며, 새로운 교사와 친구에 대해 친밀감을 느낄 수 있도록 한다. 이 프로그램을 통하여 아동과 부모 그리고 보육교사가 서로 새로운 어린이집의 생활에 적응하여 원활한 어린이집 생활을 할 수 있도록 돕는 데 그 목적이 있다.

어린이집 적응을 위한 프로그램 진행단계

① 영유아와 보호자가 함께 프로그램에 참여한다.

② 영유아의 적응에 필요한 기본적인 활동(예: 점심, 낮잠 등)을 경험하게 한다.

③ 적응 프로그램은 1~2주 정도를 기본으로 하되, 영유아의 개인차를 고려하여 융통성 있게 진행한다.

④ 적응기간 초기의 보육시간은 약 2~3시간에서 점진적으로 늘려간다.

⑤ 영유아의 연령, 기질, 발달, 애착, 적응상태, 어린이집 상황, 가정의 상황 등에 따라 기간과 방법을 달리할 수 있다.

⑥ 단기간에 적응시키는 것이 중요한 것이 아니라 영유아의 적응상태를 고려하여 차근차근 진행한다.

⑦ 적응이 늦다는 것은 문제가 있다는 것이 아니라 주변 상황이나 사물, 사람 등에 대해 민감할 수 있음을 말하며, 민감함은 때론 낯선 상황에 대한 판단과 지각 능력이 예민하다는 것을 의미할 수도 있음을 이해해야 한다.

2) 인사관리

(1) 인사관리의 개념과 필요성

어린이집에서의 교직원 관리는 어린이집의 운영목적 달성을 위한 인간관계 및 협동체제의 구성으로, 조직 구성원 모두 각자의 위치에서 능력을 최대한 발휘할 수 있도록 하는 모든 활동을 말한다. 어린이집에서 관리해야 하는 보육교직원 대상은 영유아의 보육, 건강관리 및 보호자와의 상담, 그 밖의 어린이집의 관리·운영 등의 업무를 위하여 영유아보육법 제17조(보육교직원의 배치)에 따라 채용된 원장, 보육교사, 취사부를 둘 수 있으며, 시설의 규모와 특성에 따라 특수교사, 치료사, 영양사, 간호사, 서무원, 관리인, 위생원, 누리과정보조교사, 의사(촉탁 의사), 사회복지사, 운전기사 등 그 밖의 보육교직원 등이다.

보육교직원의 인사관리는 인사관리 기준을 정하고, 보육교직원 채용, 임면, 보육교직원 배치 및 업무 관리를 포함하여 승진, 급여, 휴가관리, 경력관리, 징계, 포상 등 복무관리와 보육교직원의 업무 능력 향상을 위한 교육 및 평가 등의 활동을 포함한다.

어린이집의 보육효과는 어린이집에 종사하는 사람, 즉 어린이집 보육교직원의 질에 따라 크게 좌우되므로 유능한 보육교직원을 최적으로 확보하여 지속적인 현지 교육을 통해 전문성을 유지하고, 근무여건 개선을 통해 사기를 높이는 등 어린이집 협동체제와 인간관계를 효율적으로 운영하는 것이 중요하다. 어린이집은 규모와 설치목적에 따라 보육교직원 구성이 달라지므로 인사관리의 원칙, 보육교직원 임용과 퇴직, 보육교직원 배치기준, 복무규정 등을 해당 어린이집 특성과 유형에 맞게 인사관리 규정 및 지침을 수립하여 체계적으로 운영·관리하는 것이 필요하다.

(2) 인사관리의 원칙

인사관리의 원칙은 어린이집이 기업이 아닌 교육기관이라는 점과 대규모가 아닌 소규모 집단이라는 특성을 고려하여 수직적이고 위계적인 관리 방식보다는 인간적인 만남에 근거한 민주적이고도 협동적인 체제와 자율적 통제 하에서 자기 책임의 원칙을 강조하는 방향으로 아래의 내용이 전제되어야 한다.

① 인간주의 원칙 : 보육교직원이 지니고 있는 존엄한 존재의 가치를 인정하고 개인의 개성, 능력 적성 등 개인적 가치를 잘 다듬어 개인의 성장을 조성하고 지원하여 자아실현을 이룰 수 있도록 하는 원칙이다.

② 참여적 민주주의 원칙 : 인사에 관한 권한을 한 사람이 독점하지 않고 구성원 모두의 책임의식과 결정에 대한 신뢰와 실천력을 강화하도록 구성원 모두 참여하고 의견을 수렴하여 협동적 노력으로 의사결정이 이루어지는 원칙이다.

③ 평등한 기회 보장의 원칙 : 성별, 신분, 재산, 연령에 관계없이 자격과 능력을 갖춘 사람에게 승진, 보직, 업무의 분담에 균등한 기회를 주는 원칙이다.

④ 전문성 신장의 원칙 : 인사관리를 통해 보육교직원 개개인의 교직에 대한 전문성, 자율성과 책무성을 높이는 방향으로 이끌어주도록 하는 원칙이다.

⑤ 공정주의 원칙 : 보육교직원의 인사관리에 합리적인 기준과 규정을 만들고 이에 따라 정당하게 운영하여 인사에 대한 시비를 없애고 보육교직원들이 인사결정에 참여하게 하여 주인의식을 높이게 하는 원칙이다.

(3) 인사관리 규정

공정하고 합리적인 인사관리를 위해서는 어린이집의 고유한 특성에 따라 원칙과 기준을 세워 인사관리규정을 마련해야 한다. 인사관리 규정에는 보육교직원의 근무시간, 근무 장소, 주요 업무 등 근로관계, 급여 및 승진, 포상 및 징계 등의 복무관계, 복지 및 교육훈련 등의 내용을 포함해야 한다. 인사관리 규정은 보육교직원 관리를 위한 규정이므로 크게는 영유아보육법과 근로기준법 등 노동관련 법령을 따르며, 이에 준한 어린이집 내부 운영규정(취업규칙)을 마련해야 한다.

(4) 보육교직원 임면

모든 보육교직원은 「영유아보육법」 시행령 제1조〔별표1〕에 규정되어 있는 자격기준을 갖춘 자를 채용하여야 한다. 보육교직원 중 보육교사는 공개채용을 원칙으로 한다.

① 채용

보육교직원 채용시기가 결정되면 필요 보육교직원의 채용방법(공개채용) 및 채용절차 등에 대한 계획을 수립해야 한다. 보육교직원은 「영유아보육법」 제17조 제2항〔별표2〕의 어린이집 보육교직원의 배치기준에 따라 자격을 갖춘 보육교직원을 채용할 수 있으며, 채용공고 내용은 모집내용, 모집인원, 지원자격 요건, 전형일정, 제출기간, 제출방법 및 제출처, 제출서류 등이며, 공개경쟁을 원칙으로 한다.

〈표 8-2〉 보육교직원 채용 절차

내 용	주 요 내 용
보육교직원 신규채용	○ 신학기 반 편성, 보육 수요 증대에 따른 보육교직원 채용 요구 발생
	↓
보육교직원 채용계획 수립	○ 채용 계획(공고기간, 공고기관, 공개채용 등) 및 절차 협의 ○ 채용 계획 및 절차 결정 예) 서류전형 ⇒ 면접전형 ⇒ 인성검사 ⇒ 신체검사 ⇒ 합격통보
	↓
채용공고	○ 보육관련 기관 및 어린이집 홈페이지에 공고문 게시
	↓
서류전형 및 면접 실시	○ 채용 응시자 서류검토 및 면접 실시
	↓
합격자 통보	○ 채용 최종 합격자 통보
	↓
채용확정 및 근로계약 체결	○ 채용신체검사 및 성범죄·아동학대 경력조회 후 채용 확정 ○ 근로계약서 체결 및 임면보고

채용관련 제출서류	채용 전	이력서, 자기소개서, 자격증 사본, 주민등록등본
	채용 후	공무원신체검사서, 경력증명서, 졸업증명서 등

② 임면보고

보육교직원 채용, 휴직, 출산휴가, 육아휴직, 1개월 이상의 장기 병가, 퇴직 등의 임면사항을 14일 이내에 관할 시 · 군 · 구청장에게 보고해야 한다. 어린이집 원장은 교사 등의 출산휴가, 육아휴직, 장기 병가 등의 사유발생 시 영유아 보육을 담당하기 위해 채용된 대체교사로서 주당 30시간 이상 근무하는 자의 임면사항을 관할 시 · 군 · 구청장에게 보고해야 한다. 임면보고 등에 관한 일반 절차는 〈표 8-3〉과 같다.

〈표 8-3〉 보육교직원 자격조건 임면보고 등 일반절차

보육교직원 채용 (원장, 보육교사, 간호사, 취사부 등)	○ 채용주체 : 어린이집 운영자 ○ 채용조건 : 영유아법령에 따른 자격을 갖춘 자 ※ 어린이집 원장 및 보육교사는 국가자격증을 발급받은 자를 채용하여야 함
↓	
보육교직원 임면보고	○ 임면보고 절차 : 어린이집 → 시·군·구청장(채용 후 14일 이내) ○ 임면보고 시 구비서류 : 인사기록카드, 자격증 사본, 성범죄·아동학대 경력조회 결과서, 채용신체검사서, 주민등록 등본, 가족관계증명서, 아동인권보호서약서 ※ 자격증 사본은 일정자격이 필요한 자(간호사, 영양사 등)에 한하며 원장 및 보육교사는 보육통합정보시스템으로 확인 가능한 경우 제외
↓	
보육교직원 자격의 적격성 여부 확인	○ 확인주체 : 시·군·구청장 ○ 확인대상 : 어린이집 원장, 보육교사, 간호사, 영양사 ○ 확인방법 : 각 자격별 자격증명 서류 및 보육통합정보시스템
↓	
교직원 신원조회	○ 신원조회 주체 : 시·군·구청장 ○ 내용 : 교직원 결격 사유(「영유아보육법」 제20조)
↓	
경력관리 시스템 입력관리	○ 교직원 임면 사항을 경력관리시스템에 입력 관리

〈표 8-4〉 보육교직원 자격조건

구 분	내용
원장	○ 보건복지부 장관이 수여한 어린이집 원장 국가자격증을 발급 받은 자 - 종류 : 40인 미만 어린이집 원장/ 가정어린이집 원장 / 영아전담어린이집 원장/ 일반어린이집 원장 / 장애아전담어린이집 원장
보육교사	○ 보건복지부 장관이 수여하는 보육교사 국가자격증을 발급 받은 자 - 종류 : 보육교사1급, 보육교사2급, 보육교사3급 * 대체교사, 누리과정보조교사도 보육교사 자격을 갖춘 자이어야 함
취사부	○ 조리사 자격증 *상시1회 50인 이상에게 식사를 제공하는 취사부 중 1인 이상은 조리사 자격을 갖추어야 함
영양사, 간호사, 특수교사, 치료사	○ 간호사(면허), 영양사(면허), 특수교사, 치료사 자격증 소지자

③ 퇴직

어린이집 원장은 보육교직원의 퇴직 원인을 파악하여 효율적인 인사관리를 하여야 한다. 퇴직 의사를 밝히는 보육교직원이 발생하면 인적 자원 관리 방안마련을 위해 퇴직 의사를 밝히는 보육교직원을 대상으로 면담을 실시한 후 보육교직원이 퇴직할 경우는 사직서를 제출받아 퇴직처리 하고 퇴직 사실을 관할 시·군·구청장에게 서면으로 보고한다.

(5) 보육교직원 배치 및 업무관리

① 배치기준

어린이집은 아래와 같이 기준에 따라 보육교직원을 배치해야 한다.

〈표 8-5〉 보육교직원 배치기준

구분	배치기준	자격기준	비고
원장	전 어린이집별 1인 * 다만, 영유아 20인 이하를 보육하는 어린이집은 원장이 보육교사 겸임할 수 있음	영유아보육법 시행규칙 제10조 〔별표2〕	정원기준
보육교사	○ 만 1세 미만 ⇒ 영아 3인당 1인 ○ 만 1세 이상 만 2세 미만 ⇒ 영아 5인당 1인 ○ 만 2세 이상 만 3세 미만 ⇒ 영아 7인당 1인 ○ 만 3세 이상 만 4세 미만 ⇒ 유아 15인당 1인 ○ 만 4세 이상 미취학 유아 ⇒ 유아 20인당 1인 * 유아 40인당 1인은 보육교사 1급 자격자여야 함 ○ 취학아동 ⇒ 20인당 1인 ○ 장애아 3인당 1인 * 장애아 9인당 보육교사 1인은 특수교사 자격 소지자여야 함	영유아보육법 시행규칙 제10조 〔별표2〕	현원기준
간호사	○ 영유아 100인 이상을 보육하는 어린이집	-	현원기준
영양사	○ 영유아 100인 이상을 보육하는 어린이집	-	현원기준
취사부	○ 영유아 40인 이상을 보육하는 어린이집	-	현원기준 (방과 후 제외)
겸임 제한 및 허용	* 제한 : 어린이집 원장은 전임이어야 하며, 동일 시설의 다른 업무나 다른 시설의 업무를 겸할 수 없다. * 허용 : 다만, 원장이 간호사 또는 영양사 자격이 있는 경우에는 간호사 또는 영양사를 겸임할 수 있고, 정원 20인 이하 원장은 교사 겸임이 가능하다.		

출처 : 보건복지부(2015a).

② 업무분담

업무분담은 보육교직원들 간의 협력과 자발적인 참여 및 합의에 의해 공평하게 분담되고 고유업무나 공동업무로 나누어야 하며, 비상시 대처상황이나 업무 분장을 해야 한다. 업무분담 시 보육교직원 각자의 특성에 적합한 역할을 배정해 주어야 하며, 경력교사와 신입교사, 연장자와 연소자, 교사와 기타 교직원과의 적절한 배치가 필요하다. 또한 교사의 연령, 학력, 경력, 사무 능력, 인간관계 등을 고려하여 적절하게 분담하되 한계를 분명히 해야 한다.

〈표 8-6〉 보육교직원 보육업무 분담(예시)

구분	담당	업무내용	청소구역
고유 업무	원장	- 어린이집의 전반적인 보육 및 운영 계획 - 업무분담, 지도감독, 근무평정 등 업무관리 - 시설설비 및 재정관리 - 행정당국 및 단체와의 관계 유지 - 견학 및 행사계획 - 운영 및 보육 정보 수집 - 일지 취합 검사	- 전체 청소 구역 관리
	교사	- 보육활동 진행 및 준비 - 보육일지 작성 - 각 보육실의 환경 구성 및 청결 관리 - 영유아에 대한 관찰일지 및 보고서 작성 - 부모(보호자)상담 - 영유아 건강 관리 및 안전 관리 - 영유아 영양 및 급식 관리	- 담당 보육실관리
업무 분담	교사1	- 영아반의 전반적인 보육내용 관리 - 연간·월간·주간·일일교육계획안 작성 - 영유아 관리 및 관찰지도 - 소모성 교재 점검 및 신청 - 시청각 기자재 관리 - 안전관리, 비상대피훈련 담당	- 현관 청소
	교사2	- 입소 상담 및 자원봉사 담당 - 식단표 작성 및 주문 - 게시판(주간계획안, 식단, 월 행사) 담당 - 위생소독 - 화분관리	- 계단청소 - 외부청소
	교사3	- 유아반의 전반적인 보육내용 관리 - 교재·교구 정리 및 관리 - 행사 일지 작성 - 비디오 및 테이프 정리 담당	- 화장실청소 - 화장실 수건 관리
	교사4	- 사무실 도서관리 - 소모품 정리 및 관리 - 업무일지 작성 - 약품장 관리 및 약품 사용대장 관리 - 교사회의록 작성	- 실외(바깥)놀이터 청소

〈표 8-7〉 비상 시 업무 분담표(예시)

담당	업무	화재 및 재난발생 시	안전사고 발생시	돌발상황 발생 시
원장	지휘명령 총괄	지휘명령 총괄	지휘명령 총괄	지휘명령 총괄
교사1	소방시설 유지 및 문서관리	- 연간소방교육계획 - 비상사태 시 비상벨, 원내 전달 - 전원차단, 관계기관 통보	- 학부모와 관계기관 통보 - 응급처치 및 협력병원 긴급이송	- 119신고 및 원내 전파 - 관계기관 통보
교사2	시설설비 최종점검	- 자체 소방시설 이용한 소화활동 - 건물 내 단속 및 비상문개방 - 주요 서류와 물건 반출	- 시설 및 설비 안전점검 - 사고 문서관리	- 건물 내 단속 - 비상문 개방
교사3	화장실, 현관 및 실외최종점검	- 인명구조 - 대피유도	- 실외 시설 및 설비 안전 점검	- 대피유도
교사4	후송	- 구급약품관리 - 응급처치 및 지정병원으로 긴급 후송	- 응급처치 및 지정병원으로 긴급후송	- 응급처치
취사부	조리실 점검	- 가스 및 전기관리	- 안전사고장소 확인 및 현장보관	- 응급보조대비
사무원 및 운전원	비상시 통합 연락망 관리	- 응급기관 연락 및 화재 장소 확인	- 응급처치 및 지정병원으로 긴급후송	- 긴급후송

3) 시설관리

(1) 안전한 보육환경관리의 필요성

어린이집의 시설과 설비는 운영의 효과를 극대화하는 데 아주 중요한 역할을 한다. 특히 어린이집의 물리적 환경 중에서 건축적 요소 및 실내·외 공간에 해당하는 건물, 놀이터, 사육장, 정원, 창고, 조리실, 보육실, 화장실, 사무실, 교사실, 양호실, 교재·교구실, 강당, 시청각실 등이 시설에 속하며, 어린이집에서 영유아가 더욱 안전하고 쾌적한 보육환경을 이용할 수 있도록 효율적인 관리와 예방을 그 목적으로 한다.

(2) 안전한 보육환경관리의 내용

안전한 보육환경을 위하여 관리해야 하는 내용은 다음과 같다.

① 어린이집 내 실내 배치는 보육실 및 유희실을 중심으로 관리한다.

② 실외는 놀이터와 텃밭, 자연학습장을 중심으로 관리한다.

③ 보육 및 교육활동을 하는 데 융통성 있게 공간 활용을 한다.

④ 화재, 상해 등의 위험 발생 요인을 사전에 예방하기 위하여, 시설안전 점검양식에 따라 매일, 매월, 반기, 연간으로 시설 안전 점검을 실시한다.

⑤ CCTV, 안전 간이문 설치, 출입자 점검으로 안전 환경을 강화한다.

⑥ 정기적인 소방 점검을 실시한다.

⑦ 교직원에게 정기적인 재교육을 실시한다.

⑧ 관련 기관과 협조하여 전문적인 안전교육을 한다.

(3) 분야별 안전관리

가. 물리적 환경에 대한 안전관리

① 어린이집 실내·외의 물리적 환경은 매일 점검하고, 위험요소가 있으면 즉시 조치한다.

② 영유아들이 주로 생활하는 보육실과 보육실 내 교구와 놀이기구는 매일 안전 점검을 한다.

③ 취사용과 온수로 사용되는 가스(LPG, 도시가스)는 매일 점검하고 수량을 확인하여 취사 시 지속적인 사용을 할 수 있도록 관리한다.

④ 사용하는 문에 손 끼임 방지장치를 설치하고, 혹시 발생할 수 있는 화재를 대비하여 방염 커튼, 방염 벽지를 사용한다.

⑤ 보육용 비품 및 관리용품을 보관하는 옥상 창고, 옥내 창고, 옥외 정닌감 창고, 옥외관리용 창고 등을 정기적으로 점검하고 관리한다.

⑥ 교육용으로 전시 운영하는 수족관의 관리를 정기적으로 하며, 위생적으로 관리한다.

⑦ 옥상의 경작물 관리 시 영유아에게 해로울 수 있는 각종 벌레나 해충류가 발견되는 즉시 방역업체에 연락하여 방역소독을 실시하고 조치를 취한다.

⑧ 영유아를 보호하기 위하여 어린이집 실외 주변에 설치된 CCTV를 정기적으로 관리한다.

⑨ 영유아를 안전하게 보호할 수 있도록 현관 인터폰을 설치하여 외부인의 출입을 관리한다.

⑩ 어린이집 시설 모든 공간에 비상 대피경로를 게시하고, 소화기·비상조명등·유도등·소화전 등의 소방시설을 매월 정기적으로 점검한다.

나. 인적, 제도적 환경의 안전관리

① 영유아의 안전사고 예방을 위해 영유아에 대한 보호와 감독을 철저히 한다.

② 안전점검 및 안전점검표의 활용법과 영유아의 발달단계 특성을 고려한 보호 및 안전교육에 대하여 숙지한다.

③ 영유아와 부모, 보육교직원에 대하여 안전교육을 시행해야 하며, 관련기관 등에서 전문적인 안전교육을 받는다.

④ 영유아 및 보육교직원 전원 상해보험, 배상보험, 시설 화재보험, 가스사고 배상책임보험, 어린이 놀이터 사고배상책임보험에 가입한다.

⑤ 학부모에게 안전사고를 대비한 상해보험 및 배상보험에 대하여 공지한다.

⑥ 안전사고 발생 시 원활한 의료처치가 이루어질 수 있도록 인근 지역 병원과 협력을 체결한다.

(4) 화재, 위험상황, 안전사고 등 비상시 대처 방법

가. 화재 발생 시 대처방법

① 매월 정기적인 화재대피훈련을 통해 영 · 유아는 대피경로 및 대피방법을 훈련한다.

② 화재가 발생하였을 경우에는 〈표 8-8〉에 의하여 보육교직원은 각자 맡은 역할대로 비상시 업무에 충실히 임하며, 안전하고 신속하게 대처한다.

〈표 8- 8〉 화재대피기구표

- **방화관리자**
  - 업무총괄 : 원장
  - 관리 : 관리인
- **초기 소화반**
  - 화재 발생 시 초기 진압
  - 최초발견자
  - **화재진압 성공**
    - **상황종료**
      - 화재신압보고
  - **화재진압 실패**
    - **통보연락**
      - 발생지점 소방서 신고 (보육교사)
    - **대피유도**
      - 화재 발생지점에 맞게 대피경로 결정하여 영유아 유도
      - **인원파악**
        - 각 반별 대피인원 파악
        - 대피인원보고
        - **전원대피 성공**
          - **의료처치**
            - 응급 대상자의 구급차 수송 응급 처치 (간호사)
          - **상황종료**
            - 대피인원 보고(안전담당)
            - 의료처치 보고(간호사)
        - **전원 대피 실패**
          - **대피인원 확인**
            - 아직 대피하지 못한 영유아 확인
          - **의료처치**
            - 응급대상자의 구급차 수송 응급 처치(간호사)
            - **상황종료**
              - 대피인원보고(안전담당)
              - 의료처치 보고(간호사)
    - **소방차 유도**
      - 소방차 유도, 소방차 견인을 위해 주변 차량정비(관리인)

나. 위험상황 발생 시 대처방법

① 어린이집 내에 침입자가 들어오거나 어린이집 주변에 위험한 상황이 발생하였을 경우에는 영유아가 안전하게 보호될 수 있도록 대처하여야 한다.

② 위험상황 발생 시 대처체계에 의하여 모든 보육교직원이 상황에 맞게 대처한다.

〈표 8-9〉 위험상황 발생 시 대처 관리체계

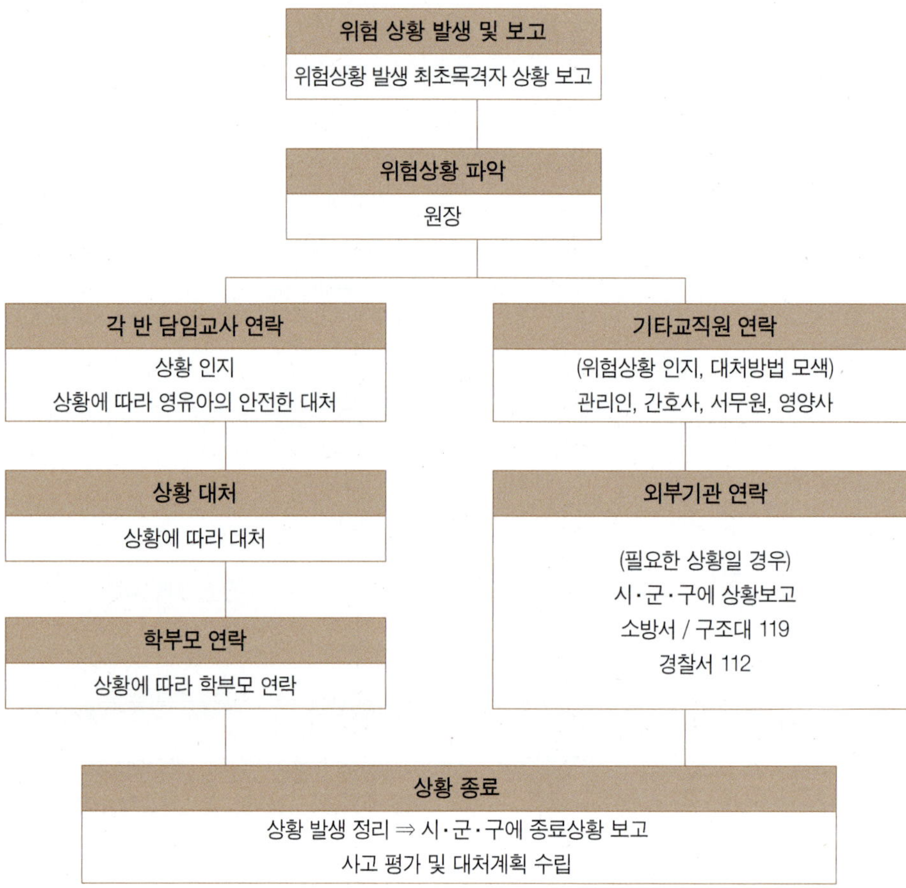

다. 안전사고 발생 시 대처방법

① 보육교직원은 안전사고 발생 시 비상업무내용을 알고 상황에 따라 대처한다.

② 보육교직원은 영유아에게 안전사고가 발생하면 즉시 원장에게 보고한다.

③ 상황에 따라 다른 보육교직원에게 사고 상황을 알리고 연락한다.

④ 안전사고에 해당하는 영유아의 담임교사는 학부모에게 연락하여 내용을 알린다.

⑤ 교사는 응급처치를 하고, 협력병원에 연락하여 응급진료를 요청한다.

⑥ 관련 기관의 협조가 요구될 시에는 교사나 서무원이 상황을 처리한다.

⑦ 상황이 종료되면 재발방지를 위한 회의를 하여 대책을 수립한다.

〈표 8-10〉 안전사고 발생 시 비상업무 체계도

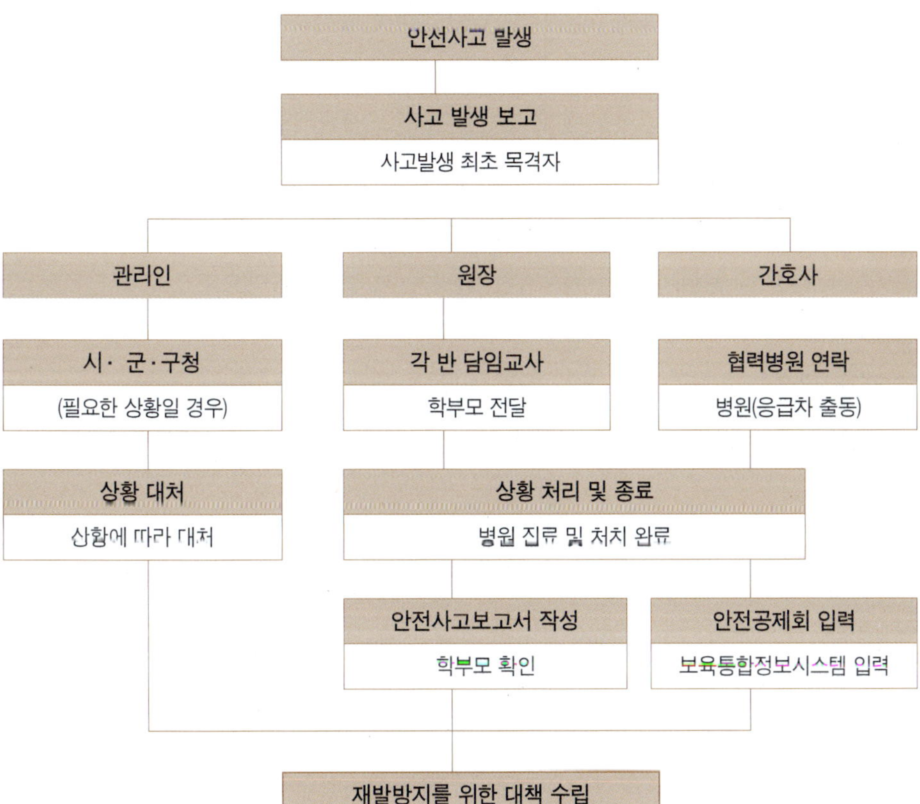

라. 응급상황 발생 시 대처 방법

응급상황을 위한 준비

① 보육교직원은 기도 확보와 CPR 등의 응급처치법과 상해 예방, 감염병 예방에 관하여 사전에 교육 · 훈련을 받는다.

② 양호실에는 응급 시 사용할 수 있는 약품을 갖춘 구급함을 비치 · 관리한다.

③ 응급상황을 위하여 영유아의 학부모 연락처, 응급 시 도움을 요청할 수 있는 곳의 연락처, 응급절차 과정 등을 보육실과 사무실의 전화기 옆에 항상 비치한다.

④ 부모의 응급처치에 대한 동의서를 보관한다.

응급상황 발생 시 구체적인 절차

① 응급상황 발생 시 담당보육교사는 원장에게 상황을 보고한다.

② 담당보육교사는 사고를 당한 영유아와 다른 영유아들도 안심시킨다.

③ 원장이나 간호사는 부모에게 상황을 알리고, 응급절차의 동의를 구한다.

④ 상황에 따라 협력병원의 119나 응급센터에 전화를 하여 응급에 대처한다.

⑤ 응급상황에 처한 영유아가 병원진료를 할 경우에는 그 부모와 동행한다. 다만, 부모의 동의가 있는 경우에는 원장과 보육교직원만으로도 응급진료를 받을 수 있다.

⑥ 24시간 내에 사고보고서를 작성하여 부모에게 확인을 받는다.

⑦ 사고보고서를 통합보육정보시스템(http://cpms.childcare.go.kr)에 입력, 보고한다.

(5) 시설물 관리운영 계획

시설 개보수와 관련된 사항은 사전에 구청과 협의하여 비교 견적을 3곳 이상 받은 후 가장 효율적인 업체에 의뢰하며, 공사 일정은 여름 집중 휴가기간이나 주말을 이용하여 보육에 지장을 초래하지 않도록 한다.

〈표 8-11〉 안전관리 내용 및 방법

영 역	내용 및 방법	시 기	비고
교육관리	○ 교직원 안전관리 교육 ○ 원아 안전지도 교육 ○ 등·하원, 견학시 안전지도	연 12회 연중	
안전교육 환경관리	○ 원내·외 위험 장소에 안전 표지판부착 - 절전, 소화기 사용법, 놀이터 사용 ○ 안전에 관한 게시판 구성 ○ 안전 관련 도서 구입	연중	
정기적인 안전점검 관리	○ 어린이집 안전 점검 실시 - 어린이집 안전 점검부 비치 - 실내시설과 설비 안전 점검부 - 각 반별 교실 내 안전 점검 실시	매일 1회 매월 1회 매일 1회	
운영관리	○ 원아 상해 보험가입 ○ 실외 놀이기구 보험 가입	연 1회(3월) 연중	
시설관리	○ 전기안전 점검 실시 (누전 차단기, 조명 등, 보일러) ○ 가스시설 안전 점검 ○ 소방시설 안전 점검(소화기 비치)	연중	
기타	○ 위험 시설물 제거 ○ 비상 연락망 정비	연중	

〈표 8-12〉 시설물 안전관리 방법

구분	관리내용	비고
시설물 점검	○ 시설물 안전 상태 확인한다. ○ 청소상태 확인 (정리/정돈) 한다. ○ 시건 장치 확인(출입구 창문) 한다. ○ 전기, 가스, 화기 등의 기기 확인한다.	매월 당직자 확인
전기안전 점검	○ 전기 안전 점검 항목에 따라 배선 및 누전 차단기 상태 확인한다.	전기 안전공사 연 1회

구분	관리내용	비고
가스안전 점검	○ 가스안전에 다른 차단기 확인한다. ○ 정기적인 안전검사를 실시한다.	매일/가스안전공사
소방훈련 점검	○ 매월 정기적인 소방대피 훈련한다. ○ 소화기 비치 및 상태 점검을 실시한다. ○ 소방시설관리기관에 의뢰하여 매월 점검한다	월 1회 소방시설관리기관
실, 내외 소독관리	○ 조리기기 등 주방 용품 소독을 한다. ○ 소독, 살균소독 및 방역한다.	주방 : 매일 방역관리: 매월
급식시설관리	○ 급식 관리지원센터 지원 정기 점검한다. ○ 구청 위생과에서 정기 안전점검 받는다.	매월 반기별
보험관리	○ 화재, 가스, 식중독 등에 따른 보험에 가입한다.	연 1회 가입
평가, 관리 및 교육	○ 안전관리자의 점검 내용 평가 및 교육한다.	수시

생각해 보기

1. 원아관리의 내용을 토대로 효율적인 원아관리를 위한 방안을 토론해 보시오.

2. 보육교직원 업무분장의 필요성에 대하여 논의해 보시오.

3. 안전한 화재 대피훈련을 위하여 가상의 시나리오를 작성해 보시오.

제9장
부모교육과 지역사회 연계

CONTENTS

1. 부모교육

1) 부모교육의 개념

과거 전통적인 부모교육의 개념은 보육교사나 전문가들이 부모를 교육시킨다는 입장으로 진행되었고 부모가 보다 효과적인 자녀의 교육 및 발달에 적극 참여하기 위하여 '교육을 받는다.'는 수동적이고 소극적인 의미로 진행되었다. 그러나 최근의 부모교육은 영유아의 발달에 시각을 맞추어 유아의 적기교육, 통합적 교육, 보육의 연계성을 고려한 관심사로 발전하면서 좀 더 포괄적이고 융통성 있으며 반응적이고 지속적인 부모교육 프로그램을 필요로 하게 되었다. 이러한 흐름은 그동안 부모교육의 형태가 수동적이고 소극적이었던 것에 반해 적극적으로 교육기관에 참여할 것을 장려하며, 가정에까지 확산되어 연계성 있는 교육을 한다는 개념으로 변화한 것이다. 또한 1990년대 이후 부모교육은 더욱 적극적이고 능동적인 의미의 자녀양육과 교육에 필요한 지식, 태도, 기술을 습득하도록 돕고, 부모가 유아교육 활동과 운영에 직접 참여할 수 있도록 발달되었다. 따라서 부모교육의 용어도 과거에 많이 사용되었던 '부모교육'에서 '부모참여'라는 용어가 더욱 많이 사용되고 있다. 그러므로 부모교육이란, 부모들이 자녀들의 바람직한 교육과 양육에 필요한 지식, 태도 및 기술을 습득할 수 있도록 도움으로써 부모로서의 역할과 기능을 보다 효과적으로 발휘하여 부모와 자녀의 행동을 긍정적으로 변화시키기 위해 어린이집에서 제공되는 일체의 교육적 활동을 말한다.

2) 부모교육의 필요성

현대사회를 살아가는 일반인들은 대체적으로 부모에 대하여 그릇된 신념을 가지고 있는 경우가 있다. 결혼을 한 부부라 할지라도 실제로 자녀가 생기기 전까지는 부모가 되는 것이 과연 어떤 것인지에 대하여 정확히 알 수 없기 때문에 대부분의 부부들이 사회적으로 인식되고 있는 '부모'의 개념에 대하여 잘못된 개념을 갖고 있다. 이러한 개념을 가지고 부모가 되었을 때 부모로서의 역할과 기능을 수행하는 데 어려움을 겪을 수 있으므로 부모역할에 대하여 올바른 이해와 도움이 필요하다. 즉, 사회에서 청년들이 결혼을 하면 부부로서의 삶을 살아가면서 자녀가 잉태되고 출산함으로써 아무런 교육이나 준비 없이 '부모'가 된다. 이렇게 탄생한 부모는 본인의 성장기에 받은 부모의 양육과 교육으로 익숙해진 모습으로 본인의 자녀들을 교육하고 양육하게 되는 것이다. 따라서 어린이집에서는 이러한 부모를 대상으로 부모와 기관이 유아에 대한 정보를 나누고 자녀양육에 대한 바람직한 모델링을 제시함으로써 부모로서의 역할과 기능을 충분히 발휘할 수 있도록 도움을 주어야 한다. 이외에도 영아의 보호 및 관리문제, 영유아의 문제행동, 부모의 가치관 미확립과 혼란 등의 문제들로 인하여 부모교육이 더욱 필요한 것이다.

부모교육의 필요성에 대한 다각적인 입장에서 살펴본다면 첫째, 영유아의 입장에서는 일관된 부모의 양육방법과 태도 및 가치관 정립을 위하여 부모교육이 필요하다. 둘째, 부모의 입장에서는 자녀에게 필요한 것들을 가장 적절한 시기에 가장 알맞은 방법으로 가르칠 수 있는 자녀 학습경험의 조정자로서 부모교육을 통하여 자녀를 이해하고 지도하는 데 필요한 지식이나 능력, 태도 등을 익혀야 하기 때문이다. 셋째, 어린이집 입장에서는 자녀양육에 대한 자신감과 부모들의 신뢰감이 형성되어 안정적인 어린이집의 운영을 기대할 수 있기 때문이다. 넷째, 사회적 입장에서는 교육효과가 높은 영유아를 지도할 수 있는 부모에게 교육을 제공함으로써 국가의 인적 자원의 효율적 개발을 통해 사회적 비용을 절감할 수 있는 경제성을 높이기 위함이다.

3) 부모교육의 목적과 목표

부모교육의 궁극적인 목적은 부모가 자녀를 이해하고 지도하는 데 필요한 지식과 능력, 태도 등을 익히도록 지원하는 데 있다. 많은 부모교육 프로그램을 살펴보면 부모교육의 목표는 첫째, 강연회나 토의모임, 집단모임 등을 통한 정보교환이다. 이와 같은 활동은 자녀의 발달과정이나 양육방법 및 양육관에 대한 정보를 제공하고 교환하며 부모들의 다양한 의견들을 접할 수 있도록 하는 것이다. 둘째, 부모와 자녀간의 의사소통을 효과적으로 이루어지도록 돕는 부모-자녀간의 대화기법 등에 관한 훈련 프로그램 등을 통한 기술습득으로 부모의 행동을 변화시키는 데 필요한 이론과 실습이 병행이 되도록 돕는 것이다. 셋째, 부모 자신의 권위적이고 방임적인 태도를 수정하여 보다 융통성 있는 태도와 유아를 이해하는 이해력, 가치관의 변화를 돕는 것이다. 넷째, 일반적으로 아동의 발달과정에서 일어나는 여러 문제점들을 제시하고 이를 해결하는 방법을 다양한 이론적 관점에서 이해할 수 있도록 돕는 것이다. 이를 위해 특정 상황에서 부모가 하는 행동을 녹음하거나 녹화한 것을 활용하여 좀 더 정확한 피드백을 주기도 한다. 이와 같이 부모교육의 목표는 '훌륭하고 능숙한 부모되기'를 목표로 하여 부모의 역할을 지지하고 격려함으로써 자녀와의 상호작용과 원활한 의사소통을 개선시키고, 유아의 전인적인 발달과 교육효과를 촉진시키며, 부모 자신에게 양육에 대한 자신감을 갖게 하고 가족 간의 유대감을 통해 보다 바람직한 가정과 사회를 이루도록 함에 있다.

4) 부모교육의 운영

어린이집에서는 원의 교육철학과 방향, 부모와 지역사회의 요구 및 특성을 반영하여 매년 부모교육 프로그램을 계획하고 운영한다. 이를 구체적으로 살펴보면 학부모오리엔테이션, 가정통신문, 워크숍, 강연회, 인터넷을 활용한 교육 등이 있다.

(1) 학부모오리엔테이션

학부모오리엔테이션은 어린이집의 교육철학 및 보육과정 전반의 내용에 대하여 설명하고, 어린이집 운영을 위해 부모와 함께 나누어야 할 정보를 안내하고 운영 시의 유의사항이나 신입원아의 초기적응을 위해 어린이집과 가정에서의 협력에 대하여 부모와 서로 의견을 나누는 과정이다. 보육의 효과를 높이고 서로의 입장에 대한 의견을 나눔으로 인하여 효율적인 어린이집 운영이 되도록 하는 것에 목적을 두고 학기가 시작하기 전인 1~2월 중에 진행한다. 학기 중에 입소하는 경우에는 개별적인 오리엔테이션을 진행한다.

(2) 가정통신문

가정통신문을 이용하여 어린이집의 보육활동 정보를 제공한다. 지난 한 주간의 보육내용이나 앞으로 진행될 교육내용과 활동들을 부모에게 알림으로써 각 가정에서 자녀의 학습내용을 사전에 파악하고 어린이집과 연계하여 자녀교육의 효과를 높이고, 강화하기 위한 방법으로 사용된다. 뿐만 아니라 다음 주 보육 및 교육 활동에 필요한 교구 및 자료 수집안내와 새로운 노래를 위한 악보와 가사 등을 구체적으로 소개함으로써 부모의 참여를 촉진시킬 수 있다. 또한 어린이집과 가정이 연계하기 위한 목적으로 각종 보육정보를 제공하고 관심과 협력을 요청하기도 한다. 월간, 주간보육계획안, 월중 행사, 보육아동의 영양(식단), 건강(예방접종), 위생, 안전에 대한 내용과 교육정보 등을 제공한다.

(3) 소식지

소식지의 내용은 어린이집에서 활동했던 내용을 포함하여 실내활동, 교육주제, 부모가 자녀를 도울 수 있는 방법, 바람직한 양육방법, 부모가 가정에서 연계할 수 있는 내용과 방법, 그 달의 행사와 생일을 맞은 원아, 자녀와 함께 이야기 나눌 수 있는 음악과 미술 등 다양하고 유익한 정보 등을 실을 수 있다. 부모들이 읽지 않고 버리거나, 생각하는 데 많은 시간이 소요되는 것을 방지하기 위해 소식지는 간단하게 구성하며, 분량은 배부기간에 따라 한 면에 7~8장의 소책자로 만들 수 있다. 정기적으로 연 1~2회, 또는 매월 발간하는 것이 적절하며, 최근 활동과 교육적 활동을 단순하고 호기심을 유발하는 것으로 구성해야 한다.

(4) 전화통화

다양한 통신매체의 발달로 과거보다 의견교환을 할 수 있는 통로가 다양해졌다. 그 중에서 가장 접근성이 좋고 빠른 전화는 현장에서 많이 사용하는 의사소통의 방법이다. 특히 등 · 하원차량을 이용하는 영유아인 경우 부모와 담임교사가 만날 기회가 적기 때문에 이를 보완하기 위한 방법으로 매우 중요한 역할을 하고 있다. 부모는 전화를 통하여 영유아의 결석이나 전날 가정에서 일어난 상황 등에 대하여 담임교사에게 도움이 되는 내용을 알려주거나 다른 사람에게 하원을 부탁할 때 전화를 이용하게 된다. 또한 보육교사도 하루일과 중에 특별하게 전달해야 하는 내용, 칭찬하고 격려해야 할 일이 생겼을 때, 활동할 준비물에 대해 요청할 때 전화를 사용한다. 그러나 부모에게 전달하고자 하는 정보나 의논하고자 하는 내용에 따라 전화보다는 직접 만나서 이야기 하는 방법이 더 효과적일 수도 있다.

(5) 워크숍

워크숍은 부모가 실제로 활동에 참여하는 것으로써 교육주제에 적합한 내용으로 영유아와 부모와 함께 한다. 영유아의 교육활동에 필요한 교재 · 교구 만들기, 요리하기, 노래배우기, 게임하기, 각종 체험을 하기도 하며, 부모가 함께 영유아들의 놀이에 참여하기도 한다.

[그림 9-1] 워크숍 사례: 숲 산책 워크숍(좌), 안전교육 워크숍(우)

(6) 강연회

정해진 주제나 분야에 대한 전문가나 관련인사를 초빙하여 일정 시간 동안 강연을 듣는 것이다. 부모가 공통적인 관심을 두는 주제에 따라 강연회를 제공할 수 있으며, 사전에 부모들의 의견을 모아 진행하면 더욱 효과적일 수 있다. 또한 강연회를 통하여 많은 부모에게 동시에 정보를 전할 수 있는 장점이 있다. 강연회가 성공적으로 이루어지기 위해서는 너무 긴 시간을 계획하지 않도록 하며, 강의가 끝난 후 다시 소집단으로 나누어 부모들이 직접 의견을 나누도록 하는 것도 하나의 방법이다. 강연회를 위한 강사 선정은 강의 주제의 전문가를 초빙하거나 원장이 직접 진행할 수 있다. 외부에서 전문가를 초빙하는 경우에는 행사 전에 전문가와 일정을 협의하여 어린이집이나 지역사회 특성과 부모들의 요구사항 등을 강사에게 미리 알려주면 보다 효과적이다. 그러나 강연회는 다소 경직된 분위기가 될 수 있으므로 강연 전에 분위기 조성을 위하여 간단한 프로그램을 진행하는 것이 좋다. 영유아들이 즐겨 부르는 동요나 손유희 등을 따라하도록 한다거나 부모들이 좋아하는 노래를 함께 불러볼 수도 있을 것이다. 강연 후에는 공개토의나 질문시간, 관련 동영상 관람 등을 마련하여 자녀지도에 대한 실제적인 정보와 기술을 얻을 수 있도록 하고, 여러 사람들과 생각을 나누는 담소의 시간을 만들 수 있도록 한다.

[그림 9-2] 강연회 사례 영유아문제행동의 이해 및 지도

(7) 인터넷을 활용한 교육

최근 많은 가정에 컴퓨터가 보급됨에 따라 인터넷의 홈페이지를 이용한 의사소통이 이루어지고 있다. 부모들은 어린이집 홈페이지를 통해 행사공지나 전반적인 운영정보들을 수집하고 게시판이나 방명록에 궁금한 사항을 질문으로 남겨 답변을 받는다. 홈페이지를 활용한 부모참여는 시간과 장소에 구애 받지 않고 편리한 시간에 활용할 수 있는 장점이 있으나 가족과 어린이집 간의 의사소통이 일방적인 것이 되기 쉽다는 단점도 있다. 이와 같이 어린이집에서는 부모에게 전달하고자 하는 내용을 어린이집 홈페이지나 카페, E-mail 등의 인터넷과 최근에 많이 알려진 모바일 알림장

등의 다양한 매체를 이용한 소통을 통하여 어린이집 운영에 대한 이해와 영유아의 어린이집 생활에 대한 궁금증을 해소할 수 있도록 돕고 있다.

구 성	내 용
어린이집 소개	보육이념, 교육목표, 학급구성, 시설현황, 연혁
사진 갤러리	교육활동 사진 소개, 학부모 사진 게재, 교육행사 사진 소개
동영상 갤러리	연령별 하루일과 동영상, 교육행사 동영상
이달의 행사	월별 교육행사 및 동정 안내
이달의 식단	월별 영양식단 안내
공지 사항	학부모 대상 교육계획 공지 및 행사 안내, 교육 및 건강 정보
커뮤니티	원장 및 담임교사와의 대화기능 - 육아 상담 및 공지사항 안내

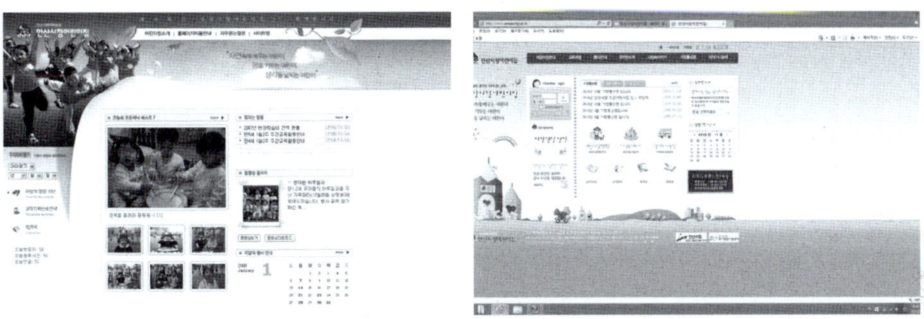

[그림 9-3] 홈페이지 사례

구 성	내 용
공지사항	어린이집의 행사, 견학 등의 공지사항 안내
알림장	어린이집에서의 하루일과활동에 대한 내용, 양육 및 보육 상담
앨범(사진)	어린이집에서의 놀이와 활동 장면 사진제시
식단제공	어린이집에서 제공한 간식, 식사 내용 제시
문서이용	출석부, 투약의뢰서, 귀가동의서

[그림 9-4] 모바일 알림장

(8) 부모상담

부모상담은 어린이집 교사가 부모와 대면하여 영유아의 가정생활과 어린이집에서의 전반적인 생활과 활동에 대하여 의견을 나눔으로써 어린이집과 가정이 서로 연계하여 영유아의 바람직한 전인발달을 도모하고 행복한 영유아기를 보낼 수 있도록 돕는 활동이다. 또한 상담을 통하여 영유아가 어린이집에서 적응하는 상황이나 발달상태를 부모에게 알려줌으로써 부모와 어린이집이 연계하는 목적을 갖고 있다.

① 집단상담

집단상담은 부모들의 관심과 요구 그리고 보육교사의 요구가 대다수 부모들에게 공통된 주제일 때 활용할 수 있다. 일반적으로 학부모오리엔테이션이나 부모참여 행사 후에 각 반별로 집단면담을 진행하는데 참여인원이 너무 많을 경우에는 상담의 효과를 기대하기 어려우므로 가능한 한 소집단으로 진행하도록 한다. 집단상담은 영유아의 여러 부모와 교사가 영유아의 지도(어린이집의 보육이념, 보육과정, 지도방법, 행사 유형 및 내용, 하루일과 진행, 학급의 운영방향, 교육내용 영유아의 행동, 친구관계, 놀이, 학급의 규칙지키기 등)에 대한 의견을 나누는 것이다. 이는 여러 부모와 함께 공개적으로 상담하기 때문에 부모들끼리도 서로 의견과 경험을 나눌 수 있는 장점이 있다. 즉 부모가 자녀양육에서 느끼는 어려움을 서로 공감하고 나눔으로써 객관적인 경험을 공유하고 먼저 경험한 부모의 의견으로 또 다른 시각과 시사점을 얻을 수 있다. 더불어 어린이집 원장과 교사는 부모가 요구하는 교육적 기대와 영유아에 대한 정보를 얻을 수 있다. 그리고 학기 중간이나 학기말의 상담에서는 학기초와 비교하여 영유아의 발달이 어떻게 달라졌는지 또는 신체적, 인지적, 사회적, 정신적으로 얼마나 더 성장했는지에 대한 의견을 나눈다. 예를 들어 자립심이 증가했는지, 책임감 있는 행동을 하는지, 친구나 교사와의 관계가 더욱 친숙해졌는지, 친사회적 행동이 증진되었는지, 예의를 잘 지키는지, 언어적 표현이 발달했는지, 주변 세계에 대한 관심이 증가하였는지, 어린이집에서 배운 내용을 잘 이해하고 생활에 적용하는지 등에 대해 서로의 의견을 나눈다. 그러나 이 과정의 단점으로는 공개적인 자리이고 서로 정보에 대한 노출로 인해 솔직한 의견발의가 어려울 수 있으며, 깊이 있는 대화의 장이 되기 어려울 수도 있다. 집단상담은 교사가 영유아와 부모를 처음 대하는 학기 초에 진행하는 것이 효과적이며 연 1~2회 정도로 실시할 수 있다.

가. 상담 시 어린이집에서 준비해야 할 사항

- 집단상담의 주제나 목적을 정한다.
- 집단의 크기와 시간 및 장소를 정한다.
- 가정통신문 발송 : 부모가 준비해야 할 사항, 일시, 장소 등을 안내하는 통신문을 최소 1주일 전에 가정으로 발송한다.
- 보육교사의 준비 : 각 유아에 대한 사항을 파악하고 기록하여 예측되는 공통문제에 대하여 사전에 정보수집과 답변을 준비한다.
- 준비사항 : 면담장소, 환경정돈, 유아의 이름이 기재된 부모용 이름표, 방명록, 평가지, 유인물과 필기도구, 교사용 수첩과 필기도구, 부모용 실내화, 다과와 음료, 음악 CD 등

나. 상담의 진행방법

- 보육교사의 인사와 집단면담의 취지를 알린다.
- 부모님들이 각자 자기를 소개한다.
- 유아교육기관 및 학급구성에 대한 소개를 한다.
- 집단면담의 내용과 진행방법 안내 : 건강(감염병) 안내, 개별유아의 성격의 가정에서 고치지 못한 습관, 가정에서 기관이나 담임교사에게 기대하는 교육적인 사항 등을 자연스럽게 돌아가며 이야기 한다.
- 면담의 진행
  - 부담임 또는 담임보육교사는 학부모의 이야기를 기록한다.
  - 담임보육교사는 골고루 이야기할 수 있도록 유도하거나 권유하면서 진행한다.
  - 어떤 문제가 제기되면 학부모 중의 선경험자가 경험담을 이야기할 수도 있고, 보육교사에게 도움말을 줄 수 있으며, 서로 토의하고 이야기를 나누는 과정을 갖는다.

- 마무리 : 학부모의 이야기가 정리되면 담임보육교사는 담임으로서 학부모에게 당부사항을 이야기 한다.
- 기타 부모회 운영에 대한 안내 및 학급에 필요한 공지사항을 전한다.

② 개별상담

개별상담은 교사와 영유아의 부모가 일 대 일의 관계로 상담하는 형식이며, 교사가 어린이집에서의 생활을 관찰한 내용을 토대로 각 영유아의 적응상태와 발달상태 및 또래관계 등에 대하여 부모에게 전달하고, 부모는 가정에서의 영유아의 생활하는 내용과 부모의 양육관이나 기대 등에 대하여 서로 의견을 주고받는 활동이다. 따라서 교사는 영유아에 대한 충분한 정보와 지도방향을 제공할 수 있어야 하며, 어린이집에서 관찰한 것에 근거하여 부모에게 바른 정보를 제공하고 발달의 정도를 알려주어 어린이집의 일관된 지도방법을 모색할 수 있다. 개별면담을 위하여 보육교사는 영유아의 생활과 발달에 관한 각종 자료를 미리 준비해 두어야 한다. 예를 들어 영유아에 대관한 제반 기록과 각종 검사결과, 영유아 개인의 포트폴리오, 영유아의 어린이집생활에 대한 내용 등을 미리 정리하여 기록해 두도록 한다. 또한 개별면담은 한 학기 동안 1~2회 정도 이루어지지만 1회 면담 시 20~30분 전후 정도이므로 전체 부모를 모두 면담하는 데 오랜 시간이 걸린다. 따라서 면담 계획을 철저하게 세워야 한다. 이를 위하여 상담 전에 부모의 사전설문지나 의견서를 받아 상담계획을 세워서 효율적인 상담이 될 수 있도록 준비 할 수 있다.

가. 어린이집에서 준비해야 할 사항

- 매 학기마다 진단평가와 형성평가의 자료들을 모아 각 유아에 대한 보육교사의 총괄적인 평가 및 기록을 정리한다.
- 부모가 미리 작성해서 보낸 유아의 가정에서의 관찰 기록서를 참고한다.
- 각 유아마다 다른 면담시간표(1인단 20분~30분 간격)를 작성하여 면담일 최소 1주일 전에 부모님께 보내어 일정을 조정 및 확정한다.
- 면담할 장소를 정하고 환경을 정돈한다.

나. 진행방법

- 인사 나누기
- 개인면담의 취지를 알리기
- 면담진행 : 부모의 마음에 부담되지 않도록 부드러운 분위기에서 진행되도록 노력해야 한다. 면담의 내용은 유아가 어린이집에 와서 변화하고 발달한 것을 중심으로 유아의 현재 상태를 알리고 특별히 부모와 함께 역점을 두고 지도해야 할 부분과 방법을 협의한다.
- 마무리 : 보육교사의 관찰결과를 모두 이야기한 다음 부모의 질문과 유아를 위하여 보육교사에게 당부하고 싶은 내용을 이야기 한 뒤 인사함으로 마무리 한다.

〈표 9-1〉 **부모교육 연간계획안(예시1)**

<table>
<tr><th>종류</th><th>형태</th><th>시기</th><th>내용</th></tr>
<tr><td rowspan="2">부모교육</td><td>강연회</td><td>분기별</td><td>어린이집 운영방침을 안내하는 오리엔테이션과 전문가 초빙 하여 부모역할 및 자녀양육방법에 대한 교육을 실시</td></tr>
<tr><td>통신문</td><td>매월/매주</td><td>자녀 양육에 대한 정보를 가정통신문과 홈페이지의 공지사항 제공</td></tr>
<tr><td>적응 프로그램</td><td>부모참여</td><td>3~4월</td><td>처음 입소하는 영유아들이 원만하게 새로운 환경에 적응할 수 있도록 보호자와 함께하는 적응 프로그램을 실시</td></tr>
<tr><td rowspan="3">교육참여</td><td>부모참여 수업</td><td>5월/9월</td><td>교육활동에 대한 이해 및 자녀의 어린이집 생활에 대한 이해를 증진하기 위하여 부모참여 수업 실시</td></tr>
<tr><td colspan="2">일일교사</td><td>주제탐구표현활동에 전문가로 초빙되거나 특별활동 지도, 견학 도우미등 교육활동을 지원</td></tr>
<tr><td colspan="2">어린이집 행사 참여</td><td>숲 길 걷기, 작은음악회, 겨울이야기, 통합교육활동 등 어린이집 행시에 참여</td></tr>
<tr><td rowspan="2">부모상담</td><td>개별면담</td><td>6월/11월</td><td>영유아 발달 기록부를 기초로 원아의 발달 및 원 생활에 대해 교사와 학부모와 개별면담을 실시</td></tr>
<tr><td>상담</td><td>수시</td><td>원아의 상담을 위해 예약된 시간에 상담을 신청할 수 있음</td></tr>
<tr><td rowspan="2">부모봉사</td><td colspan="2">식당봉사</td><td>급·간식 준비 및 주방 관리 참여로 급·간식의 질 향상 유도</td></tr>
<tr><td colspan="2">청소봉사</td><td>자녀의 보육환경을 청결히 유지하도록 청소 봉사 참여</td></tr>
<tr><td rowspan="2">운영참여</td><td>운영위원회</td><td>연간 4회</td><td>어린이집의 운영 협의로 학부모의 주체적 참여를 유도</td></tr>
<tr><td>부모간담회</td><td>연간 1회</td><td>부모의 보육 만족도를 조사하여 보육활동 계획수립에 반영</td></tr>
</table>

〈표 9-2〉 부모교육 연간계획안(예시2)

일정	행사명	활동내용	실시방법
3월	부모교육자료 발송 - 불안과 안심사이	신입원아 적응과 관련하여 아이들의 심리이해에 대한 내용	가정통신문
4월	부모교육자료 발송 - 부모의 따뜻한 포옹은 아이에게 약이다	유아의 정서적 발달을 위한 부모의 역할에 대한 내용	가정통신문
	학부모 개별면담(1학기)	부모와의 상담을 통해 유아들의 특성과 교육방향을 이해하고 연계하는 기회	직접 참여
5월	부모교육자료 발송 - 아이에게 보여선 안 될 부모의 나쁜 습관	유아들이 바른 습관을 기를 수 있도록 돕는 부모들의 습관에 대한 내용	가정통신문
	부모교실-소품 만들기	학부모간의 상호교류의 기회	직접 참여
6월	부모교육자료 발송 - 창의력, 논리력, 탐구력키우기	유아들의 창의력, 논리력, 탐구력 키우기	가정통신문
7월	부모교육자료 발송 - 여름철 치아관리	여름철 음식으로 인해 소홀해질 수 있는 치아관리에 관한 내용	가정통신문
	강사초청 - 부모교육	전문 교육 강좌 -특정 주제에 관한 강연	직접 참여
8월	부모교육자료 발송 - 여름휴가동안 좋은 아빠로 거듭나는 일주일 Goog-daddy 플랜	여름휴가를 이용하여 아이와 함께하는 아빠들을 위한 내용	가정통신문
9월	부모교육자료 발송 - 한복을 입어요(추석)	추석을 맞아 전통한복을 입는 방법과 한복을 입었을 때의 예절에 대한 내용	가정통신문
10월	부모교육자료 발송 - 자연과 놀고 느끼는 생태여행	가을 자연과 함께 하는 생태교육의 장소 정보	가정통신문
11월	부모교육자료 발송 -환절기 건강지키기	환절기에 건강을 지키기 위한 방법	가정통신문
	학부모개별면담(2학기)	부모와의 상담을 통해 1년 동안의 교육내용을 연계하는 기회	직접 참여
	강사초청 - 부모교육	전문 교육 강좌 제공	직접 참여
12월	가족잔치	놀이와 공연으로 구성된 가족 잔치	직접 참여

일정	행사명	활동내용	실시방법
1월	부모교육자료 발송 -유아 성교육	가정에서 지도할 수 있는 유아 성교육의 내용	가정통신문
	어린이집 만족도 조사	어린이집에 관한 만족도 설문조사	직접 참여
2월	부모교육자료 발송 -세배를 해요(설날) -초등학교 입학 전 아이들	설날을 맞이하여 세배를 하는 방법 제공 초등학교 입학 전 아이들에게 필요한 정보 제공	가정통신문
	졸업식, 수료식, 신입원아 오리엔테이션	어린이집의 운영안내-운영방침, 운영내용, 교사 소개	직접 참여
연중	부모자원봉사	어린이집 배식도우미, 현장학습도우미, 청결도우미, 동화구연도우미로 참여	직접 참여

5) 수업참관 및 활동참여

(1) 수업참관 및 활동참여

어린이집은 부모가 원할 때에는 언제나 보육실을 개방하여 자녀가 다른 또래와 어떻게 지내며 보육활동에 잘 적응하는가를 직접 관찰할 수 있도록 하고, 부모교육활동을 통하여 올바른 부모역할을 할 수 있도록 관련지식과 다양한 정보를 제공한다. 어린이집에서 제공하는 부모교육활동은 다양한 주제와 방법으로 계획하도록 한다. 이를 통해 어린이집은 부모와 보다 협력적인 관계를 유지할 수 있다. 부모는 어린이집에서 진행하는 다양한 부모참여수업에 참여할 수 있으며, 생활주제와 연계하여 필요한 경우 부모가 일일보육교사 또는 자원봉사로 참여할 수 있다.

① 수업참관

수업참관의 목적은 유아의 발달 정도를 객관적으로 파악할 수 있고 가정과 유아교육기관에서 유아행동 간의 차이를 알 수 있으며, 유아교육기관의 교육과 지도방법에 대한 이해를 높이고, 가정에서도 일관성 있게 지도하는 데 도움이 된다. 수업참관의 계획과정에서는 참관인의 선정 및 참관방식을 결정하는 일을 가장 먼저 고려해야 한다. 수업참관일은 질문지를 보내어 부모들이 적절한 특정일을 알아 그에 따라 몇 개의 소집단으로 나누어 참관시킬 수 있고, 수시로 교실을 개방하여 참관시킬 수도 있다.

② 부모자원봉사

현재 우리나라의 어린이집에서는 어린이집 운영에 다양한 업무를 분장하기 어려운 형편이다. 보육교직원은 원장, 보육교사, 취사부의 단순구조로 인력이 배치되어 있어 다양하고 복잡한 업무를 요구하는 어린이집의 생활에 맞출 수 없다. 이러한 상황에서 부모들에게 소정의 교육을 실시한 후 그들이 어린이집의 교육활동과 다양한 업무에 참여하여 이러한 문제들을 조금이나마 해소할 수 있도록 해야 한다. 예를 들어 다양한 직업에 대한 교육주제에 맞추어 부모님이 일일교사가 되어 부모님의 직업을 직접 소개하고 유아의 질문에 답변해 주는 활동을 진행할 수 있다. 또한 학습활동에 여러 가지 형태로 참여하여 동화 들려주기, 과학 실험하기, 미술활동이나 견학 도우미, 요리활동 시 보육교사나 보조교사의 역할 또는 급식참여 등의 자원봉사자로 참여할 수 있다. 이외에도 등·하원 길의 안전지도 보조자, 청소 보조자, 행사안내 보조자, 김장 및 급식 보조자 등의 참여도 가능하다. 이와 같이 다양한 유형의 부모교육의 과정을 통해 부모들은 영유아보육을 위한 자신들의 역할과 능력을 새로이 인식할 수 있게 된다. 또한 부모들은 자원봉사활동을 통해 자연스럽게 자녀들의 어린이집 생활을 경험해 볼 수 있으며, 보육프로그램과 자녀의 생활을 긍정적으로 생각할 수 있게 되며, 보육교사나 어린이집의 운영에 대해서도 이해하는 데 도움이 될 수 있다.

(2) 어린이집 운영에의 참여

「영유아보육법」 제25조에 의하여 어린이집 운영의 자율성 및 투명성 확보와 어린이집 특성과 지역특성에 맞는 다양한 보육을 창의적으로 실시하며, 영유아들을 위한 질적인 보육서비스를 위한 어린이집과 부모, 지역사회의 의견과 요구를 나눌 수 있는 공식적 구조를 마련하기 위하여 부모협동어린이집을 제외한 모든 어린이집에서는 어린이집 운영위원회를 설치·운영하여야 한다고 규정되어 있다. 이를 위해 어린이집에서는 당해 어린이집의 원장, 보육교사 대표, 학부모 대표 및 지역사회인사를 포함한 5인 이상 10인 이내로 구성하되 학부모 대표가 2분의 1 이상이 되어야 한다. 운영위원회는 분기별 1회 이상 개최하고 전체 학부모를 대상으로 공개를 원칙으로 하며, 회의

록을 작성 · 보관해야 한다. 어린이집이 부모 및 지역사회와 긴밀하게 협력하여 동반자적인 관계를 유지할 때 효과적인 영유아보육법이 이루어질 수 있다. 즉, 전문적인 지식을 갖춘 어린이집, 자녀에 대해 구체적인 정보를 많이 알고 있는 부모, 그리고 어린이집이 속한 지역사회가 함께 긴밀한 협력관계를 유지할 때 영유아보육이 효과적일 수 있다. 따라서 어린이집에서는 원장과 보육교사, 학부모 대표 및 지역사회인사를 포함한 운영위원회를 구성하고, 정기적인 회의를 통하여 어린이집의 운영 및 프로그램에 대한 의견이나 요구를 수렴하여 시설운영에 반영하도록 해야 한다.

〈표 9-3〉 어린이집 운영위원회 구성절차

운영위원회 개최 공고	어린이집 운영위원회 개최 공고 (가정통신문, 게시판, 홈페이지 등)
↓	
운영위원회 개최	어린이집 원장이 운영위원의 안건 취합
↓	
위원장 선출	최초 실시되는 운영위원회에서 선출 - 어린이집 교직원이 아닌 위원 중에서 호선
↓	
안건협의	취합된 안건 협의
↓	
운영위원회 회의내용 공지	어린이집 운영위원회 회의내용 공지 (회의록을 가정통신문, 게시판, 홈페이지 등에 게시)

※ 참고 : 운영위원회의 기능

- 어린이집운영위원회는 다음의 사항을 심의한다.
  ① 어린이집 운영규정 제·개정에 관한 사항
  ② 어린이집의 예산 및 결산의 보고에 관한 사항
  ③ 영유아의 건강·영양, 안전 및 학대예방에 관한 사항
  ④ 보육시간·보육과정의 운영방법 등 어린이집의 운영에 관한 사항
  ⑤ 보육교직원의 근무환경 개선에 관한 사항
  ⑥ 영유아의 보육환경 개선에 관한 사항

> ⑦ 어린이집과 지역사회의 협력에 관한 사항
> ⑧ 보육료 외의 필요경비를 받는 경우, 「영유아보육법」 제38조에 따른 범위에서 그 수납액 결정에 관한 사항
> ⑨ 그 밖에 부모모니터링단의 모니터링 결과 등 어린이집 운영에 대한 제안 및 건의사항

출처 : 보건복지부(2015a).

6) 부모교육 프로그램의 계획 및 실행 평가

(1) 부모교육 및 참여 프로그램의 계획 및 운영 시 고려사항

부모교육의 계획은 어린이집 전체 운영계획의 한 부분으로서 세부목표를 설정하고 체계적이고 일관성 있게 계획되어야 한다. 즉 연간 계획을 포함하여 계절, 행사, 어린이집의 사정을 기초로 세부적이고 단계적으로 시행해야 한다. 어린이집에서 부모교육 및 참여 프로그램의 계획 및 운영 시 고려할 사항은 다음과 같다.

① 부모교육을 계획할 때 부모들을 참여시켜 부모들의 의견을 수용하고, 그들의 요구와 필요를 충분히 반영시키고, 어린이집의 철학을 고려하여 기관의 전체 운영계획의 한 부분으로 계획하되, 영유아교육에 도움을 줄 수 있는 방향으로 수렴되어야 한다. 또한 언제, 누가, 어떻게, 어떠한 과정으로 운영할 것인지에 대한 계획도 함께 이루어져야 한다.

② 부모교육은 해당 어린이집의 사정과 지역사회의 특수성을 고려하여 실천 가능한 범위에서 계획한다.

③ 부모교육의 내용, 방법, 시기, 일정 등은 지역사회의 제반사정을 충분히 고려하여야 한다.

④ 프로그램은 어린이집의 사정, 부모의 요구와 수준 및 지역사회의 실정 등을 고려하여 실천 가능한 범위에서 계획되고 실행되어야 한다.

⑤ 부모교육의 활동내용은 유아의 성장・발달이나 유아교육에 관련된 것뿐 아니라 부모의 흥미, 욕구 및 성장에 도움이 될 수 있는 것을 포함해야 한다.

⑥ 부모들의 적극적인 참여를 유도하고 나아가 부모들이 실제로 운영할 수 있도록 계획한다.

⑦ 부모교육 활동이 부모들의 가정생활에 피해를 주거나 경제적인 부담을 주지 않는 범위 내에서 계획한다.

⑧ 부모교육은 연간, 월간으로 계획을 수립하여야 할 뿐 아니라 해당 어린이집이나 부모들의 실정에 맞추어 실천 가능한 많은 구체적이고 쉬운 일부터 시작하여 점차적으로 활동의 폭을 확대해가는 것이 바람직하다.

⑨ 부모교육을 위한 세부목표를 설정하고 그에 따라 체계적이고 일관성 있게 실천할 수 있도록 계획한다.

어린이집에서는 성공적인 부모교육을 위해 가정의 문화적 배경과 신념을 존중하고 이해하여야 하며, 부모의 변화하는 관심사와 요구에 적절한 프로그램을 계획해야 한다. 또한 부모교육의 성공과 참여도를 높이기 위한 방법으로는 첫째, 부모교육은 부모가 영향을 받거나 부모가 영향력을 행사할 기회를 주는 것이다. 둘째, 부모와 교사는 서로에 대해 더 많이 알려 주고 더 자주 함께 협력할수록 신뢰가 쌓이고 편안한 관계로 발전할 수 있다.

(2) 평가

부모교육을 계획하고 실행한 후에는 평가가 이루어져야 다음 활동을 더욱 효율적이고 합리적으로 계획할 수 있다. 일반적으로 부모평가는 부모가 습득한 지식이나 태도, 역할수행 등 여러 가지 방법에 의해 평가되는데, 부모면접이나 부모교육의 활동내용 및 방법의 적합성, 장소의 적절성, 진행내용 및 활동의 전면적인 면에 대해 간단히 표현할 수 있도록 만든 질문지 조사, 관찰 등의 다양한 측정도구를 사용하여 자료를 수집하고 평가할 수 있다. 이외에도 비형식적인 방법인 부모들이 어린이집의 각종 활동(부모교육 참여횟수, 태도, 부모가 주도한 보육교사면담 등)에 얼마나 적극적으로 참여하고 있는지 등을 참고할 수 있다.

2. 어린이집과 지역사회 연계

영유아의 가정, 어린이집 그리고 지역사회는 영유아에게 매우 중요한 환경으로서 이들은 서로 연계되어 영유아의 삶에 지대한 영향을 미친다. 영유아의 어린이집 적응을 돕고, 어린이집에서 이루어지는 보육의 효과가 극대화되기 위해서는 가정과의 연계 및 지역사회연계가 필수적이다. 또한 어린이집은 지역사회의 특성과 요구, 지지 및 지원에 따라 운영전반에 영향을 받게 되고, 지역사회에 영향을 미치기 때문에 지역사회와도 신뢰와 협력적인 관계를 구축해야 한다. 영유아는 태어나서 가정과 다양한 지역사회 속에서 자아를 형성해 가고 지역사회의 구성원과 상호작용을 하면서 직·간접적인 학습과정을 통해 사회화된다. 영유아는 실생활이나 주변 환경과 밀접한 관계가 있는 친숙한 지역자원을 활용할 때 학습에 대한 동기유발이 잘 일어나며 흥미와 호기심을 지속해 나갈 수 있다. 생활경험을 반영한 체험은 교육내용과 과정을 능동적이고 자발적인 활동으로 풍부하게 만들어 주며, 실제로 보고 듣고 느낌으로서 풍부한 경험을 갖게 하고 개념학습을 강화시키는 것 뿐만 아니라 지역에 대한 친밀감과 애착심, 자긍심을 가지게 하고 지역사회에 대한 배려심과 공동체의식을 함양시켜주었다(이경숙, 2010).

보호와 교육을 통하여 장시간 영유아를 보살펴야 하는 보육의 측면에서 다양한 교육의 구성요소에는 영유아, 부모, 교사, 보육기관, 영유아가 속한 사회의 인적자원과 물리적 자원까지를 모두 포함할 수 있다.

1) 어린이집과 지역사회 연계의 필요성

최근 보육에 대한 변화의 흐름을 살펴보면 영유아보육은 개인이 아닌 국가와 사회가 연대하여 책임을 지는 사회화 기능이 포함되어 있다. 「영유아보육법」 시행규칙 제23조 보육내용의 〔별표 9〕에 의하면 지역사회 교류에서 '지역사회인사의 보육활동의 참여, 지역사회의 어린이집 활용, 어린이집의 지역사회시설 활용, 대중매체를 통한 지역사회와의 의사소통 등을 통하여 효율적인 보육프로그램 운영과 어린이집, 가정, 지역사회와의 공조체제와 책임분담을 도모함으로써 아동, 가정, 지역사회 모두의 복지에 공헌하도록 하여야 한다'고 규정하면서 지역사회서비스의 필요성을 강조하고 있다. 또 어린이집 평가인증 제7영역(가족 및 지역사회와의 협력)지표 및 표준보육과정에서도 어린이집 주변 환경과 여러 자원을 이용할 수 있도록 지역사회 기관과의 협력의 필요성을 강조하고 있다.

2) 어린이집과 지역사회의 연계방안

어린이집에서 효율적인 보육을 위해서는 가정 뿐만 아니라 지역사회의 요소를 기관운영에 반영하여 상호 연계 및 조화를 이루는 것이 필요하다. 어린이집이 지역사회와 상호협력의 관계를 구축하는 것은 결국 아동의 발달에 적절한 실제를 제공하여 양질의 보육을 확보하는 데 있다. 어린이집과 지역사회의 연계방안으로 지역사회인사의 보육활동 참여, 지역사회의 어린이집 활용, 보육활동에 지역사회의 자원이용, 대중매체를 통한 지역사회와의 의사소통 및 어린이집 홍보, 어린이집의 자원봉사자로 지역주민 활용, 지역주민의 의식과 생활개선을 위한 프로그램 개발 또는 참여 등과 같은 다양한 연계방안들이 이루어질 수 있다.

(1) 지역사회 홍보

지역사회 홍보는 가족을 포함한 지역사회에 어린이집의 존재와 업무 등을 알리고 지역사회에 영유아보육에 대한 관심과 지지를 구하여 이용자들에게 선택권을 주는 것을 말한다. 또한 어린이집이 어떠한 철학이나 역할을 수행하고 있는지, 어떠한 내용으로 보육서비스를 제공하고 있는지 등을 지역주민에게 알려 관심과 지지를 구하는 수단이 되어야 한다.

(2) 지역사회 봉사

지역사회 봉사는 지역사회 내의 집단 또는 전체 지역사회를 위하여 서비스를 제공하는 것으로, 지역사회의 보육욕구를 파악하여 영유아보육에 대한 이해를 높이고 지역주민의 부모역할 강화를 위한 제반교육 및 상담을 하는 것이다. 또한 지역 특성에 맞는 다양한 형태의 특수보육의 실시 및 영유아에게 사회봉사와 지역사회 통합의 가치를 학습시키는 사회화의 역할을 담당하는 것 등이 포함된다.

(3) 지역사회 참여

지역사회 참여는 지역사회의 생활에 집단 또는 기관 및 위원회로서 참여하는 방법으로 타 기관과의 연대, 서비스의 조정, 유지 및 관련을 맺을 수 있다. 여러 유관단체와의 연계방법으로 지역의 사회문화행사 참여를 통해 어린이집, 영유아 및 가족은 지역사회 공동체의식을 갖게 된다.

(4) 지역사회 자원 동원

보육활동에 활용할 수 있는 지역사회의 자원으로는 영유아들의 건강관리를 위한 의료기관(보건소, 병원 등)과 정서적 장애를 보이는 영유아를 위한 아동 심리치료기관(아동 상담소, 아동복지기관 등), 다문화 가족의 부모를 교육하고 상담역할도 담당하는 다문화지원센터, 아이돌봄 서비스와 저소득층 부모를 위한 육아상담을 실시하고 있는 건강가정지원센터, 문화활동을 위한 각종 문화단체, 자원봉사활동을 위한 자원봉사지원센터, 공공기관(주민센터, 구청 등) 사회복지관, 근린공원, 문화행사, 놀이터, 노인정, 문화재, 기념관, 박물관과 같은 수많은 지역단체 및 시설, 다양한 직업에 종사하는 지역주민 등 그 수와 종류가 다양하다.

3) 어린이집의 지역사회자원 활용

어린이집이 지역사회의 물적자원과 인적자원을 활용하여 원아의 교육적 경험을 확장시킬 수 있는 견학활동, 자원봉사자 활용, 의료기관과의 연계활동, 지역사회를 위한 어린이집의 활동을 소개한다.

(1) 견학활동

지역사회 내의 각종 기관이나 시설들은 원아들의 현장학습에 효과적으로 이용될 수 있는 물적 자원이다. 어린이집에서는 견학활동을 통해 지역사회에 위치한 각종 기관과 시설을 직접 방문함으로써 아동들이 여러 기관과 시설이 담당하고 있는 역할을 직접 체험해 보고 자신이 살고 있는 지역사회에 대해 알도록 한다. 따라서 보육교사는 평소에 아이들이 견학하기에 좋은 장소나 아동에게 특별히 흥미를 줄 만한 지역프로그램에 관심을 갖고 운영에 반영할 수 있도록 준비해야 한다.

① 걸어서 견학하기

어린이집 근처 공원을 산책하거나 동네를 걸어서 다녀보는 것은 매우 재미있고 교육적인 활동이다. 동네 뒷산으로 풀이나 꽃을 관찰하러 나가기, 어린이집 주변의 건물 돌아보기, 동네의 횡단보도 건너보기, 동네 초등학교 운동장으로 놀러가기, 인근 파출소나 소방서 방문하기 등이 있다. 걸어서 견학을 나가기에 앞서 보육교사는 사전에 유아들이 걸어가게 될 경로를 따라 걸어서 답사를 하는 것이 중요하다. 또 걸어서 견학을 갈 때는 반드시 날씨를 고려해야 한다.

② 차를 타고 견학하기

차편을 이용해서 견학을 다녀올 때는 먼저 이용할 차의 기사와 차량의 보험이 가입되어 있는지를 확인한다. 또 출발하기에 앞서 부모에게 사전에 견학지에 대한 안내와 공지사항을 정확하게 알려주어야 한다.

(2) 자원봉사자 활용

어린이집에서는 다양한 지역사회의 인사를 자원봉사자로 활용함으로써 아동에게 더욱 다양한 경험을 제공할 수 있다. 자원봉사자의 역할은 다음과 같다.

첫째, 직접적으로 보육서비스를 제공하는 보조교사의 역할을 수행한다.

둘째, 보육프로그램 중 자원봉사자가 특별활동교사로 참여할 수 있다. 미술이나 음악, 체육활동의 경우 전문가가 담당한다면 훨씬 질 높은 프로그램 운영이 될 수 있다.

셋째, 자원봉사자는 어린이집의 행정업무를 도와주는 역할을 수행할 수 있다.

넷째, 지역사회인사를 1일 교사나 특별활동 강사로 초빙해서 활용한다. 예를 들어 지역 소방서의 소방관을 어린이집으로 초대해서 소방안전교육과 대피훈련을 하여 실제로 화재 시의 대피상황을 진행할 수 있다.

(3) 의료기관과의 연계

보건소, 병원 등의 의료기관과 연계활동을 하는 것은 어린이집 영유아의 건강을 지키는 데 큰 도움이 된다. 영유아의 건강검진을 위해 인근 보건소 또는 의료기관과 연계를 맺고 정기적인 예방접종과 정기적인 구충제 복용, 건강검진 및 건강한 생활 습관 기르기, 바른 양치법 배우기, 바른 개인위생법 등의 위생교육을 의사 또는 간호사를 초빙하여 교육을 받는다.

의료기관 연계가 제대로 이루어지기 위해서는 평소에 의료기관 비상연락망을 구성해 놓고 어린이집 내부에서 긴급한 의료사고가 발생한 경우 해당 기관에 즉시 의뢰할 수 있도록 한다.

(4) 지역사회를 위한 어린이집의 활동

어린이집은 영유아 보육의 중요성에 대한 지역사회의 인식을 높이기 위해 다양한 노력을 기울이며, 지역주민을 대상으로 다양한 행사나 프로그램을 실시하여 지역사회의 복지향상에 기여해야 한다. 지역주민을 위한 프로그램으로는 양로원 방문이나 아동발달 및 자녀양육에 대한 강연회를 개최하며 지역주민에게 교육의 기회를 제공하고, 어린이집 소식지를 이용해서 각종 육아상담을 실시하며, 어린이집의 보육프로그램에 대한 정보교환을 위해 지역 내의 다른 어린이집 관계자를 초청하여 심포지움을 개최한다든지, 초등학생을 위한 방과 후 교실을 운영하거나 어린이 캠프 또는 특별활동교실과 같은 프로그램을 실시한다. 어린이집의 책이나 장난감을 가지고 이동도서관을 운영하고 바자회와 알뜰장터를 열어서 모든 지역주민이 함께 참여하도록 하는 것도 지역사회 연계를 위한 좋은 활동의 예가 된다.

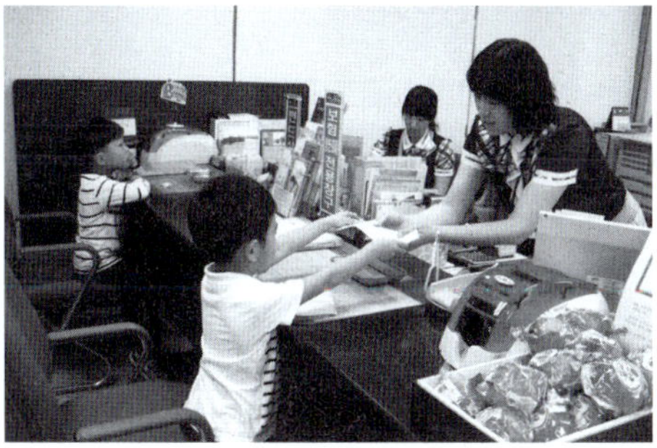

[그림 9-5] 지역사회연계활동 은행방문-경제교육(좌), 환경공단-전기자동차 견학(우)

〈표 9-4〉 꿈단지어린이집 지역사회연계 연간계획안

활동명	횟 수	관계기관	내 용	인 원
식 단	월 1회	어린이급식지원센터	- 식단표 제공	전체 영유아
영양교육	연 5회	서구보건소	- 식습관지도 - 영양일기쓰기 - 영양인형극 - 영양관리-설문조사 - 영양 및 위생교육	전체 영유아
성 교 육	연 1회	성문화센터	- 성교육인형극 - 남자와 여자의 차이점 - 자신을 소중히 하기 - 낯선 사람에게 대처방법	유아반
구강교육	연 2회	관내 치과병원	- 올바른 양치질 방법 - 치아의 구조 - 치아에 좋은 음식, 나쁜 음식	유아반
예절교육	연 1회	역사박물관	- 한복을 바르게 입기 - 큰절하기	유아반
실습생교육	연 2회	지역대학	- 4주간의 실습교육 - 영유아 관찰 및 유아교육	1회당 5명 이내
소방서견학	연 1회	서부소방서	- 화재 교육, 화재 대비 교육 - 소방서가 하는 일 - 소방차 살펴보기	유아반
경찰서견학	연 1회	서부경찰서	- 경찰서가 하는 일 - 경찰차 살펴보기	유아반
인천공항견학	연 1회	인천국제공항	- 공항이 하는 일 - 비행기 살펴보기	유아반

활동명	횟 수	관계기관	내 용	인 원
국립생물 자원관견학	연중	국립생물자원관	- 다양한 생물 살펴보기 - 교육프로그램 연계활동	전체 영유아
자원봉사	연중	000시 자원봉사센터	- 관내 청소년에게 봉사제공	

〈표 9-5〉 **꿈단지어린이집 지역사회연계 활동계획안(초등학교 견학)**

행 사 명	초등학교견학	대 상	하늘반[만 5세]
예정일시	2013. 12. 20(금) 10:00 ~ 12:00 [120분]		
장 소	인천 검안동 은지초등학교		
소요시간	활 동 내 용		비 고
10:00 ~ 10:30 [30분]	○ 견학 준비 및 차량탑승/이동하기 - 이름표 목걸이 걸기 및 인원체크하기 - 준비물 확인하고 차량으로 이동하기 - 차량 탑승 후, 안전벨트 확인하기 - 인원체크 및 출발하기		
10:30 ~ 11:00 [30분]	○ 도착 및 초등학교 1학년 형님 만나기 - 버스에서 내린 유아 인원체크하기 - 교감선생님과 인사 나눈 후, 1학년 교실 들어가기 - 교실 둘러보고, 형님들이 수업하는 모습 참관하기 - 형님들에게 궁금한 것 질문하기		유아들의 질문 목록지를 개별 유아가 읽고 질문할 수 있도록 돕기
11:00 ~ 11:30 [30분]	○ 초등학교 둘러보기 - 각 교실, 복도, 보건실, 과학실, 도서실, 강당 둘러보기 - 실외로 이동하여 운동장 둘러보기 - 원감선생님께 인사드리기		
11:30 ~ 12:00 [30분]	○ 차량으로 이동 및 탑승하기 - 유아 인원체크 후 차량으로 이동하기 - 차량 탑승 후, 안전벨트 확인하기 - 인원체크 및 출발하기 ○ 어린이집 도착 - 교실로 이동하여 화장실 다녀오기		

행사 후 평가	  	

4) 영유아와 가족을 돕기 위한 전문가와의 협조

어린이집에는 가정환경이나 발달적 특성이 또래와 달라서 특별한 보호를 필요로 하는 영유아가 있다. 영유아의 개별적인 행동 문제(예: 다른 영유아들에 비해 낯가림이 심하고 언어를 사용할 수 없으며, 비언어적인 표현으로 다른 영유아들에게 피해를 입히는 경우의 영유아)에서부터 장애를 가진 영유아와 부모의 이혼이나 학대, 질병에 이르기까지 매우 다양하다. 어린이집에서는 이러한 요구를 가진 영유아와 그 가정이 건강하고 안정된 생활을 할 수 있도록 도움을 주어야 한다. 어린이집에서는 영유아와 가족의 특정 문제를 도와줄 전문기관에 실질적인 정보를 제공하여 가족이 전문가의 도움을 받을 수 있도록 지원해야 한다.

〈표 9-6〉 서창그린어린이집 영유아와 가족을 돕기 위한 전문기관 현황

분류	서비스 종류	기관명	전화번호	소재지	홈페이지
가족지원	복지관	송림종합사회복지관	764-1185	동구 송림1동 193-1	www.songrim.or.kr
		성미가엘 종합사회복지관	766-0981	중구 내동 3-5	www.migael.net
	다문화 가족센터	인천 남동구 다문화가족 지원센터	467-3917	남동구 만수동 1094-2번지	http://cafe.daum.net/namdong-gu

분류	서비스 종류	기관명	전화번호	소재지	홈페이지
가족지원	장난감대여 (도담도담 장난감 월드)	남동구 예술회관점	422-7833	인천지하철 예술회관역	http://www.dodamtoys.or.kr/
		남구 숭의점	888-0252	남구 숭의동 190-4	http://www.dodamtoys.or.kr/
장애아동	언어치료	조이언어 심리발달센터	888-0708	남구 숭의4동 66-33	
	재활치료	두리지역 복지센터	435-8415	부평구 부평동	http://happylog.naver.com/sjincheon
	언어치료 놀이치료	이화누리 아동발달센터	437-0030	남동구 구월1동	
	감각통합 치료	미래아동 청소년발달센터	423-1375	남동구 간석1동	
	언어치료 미술치료	나우리 아동발달센터	574-1843	부평구 산곡동	
발달지원	아동상담 및 발달센터	인천 원스톱지원센터	582-1170	동구 송림동	
		아동발달심리운동센터	816-0075	연수구 연수동	
		성심 아동상담센터	422-2990	남동구 간석동	
		해바라기 아동센터	423-1375	남동구 구월동	
학대아동	상담및치료	아동학대예방센터	434-1391	남구 주안6동 969-2	
	심리치료	보라매 아동센터	747-1102	중구 운북동	happylog.naver.com/brmcenter/
	상담	굿네이버스 남부아동권리 지원센터	442-1391	남동구 구월3동	www.goodneighbors.kr/sinchon/

생각해 보기

1. 부모교육의 필요성과 내용에 대하여 논의하시오.

2. 부모참여 프로그램에 대한 내용에 대하여 토론하시오.

3. 어린이집 지역사회 연계의 필요성에 대하여 논의하시오.

제10장
보육평가와 관찰

CONTENTS

1. 영유아 평가

1) 영유아 평가의 필요성

평가는 교육과 보육의 전 과정을 통해서 교육목표가 교육 실제에 있어 어느 정도 실현되었는지를 결정하는 과정이자 영유아가 무엇을 알고 어떻게 행동하는지에 관심을 두고 영유아의 발달과 학습과정을 관찰, 기록, 문서화하는 과정이다(이기숙, 2008, 재인용). 영유아의 개별적인 특성에 따라 여러 목적으로 실행할 수 있으며, 영유아를 위한 의사결정 및 계획에 필요한 영유아의 발달과 학습을 수정하는 모든 전략의 기초가 되기도 한다. 따라서 평가는 영유아 보육과정의 목표가 실제에 실현된 정도를 관찰하고 기록하고 문서화하여 영유아를 위한 의사결정 및 계획에 따라 발달과 학습을 수정하는 과정이라고 말할 수 있다.

영유아 평가가 필요한 이유는 다음과 같다.

첫째, 영유아가 어린이집에 입소하기 전에 이들의 현재의 발달 특성이나 상황에 대한 정보를 얻기 위해 진단평가를 목적으로 실시할 수 있다. 부모용 가정환경 검사를 통해 영유아와 관련된 인적·물적 환경을 포함하는 다양한 측면에 대해 조사한다(표 10-1).

둘째, 어린이집에서 영유아가 또래나 교사와 상호 작용을 하는 동안 보육 교사나 어린이집 원장 등이 영유아의 놀이나 일상적 활동에 대한 계획적 또는 수시로 관찰한 자료를 통해 개인적 특성을 이해할 수 있는 기초 자료를 수집하는 것이 필요하다. 이는 현재 개별 영유아의 현 발달 상황을 평가함으로써, 영유아의 생활 지도와 학습 지도에 있어 기초가 되는 자료를 제공해 준다.

셋째, 부모들은 자녀들을 어린이집에 보낸 후 자기의 자녀에 대한 보육의 성과에 대해 알고 싶어 한다. 지속적이고 체계적인 평가를 통해 수집된 자료를 바탕으로 부모와의 개별 면담을 통해 가정에서도 영유아의 능력에 맞는 지도를 실시함으로써 어린이집-가정의 연계 교육을 통한 보육의 효과를 증대시킬 수 있다.

2) 영유아 평가의 목적

(1) 영유아의 발달에 대한 정보 수집

영유아에 대한 평가는 영유아의 신체적 · 인지적 · 정서적 · 사회성 발달 등에 대한 정보를 수집하여 영유아의 전인적인 성장과 발달을 돕기 위한 것이다. 예를 들면 교사가 영유아의 사회성 발달 수준을 알아보기 위해 자유선택활동을 하는 영유아를 관찰하여 평가할 경우 이때 수집된 정보를 기초로 어떻게 가르치고 지도하고 반응할 것인지에 대한 결정을 내릴 수 있다. 특히 자녀를 온종일 어린이집에 위탁시키는 부모들은 자녀의 발달과 행동 변화에 대한 정보를 얻을 수 있는 시간과 기회가 부족하므로 영유아에 대한 과학적이고 실증적인 평가를 통한 정보 수집이 필요하다.

(2) 영유아에 대한 학습 지원

영유아 평가의 일반적인 목적 중 하나는 영유아에 대한 학습지원이다. 영유아의 발달과 학습을 촉진하기 위해 평가한다는 것은 교수 과정과 평가 과정이 분리될 수 없다는 것을 의미한다. 개별 평가는 보육과정 진행을 위한 출발점을 결정하게 되는데 이것은 영유아가 가진 학문적 기술과 실제적 지식이 무엇인지 파악하고, 영유아의 발달적 기능이 현재 어느 수준인지를 결정하기 위한 것이다.

(3) 영유아에 대한 진단 및 처방

의사가 유아의 질병을 진단하기 위해 신체검사를 하듯이 발달적 지체나 학습 수행에 어려움이 있는지를 확인하기 위해 평가를 실시한다. 만일 의학적 문제, 출산 시 결손, 운동기능이나 언어 · 인지 · 사회성 발달에서 발달지체가 초기에 발견된다면 문제들을 수정하거나 최소화하고 치료하기 위한 조치를 단계적으로 취할 수 있으므로 적절한 평가의 실시는 영유아에게 매우 중요한 영향을 미치게 된다.

(4) 보육프로그램 선정

영유아에게 가장 적절한 서비스를 제공해 주기 위해 프로그램 선정이나 서비스 제공 이전에 검사를 실시할 수 있다. 영유아는 동일한 연령이라도 발달 상태나 개인별 능력에 차이가 있으므로 평가를 통해 자신에게 적절한 프로그램으로써 효과적인 발달을 도모할 수 있다.

3) 영유아 평가의 주의점

영유아를 평가할 때 주의할 사항은 다음과 같다(교육부, 1995).

첫째, 영유아의 행동이나 발달을 객관적으로 평가해야 한다. 이를 위해 교사는 다양한 상황에서 자료를 수집하는데, 일상적인 관찰, 부모와의 면담, 일화 기록, 평정척도, 체크리스트, 작품분석, 각종 표준화 검사의 실시 등을 통하여 수집한다.

둘째, 영유아 간의 상대적 비교보다는 각 영유아에 대한 평가를 해야 한다. 평가의 목적이 등급을 매기거나 성공·실패 영유아를 구별하는 것이 아니므로 영유아 개인 내의 평가를 통해 현재의 발달이 미래에 어떻게 진전될 것인가를 평가해야 한다.

셋째, 영유아에 대한 평가는 영유아교육활동이 진행되는 상황에서 결과보다는 과정에 초점을 맞추어 실시하여야 한다. 또한 영유아의 전인적인 발달을 위하여 신체적 건강 및 안정, 기본 생활습관, 정서적 안정감, 대인관계, 의사소통 능력 및 탐구심 등에 중점을 두어야 한다.

4) 영유아 평가의 종류

영유아 평가는 구체적이고 제한된 범위의 영유아행동을 평가하는 표준화 검사와 같은 형식적 평가와 교사의 관찰, 영유아의 작업표본 등에 의한 비형식적 평가의 두 가지 유형으로 나눌 수 있다. 그러나 영유아 발달 특성상 표준화 검사보다는 교사의 관찰, 포트폴리오와 같은 비형식적 평가가 더 강조되고 있다. 이는 영유아 교육이 특성상 상당 부분이 비형식적으로 진행되는 것에 기인하며 이 단계의 영유아들에게 활용될 수 있는 측정도구가 제한되고 있고, 어린 아동에게 미칠 수 있는 검사의 부작용을 최소화하기 위해서이다(강문희 외, 2002). 어린이집에서 활용할 수 있는 비형식적 평가 방법으로는 관찰, 포트폴리오 등이 있다.

(1) 관찰

관찰법이란 유아의 행동을 이해하기 위해 도구를 사용하지 않거나 도구를 사용해도 유아의 행동에 영향을 미치지 않도록 하는 가운데 측정하는 방법을 말한다. 즉, 유아의 행동이나 상황을 직접 관찰하여 기록하는 절차를 관찰법이라 한다. 유아의 발달 특성상 자신의 능력과 의견을 표현하는 데 제한을 지니고 있다. 또 주의집중력이 짧아서 유아가 어느 정도 발달되어 있는지, 어느 정도 관심이 있는지 파악하기가 어렵다. 또한 보육교사는 교육의 대상인 유아의 발달 수준을 알아야 적합한 교육을 시행할 수 있는데, 유아의 발달 수준을 측정할 도구나 방법이 잘 발달되어 있지 못하다. 이러한 이유로 유아의 학습상태, 흥미 여부 등을 파악하기 위해 관찰법이 필요하다. 관찰은 영유아를 평가하는 가장 일반적인 방법으로 자연스러운 상황에서 영유아의 행동 특성이나 발달 상황에 대한 객관적인 자료를 얻을 수 있다는 장점이 있다. 관찰법에는 일화 기록, 시간 표집법, 사건 표집법, 행동목록법, 평정척도법이 포함된다.

① 관찰의 목적

첫째, 영유아 개개인에 대한 이해가 가능하여 더 진전된 발달을 돕고 문제를 해결하도록 도와줄 수 있으며, 둘째, 학급집단이 가지고 있는 특성이나 문제점을 파악하여 영아들이 보다 잘 지낼 수 있는 방법을 모색하도록 도우며, 셋째, 현재 실행하고 있는 프로그램의 장점과 문제점들을 찾아내어 프로그램의 질을 높일 수 있다.

② 교사가 일과에서 관찰할 내용범주

- 등원과 하원 시 반응
- 일상적인 양육 시 행동(기저귀 갈이, 화장실 가기, 식사와 간식 시 행동, 낮잠자기 등)
- 놀이행동
- 교사나 다른 영유아들과의 상호작용
- 언어활동
- 신체적 변화 등

③ 영아를 관찰하기에 어려움을 느끼는 교사들을 위한 관찰 예시

- 표준보육과정과 연결해 본 영아의 모습과 지원계획

〈표 10-1〉 표준보육 목표에 준거 기록

관찰아동	이 00(여)	생년월일	2006. 9.1 1
관찰 일	2007. 7. 5	시간	오전 11:00~11:15
관찰 자	김 00	장면	자유놀이

전래동요가 오디오에서 나오자 손을 앞으로 나란히 자세를 취하면서 엉덩이를 좌우로 흔들거린다. 교사가 옆에서 박수를 치며 노래를 따라 불러주자 일어나서 춤추는 표현으로 몸을 좌우로 흔들면서 움직인다.

해석: 00이는 예술감상과 예술표현의 1,2수준에 있다. 이를 지원하기 위해 다양한 장르의 음악을 들려주고, 00이의 변화를 관찰하여야겠다.

출처: 김희진 · 박은혜 · 이지현(2000). 수정 인용.

〈표 10-2〉 표준보육과정 예술영역 세부내용

<table>
<tr><th rowspan="2">내용 범주</th><th colspan="5">0~1세 보육과정</th><th colspan="3">2세 보육과정</th></tr>
<tr><th>내용</th><th>1수준</th><th>2수준</th><th>3수준</th><th>4수준</th><th>내용</th><th>1수준</th><th>2수준</th></tr>
<tr><td rowspan="7">예술적 표현하기</td><td rowspan="2">리듬 있는 소리로 반응하기</td><td colspan="2">리듬 있는 소리에 관심을 가진다.</td><td colspan="2">노래를 부분적으로 따라 부른다.</td><td rowspan="2">리듬 있는 소리와 노래로 표현하기</td><td colspan="2">친근한 노래를 따라 부른다.</td></tr>
<tr><td colspan="2">리듬과 노래에 소리로 반응한다.</td><td colspan="2">리듬과 음높이에 맞추어 소리를 낸다.</td><td colspan="2">신체, 사물, 리듬악기 등을 이용하여 간단한 리듬과 소리를 만든다.</td></tr>
<tr><td rowspan="2">움직임으로 반응하기</td><td colspan="4">손발 흔들기와 몸 움직임으로 반응한다.</td><td rowspan="2">움직임으로 표현하기</td><td colspan="2">노래나 리듬에 맞춰 몸으로 표현한다.</td></tr>
<tr><td colspan="2"></td><td colspan="2">간단한 도구를 활용하여 움직인다.</td><td colspan="2">간단한 도구를 활용하여 몸으로 표현한다.</td></tr>
<tr><td rowspan="2">단순한 미술 경험하기</td><td colspan="2" rowspan="2"></td><td colspan="2" rowspan="2">감각적으로 단순한 미술경험을 한다.</td><td rowspan="2">자발적으로 미술활동 하기</td><td colspan="2">자발적으로 그리기, 만들기를 한다</td></tr>
<tr><td colspan="2">간단한 도구와 미술재료를 다룬다.</td></tr>
<tr><td>모방행동 즐기기</td><td colspan="2">소리나 얼굴 표정, 몸 움직임 등을 모방한다.</td><td colspan="2">단순한 모방 행동을 놀이처럼 즐긴다.</td><td>모방과 상상놀이 하기</td><td>모방행동을 놀이처럼 즐긴다.</td><td>일상생활 경험을 상상놀이로 즐긴다.</td></tr>
</table>

출처: 보건복지부(2014).

- 부모와 상호교류하는 영아용 일상활동 기록 지원

〈표 10-3〉 0~1세반 영아 관찰기록의 예(원아수첩 기록)

이 름		○○○(남, 여)			반		분홍반 (1세)	생년월일		2008. 10. 5		
								관찰기간		2010년 11월 1일~11월 5일		
구분		기분 및 상태			식사(수유) 및 간식			낮잠 및 휴식		배 변		
		기분	건강	체온	오전 간식	점심	오후 간식	수면상태	시간	구분	배변 상태	대변시간 소변횟수
월	점검	○	○	36. 8	○	○	○	○	12 : 30~ 14 : 00	대변	○	16 : 00
										소변	○	3 회
	내용	기분도 좋고 몸 상태도 좋음			좋아하는 반찬을 먼저 먹고 계속 더 달라고 함. 밥과 함께 먹어보도록 함			교사가 토닥여 주지 않아도 스스로 잠이 듦		대변을 본 후 기저귀를 두드려서 배설했다는 것을 표현함.		
화	점검	○	△	36. 3	○	○	○	○	12 ; 50~ 14 ; 50	대변		
										소변		3회
	내용	약간 묽은 콧물이 흐름			혼자서 포크를 사용하여 반찬을 집어 먹음			피곤했는지 교사가 깨워서 일어남		대변을 보지 않음		
수	점검	○	△	37. 1	○	△	△	○	12 ; 50~ 14 ; 20	대변	△	
										소변		4회
	내용	미열이 조금 있음. 콧물이 나서 불편해함			몸이 안 좋은지 점심과 오후 간식을 조금 먹은 후 남김			잠자면서 땀을 좀 흘림		설사는 아니었으나 묽은 변을 봄		
주간 평가		화요일부터 콧물이 나고 수요일에는 건강 상태가 좀 좋지 않더니 목요일에 열이 많이 남. 환절기마다 감기에 걸림			선호하는 음식이 있으며, 식사하는 것을 즐김. 숟가락과 포크를 사용하는 것에 관심을 보이고 있으며, 적극적으로 시도함. 몸이 안 좋아 주 후반에는 음식을 남김.			교사의 도움 없이도 비교적 잠이 잘 드는 편이며, 1시간 30분에서 2시간 정도 낮잠을 자고 있음.		배변의사와 배설한 것에 대한 표현을 조금씩 하고 있음. 다른 친구들이 화장실에서 대소변을 볼 때 관심을 보이고 있음.		

출처: 중앙보육정보센터(2012).

④ 관찰의 종류

가. 일화 기록

일화 기록은 짧은 내용의 사건이나 행동에 대한 사실적인 기록으로 영유아의 특성을 이해하기 위하여 영유아가 보이는 구체적인 행동사례나 어떤 사건에 관련된 관찰일지를 상세히 기록하는 방법이다.

일화 기록법은 기록자가 관찰하고자 하는 연령집단의 발달 특성을 정확하게 이해하고 있어야 하며 현재형으로 기술하고 직접화법으로 적는다. 영유아의 일상생활에서 일어나는 중요한 일들을 잘 알고 있어야 한다. 행동이 관찰된 직후 종이에 6하 원칙에 따라 간단히 메모한 후 자세히 기록한다.

관찰 날짜, 시간, 장소, 장면, 진행 중인 활동을 기록한다. 관찰대상과 상호작용하는 사람들과 행동을 구체적으로 기록한다. 관찰대상과 상호작용하는 사람들과 행동을 구체적으로 기록한다. 발달상 중요한 요점을 적는다. 즉, 일화 기록은 영유아가 무슨 말을 하고 어떤 행동을 했는지를 그 상황 안에서 사실적으로 언제, 어디서, 어떻게 일어났는지를 구체적이고 객관적으로 적는 것이다. 현장에 없었던 사람이 읽어도 그 사건이나 상황을 확실히 알 수 있도록 무슨 상황이 언제, 어디서, 어떻게 일어났는지를 알 수 있도록 신문 기사를 쓰듯이 사실적으로 적는 것이다(이정환 외, 1995).

따라서 교사는 일화 기록을 할 때 자신의 주관적인 판단이 내포되지 않는 단어를 사용하여 관찰한 사건에 대한 사실적이고 객관적인 기록이 되도록 주의해야 한다. 또한 일화 기록은 영유아의 일상적인 행동을 그 영유아가 속한 사회 및 문화적 상황이나 물리적 환경과의 관련 속에서 총체적으로 서술해야 한다. 그리고 행동에 대한 기술과 함께 영유아의 이름, 관찰일시, 관찰 장면 등과 같은 기본 정보를 반드시 기록해야 한다.

일화 기록법은 특별한 훈련 없이도 사용이 가능하고 아주 자연스러운 상황에서 형식의 제약을 받지 않고 기록할 수 있다는 장점을 가지고 있다.

다음은 일화 기록 작성 시 유의할 점들이다(보건복지가족부, 2008).

- 활동의 진행이나 일어난 사건은 즉시 기록한다.
- 유아의 행동과 말을 구별해서 기록한다.
- 장면, 진행 중인 활동 등 상황적인 자료를 반드시 기록에 포함시킨다.
- 대상유아의 행동과 언어를 기록함과 동시에 그 상황에 있는 다른 유아나 교사의 반응도 함께 기록한다.
- 상황의 정확한 의미를 파악하기 위해 유아가 사용한 말을 그대로 기록하고 유아가 한 행동은 해석하지 말고 있는 그대로 기록한다.
- 활동 진행과정이나 사건을 일어난 순서대로 기록한다.
- 객관적이고 사실적으로 기록한다.

〈표 10-4〉 **일화 기록의 예**

일화 기록 관찰양식(사례)		
관찰유아 : 공00	생년월일 : 2000. 11. 5.	성　별 : 여
관 찰 자 : 김00	관찰일자 : 2006. 9. 9.	관찰시간 : AM 10:10~ 10:15
관 찰 일 : 현재	유아연령 : 3년 10월	관찰 장면 : 자유선택놀이시간 중 블록영역
기 록		
00가 블록영역에서 소방차를 가지고 이리저리 굴리며 10초간 놀고 있다. @@이가 옆에서 공룡을 가지고 노는 것을 보더니 소방차 사다리를 길게 펴서 "야얏얏" 하며 공룡을 6회 정도 때린다. @@이가 공룡의 입을 벌려 보이자 00는 빙빙 블록을 들더니 "티라노사우르스다." 하며 빙빙 블록으로 @@이가 가지고 있던 공룡을 8회 때린다. @@이가 공룡을 놓고 다른 곳으로 간다. 00는 @@이가 놓고 간 공룡을 들고 소방차 위에 올려놓고 "아~" 하고 소리를 지르며 소방차를 4초 동안 끌고 다닌다. 다시 공룡을 내려서 입을 벌려보고 배를 벌려보더니 공룡 배가 찢어져 있는 것을 보고 "공룡이 아픈데 병원 가야 돼." 두 번 말하고는 소방차에 올려놓는다. 소방차가 움직이자 공룡이 떨어진다. 공룡을 다시 올려서 소방차를 끌고 가자 공룡이 또 떨어진다. 00는 공룡을 들어 옆으로 던져버린다. 그리고는 옆에 있는 코뿔소를 들어 소방차에 올려놓고 끌고 간다. 발달영역 : 사회성 발달		
(요약) · 00는 사물을 대치하여 이름을 붙일 수 있다. · 상징놀이를 할 수 있다. · 00는 공룡에게 공격적인 행동을 보인다.		

출처: 전남련 · 김재환 · 이해배(2007).

나. 시간 표집법

시간 표집법은 시간의 단위에 초점을 맞추어 시간을 표집해서 관찰하는 방법으로 관찰하고자 하는 행동이 정해진 시간 내에 얼마나 자주 일어나는지에 대한 행동 출현 빈도를 수집하는 방법으로 일정한 시간 간격을 결정하고 이 시간 간격 동안에 한 명, 또는 그 이상의 영유아를 관찰하여 기록한다. 이는 행동을 상세하게 기술하기보다 행동의 유형과 빈도를 수집하기 위한 방법이라 볼 수 있다. 단지 사실에 대해서만 기록을 하고, 상황 속 관찰자의 인상이나 해석을 넣지 않는다.

구체적인 지침으로는 관찰하고자 하는 행동이나 사건을 설명하는 데 쓰이는 용어가 분명하게 정의되어야 한다. 관찰자는 각 관찰 범주의 정의를 충분히 이해하고 대표적인 예를 기억하고 있는 것이 기록에 많은 도움을 준다. 기록의 객관성이 유지되기 쉽고 실험연구에 적합하다는 이유로 아동연구에 많이 사용되고 있다. 그러나 행동의 빈도는 알 수 있으나 행동들 간의 상호 관련성에 대한 정보를 제공해 주지 못하는 단점이 있다.

시간 표집법은 일화 기록법과 달리 관찰하기 전에 미리 계획을 해야 하는 체계적 관찰에 해당한다.

〈표 10-5〉 시간표집법의 예

시간표집법 블록놀이 발달단계 관찰 기록지(사례)

관찰유아 : 강00　생년월일 : 2008. 3. 3.　관찰시간 : AM 10:20~ 10:25
관 찰 자 : 조00　성　별 : 남　관찰일자 : 2006. 9. 9
관 찰 일 : 현재　유아연령 : 5년 1월

놀이 / 시간	1단계 나르기	2단계 쌓기	3단계 다리 구성	4단계 울타리 만들기	5단계 설계	6단계 이름 붙이기	7단계 구성물 만들기	메 모 (Memo)
15초		V						적목을 위로 쌓음
15초					V			적목을 계속 좌우로 연결해서 쌓음
15초						V		'전화국'이라 이름을 정함
15초(1분)							V	전화국을 완성함

시간표집법 블록놀이 발달단계 관찰 기록지(사례)								
15초				V				책상 위에 울타리를 만듦
중략								
15초(1분)								울타리 안의 적목을 '전화국'이라고 함
합계(Total)	1	2	1	1	2	11	2	

(요약)

· 00이는 높은 단계의 적목놀이 이름 붙이기를 하고 있다.

· 적목으로 사물을 구성하고 이름을 대치하여 붙일 수 있다.

출처: 전남련 · 이해배(2007).

다. 사건 표집법

사건 표집법은 어떤 행동이 일어난 원인이 무엇인지 알아보고자 하는 목적을 가질 때 적합한 평가방법이다. 특정한 사건 또는 행동에 초점을 둔 관찰 과정으로 이 방법은 한 명, 또는 한 집단의 영유아를 관찰하는 데 사용할 수 있다. 특별한 사건에 관한 특정한 정보를 얻는 것이므로 사전에 목표 행동을 명확히 진술해 두어야 그 사건이 일어날 때 관찰자가 인식하기 쉽다.

관찰자는 특정 행동이나 사건이 일어나면 그때마다 일정한 형식에 따라 기록해야 한다. 사건 표집법은 영유아의 때리기, 던지기, 독점하기, 화내기, 싸우기, 다른 영유아 돕기, 질문하기 등과 같은 행동을 관찰할 때 사용할 수 있다(Wardle, 2003a).

사건 표집법을 기술하기 위해서 관찰자는 상황을 분석하기 위해 가까이서 지켜보아야 한다. 이는 사건표집법이 시간표집법과 달리 관찰단위가 시간이 아니라 어떤 행동이나 사건 자체에 있기 때문이다. 또한 관찰자는 어떤 행동이 일어난 원인을 밝히기 위해 특정 행동(Behavior : B)뿐만 아니라 이러한 행동이 일어나기 직전과 다음에 행한 행동이나 사건에 대해 기록해야 한다. 관찰자는 상황을 분석하기 위해 가까이에서 지켜본다. 그런 다음 무슨 일이 일어났는지, 그 일이 일어나기 직전에 행한 행동(Antecedent Evet : A)과 그 일의 결과(Consequence : C)를 기록한다.

특히 관찰의 주요한 목적이 행동의 원인과 그에 따른 결과를 알아보는 것이라면, ABC 사건 표집법을 사용하는 것이 효율적이다. 사건 표집법의 단점으로는 우선 관찰하고자 하는 행동이나 사건에 대해 충분히 숙지하고 있어야 하며, 자료를 수량화하는 데 어려움이 있고, 사건이나 행동이 발생할 때까지 기다려야 한다는 점이다.

〈표 10-6〉 사건 표집법의 예

사건 표집법

관찰유아 : 황00　　생년월일 : 2003. 3. 10.　　성　별 : 남
관 찰 자 : 이00　　관찰일자 : 2006. 9. 26.　　관찰일 현재 유아연령 : 3년 8월
관찰행동 : 오후 자유놀이시간 자리다툼 중 양보하기

시 간	사건 전 (Antecedent Evet : A)	사건 (Behavior : B)	사건 후 (Consequence : C)
오후 12:50~13:00	00이가 블록영역에서 기찻길을 만드는데 기찻길이 이어지는 곳에 @@이가 앉아 있어 기찻길을 연결할 수 없자 00이가 "야! 옆으로 비켜"라고 한다.	@@이가 자리를 양보하지 않자 00이가 억지로 등을 밀려 "나와"라고 하자 @@이도 "싫어" 하며 등을 뒤로 젖히며 싸운다. 00이가 옆 공간을 탁탁 치며 "여기로 가도 되잖아!" 하자 @@이가 "그럼 내 자리가 없잖아" 하며 말한다. 00이가 "저리 가" 하며 등을 밀며 화를 낸다.	서로 등을 밀다가 철진이와 @@이가 동시에 교사를 쳐다본다. 00이가 "내 기차 여기로 가야겠다"하며 찻길을 돌려 자리를 먼저 양보한다. @@이는 00이와 교사를 번갈아가며 쳐다보더니 조용히 앞으로 나와 자리를 비켜준다.

(요약)
- 00이는 친구에게 빈자리를 가리키고 비켜달라고 언어로 요구한다.
- 00이는 친구에게 먼저 자리를 양보하는 행동을 보인다.

출처: 전남련 · 김재환 · 이해배(2007).

라. 평정 척도법

평정 척도는 유아의 행동 정도나 특징에 대하여 3단계, 5단계, 7단계로 나누어 평정하는 것이다. 척도 표시도 언어, 숫자, 그림 등 여러 형태로 나타낸다. 평정 척도법은 관찰자가 사전에 관찰하려는 행동영역에 대해 미리 알고 있을 때 사용되며, 행동의 출현 유무뿐만 아니라 행동의 질적 특성을 등급으로 구분해서 알고자 할 때 사용된다. 평정 척도법은 일화 기록이나 행동 목록과 달리 간접 관찰방법이라고 할 수 있다. 이러한 결과로 수집된 자료는 유아의 전체적 판단평가에 유용하게 쓰일 수 있다(권대도 외, 2011).

평정 척도법은 체크리스트 법과 유사하나 주요한 차이는 연속성 있는 측정을 할 수 있다는 것이다. 체크리스트 항목은 긍정형 또는 부정형 응답으로 평가되는 데 비해 평정척도는 행동의 질적인 특성을 몇 등급으로 구분해서 평가할 수 있도록 한 것이다. 그러나 이 방법은 등급의 판단에 있어서 관찰자의 편견이나 오류가 발생할 가능성이 있으므로 숙련된 관찰자가 해야 신뢰도를 높일 수 있다.

평정 척도법은 행동 목록법과 마찬가지로 사전에 관찰하려는 내용을 미리 정해 놓았을 때 사용할 수 있다. 그러나 어떤 행동의 출현 여부뿐 아니라, 사람이 지닌 특성이나 성향을 미리 정해진 범주에 따라 평가할 때 사용하는 방법이다.

〈표 10-7〉 **평정 척도법의 예**

언어발달 체크리스트(2세 미만용)

관찰유아 : 생년월일 : 성 별 :

관 찰 자 : 관찰일자 : 관찰일 : 현재 유아연령 :

· 지시 : 유아의 신체발달에 대해 다음과 같이 1~5로 평정하여 해당 숫자에 ○한다.

	아주 못함	못함	보통	잘함	아주 잘함
1. 장난감을 정리·정돈할 수 있다.	1	2	3	4	⑤
2. 미술작업 후 책상정리를 한다.	1	2	3	4	⑤
3. 간식, 점심식사 후 주변을 정리한다.	1	2	3	4	⑤
4. 간식, 점식식사 전에 손을 씻는다.	1	2	3	4	⑤
중략					
20. 자신이 실수한 일은 스스로 해결하려고 노력한다.	1	2	3	④	5
(요약)					

출처: 전남련·김재환·이해배(2007).

마. 행동목록법(체크리스트)

체크리스트 법은 행동목록법이라고도 하며 교사나 관찰자가 단순히 어떤 기술이나 행동, 혹은 발달 특성이 나타나는지를 알아보고 싶을 때 사용하는 관찰방법으로 사전에 관찰자가 관찰할 행동 특성에 대한 항목을 선정해 두고 이 행동 특성의 출현 여부에 초점을 두어 표시한다(황해익, 2004). 체크리스트 법은 신체적 기능(소근육, 대근육), 자조 기능이나 사회적 기능, 정서적 · 기질적 유형, 인지적 기능, 언어와 의사소통에 대한 관찰과 기록을 할 때 사용된다(Wardle, 2003a).

이 방법의 장점은 교사가 영유아의 행동 발생 유무를 신속하고 효율적으로 기록할 수 있도록 한다는 것이다. 반면에 출현 행동의 빈도나 질적 수준에 대한 정보는 얻을 수 없다는 단점이 있다.

행동목록법은 어느 정도 구조화된 관찰법으로서, 교사가 관심 있는 행동목록을 사전에 준비하고 각 행동의 출현 여부를 관찰한 뒤에 '예/아니요', 또는 '그렇다/그렇지 않다'로 표기하는 방법이다. 이 방법은 어떤 행동의 출현 여부를 판단하는 것과 변화 여부를 판단하는 데에 도움이 된다. 특히 미리 작성된 목록표를 사용하기 때문에 간편할 뿐만 아니라 이미 개발된 것으로 적용이 가능한 목록표가 있을 때에는 더욱 사용하기가 쉽다.

행동 목록표를 작성하여 사용하는 문항은 관찰 가능한 구체적 행동을 나타내는 것이어야 하며, 문항 간 서로 중복이 없어야 하고, 논리적으로 구성하여야 한다. 다음은 관찰자가 행동목록법을 사용할 때 유의할 점이다.

- 행동목록은 관찰 전에 준비되어 있어야 한다.
- 행동목록에 포함된 문항은 관찰 가능한 구체적인 행동을 나타내는 것이어야 한다.
- 행동목록의 문항은 포괄적이고 대표적인 목록으로 구성되어야 하며 문항 간에 서로 중복 없이 일정한 체계에 맞게 논리적으로 조직되어야 한다.
- 관찰행동의 출현 유무 표기와 함께 처음 그 행동이 나타난 날짜를 기록하도록 만드는 것이 좋다

〈표 10-8〉 체크리스트 관찰 양식의 예

행동발달 관찰기록서		
관찰 유아:	생년월일 :	성별 :
관 찰 자 :	관 찰 일 :	

지시 : 다음은 영유아의 발달을 전체적으로 평가해 볼 수 있는 체크리스트이다.
1. 관찰할 대상인 영유아를 선택한다.
2. 체크리스트에 있는 행동이 나타나면 V로 표시한다.
3. 체크리스트 마지막에 각 발달 영역별로 요약을 한다.
4. 관찰 결과에 따라 영역별로 한 가지씩 교수 방법을 계획한다.

기본생활습관	예	아니오	비고
1. 정리 정돈을 할 수 있다(장난감, 작업, 간식, 책상).			
2. 간식/식사 전에 손을 씻는다.			
3. 규칙(차례, 약속)을 잘 지키는 편이다.			
4. 어른에게 존댓말을 사용한다.			
5. 음식을 골고루 먹는다.			
6. 낮잠을 잔다.			
7. 교사의 지시를 잘 이해하고 따른다.			
8. 물건을 소중히 다루고 아껴 쓴다.			
9. 고마워, 괜찮아, 미안해 등의 말을 적절하게 사용한다.			
10. 혼자서 옷을 입을 수 있다.			
11. 화장실 사용 후 뒤처리를 혼자 한다.			

출처: 황해익(2004).

(2) 포트폴리오 평가

포트폴리오를 우리말로 번역한다면 '학습과정 및 결과에 관한 근거자료를 체계적으로 수집하여 누적적으로 정리해 놓은 개인별 서류철, 또는 자료수집 체계'라고 할 수 있다(배호순, 2000). 포트폴리오란 유아의 발달과 학습에 관한 기록과 증거를 시간의 흐름에 따라 구체적인 목적을 가지고 조직적으로 모아놓은 것으로, 유아의 작품수집 분석보다 더욱 다양한 각도로 평가 자료를 수집한 것이다.

평가영역에서 포트폴리오는 유아의 수행과 작품을 다양하게 수집함으로써 유아의 전체 학습과정을 보여주며 아동의 성장과정을 이해할 수 있게 한다. 교육 상황에서의 포트폴리오는 한 가지 또는 그 이상의 영역에서 오랜 기간에 걸친 영유아의 노력, 진보, 성취를 시기별로 설명하는 영유아의 작품 모음을 말한다. 즉, 개별 영유아에 대한 관찰, 건강기록, 검사 결과, 활동 결과물, 사진과 기록물, 부모 참여 등을 포함한 정보들을 수집하여 영유아의 전체적인 발달 상태에 대한 정보를 제공하기 위한 것이다(Wardle, 2003a). 영유아 대상의 관찰법이나 표준화 검사 방법의 문제점을 해결하기 위한 대안적인 평가 방법이 포트폴리오 평가이다.

포트폴리오에 포함될 수 있는 자료들을 구체적으로 살펴보면 영유아의 활동 결과물들, 긁적거리기 한 것, 녹음테이프나 비디오테이프, CD, 프로젝트나 체험활동사진, 부모나 교사의 관찰, 일화 기록, 체크리스트, 자기평가, 흥미 목록, 발달상황 기록표, 일지, 교사나 부모의 일일 연락장 등이 있다. 포트폴리오용 자료들은 영유아의 변화하고 있는 능력과 발달을 잘 나타낼 수 있도록 영유아, 교사, 부모가 함께 참여하여 선택하는 것이 좋다. 영유아가 매우 어린 시기부터 만들어진 포트폴리오에서 많은 정보를 입수할 수 있다. 영아의 포트폴리오 중 일화 기록에서는 영아가 어떻게 눈, 손, 입, 물체를 사용하는지에 대한 사고력의 평가를 알 수 있고, 영아의 말을 녹음한 테이프, 일과표와 일지, 수면 · 식사 · 놀이 유형에 대한 기록, 영아가 여러 가지 기능에 도달하게 되는 과정과 도달한 날짜 등을 포함하고 있으므로(Essa, 2003) 교사가 프로그램을 계획할 때 유용하게 활용될 수 있다.

포트폴리오에서 제시된 영유아의 작품은 발달 영역, 기능 수준, 교사나 기관이 설정한 목표에 의해 평가된다. 미리 설정된 평가 기준을 사용하여 교사는 여러 가지 작품에서 나타난 영유아의 흥미와 창의적 표현력뿐만 아니라 강점과 약점을 파악할 수 있다(Wortham, 2005). 자료들을 계속적으로 수집하고 정리하는 데 시간과 노력이 많이 드는 단점이 있을지라도 영유아의 발달과정을 점검하고 더 나은 성장과 발달을 위한 경험들을 계획하고 결정하기 위해서는 포트폴리오 내용을 주기적으로 검토해야 한다.

포트폴리오 평가를 할 때 고려해야 할 점은 다음과 같다.

- 명백하고 구체적인 평가기준과 다양한 평가정보원 및 정보수집 방법을 동원한다.
- 일정 기간 동안 목적을 가지고 체계적으로 수집한 영유아들의 작품이 있어야 한다.
- 영유아의 작품이나 활동에 대한 교사의 의견이 제시되어야 한다.
- 영유아 행동에 대한 관찰결과가 포함되어야 한다.
- 교사 자신이 포트폴리오의 목적과 그 활용에 대해 인식하고 있어야 한다.

① 포트폴리오 평가의 의의

교육과정을 통한 유아의 작업과 사고의 질을 보여주고 시간의 흐름에 따른 유아의 진보와 성장을 설명해 주는 자료가 된다. 유아가 자신의 작업을 평가하는 과정에 참여할 수 있기 때문에 의미가 있다. 교사의 교수계획을 도와주는 역할을 한다.

② 포트폴리오 평가의 목적

첫째, 일회적 검사로 유아의 능력을 평가하는 표준화 검사와 달리 포트폴리오 평가는 유아들에 대한 다양한 정보 수집을 통해 전체적인 발달과정을 살펴볼 수 있다.

둘째, 포트폴리오 평가는 개별유아의 특성을 파악하여 교수계획을 수립하는 데 유용하게 사용될 수 있다.

셋째, 포트폴리오 평가를 위해 교사가 수집한 다양한 자료를 통해 부모나 교육행정가에게 더욱 구체적이고 의미 있는 정보를 제공해 줄 수 있다.

넷째, 포트폴리오 평가 과정에 유아가 참여함으로써 유아의 자율성이 향상되고 학습에 대한 책임감이 증진될 수 있다.

다섯째, 포트폴리오는 유아에 대한 종합적 정보를 제공함으로써 학년 간, 기관과 가정 간 연계성 있는 교육이 이루어질 수 있도록 한다(권대도 외, 2011).

③ 포트폴리오를 통한 객관적인 평가를 하기 위해서 고려해야 할 사항

포트폴리오 평가는 장기간에 걸쳐 영유아의 활동과정 및 결과를 증명해 줄 작품들을 수집하여 시간의 흐름에 따라 영유아의 변화를 살펴보는 평가법이다. 포트폴리오를 통한 객관적인 평가를 하기 위해서 고려해야 할 사항은 다음과 같다.

- 그림, 공동작업, 개별 작업, 구성활동, 비디오, 녹음, 신체표현을 한 사진 자료 등 각종 사진자료, 쓰기자료 등 영유아의 다양한 작품을 수집한다.
- 수집된 자료가 평가 자료로서 가치가 있으려면, 지속적이면서도 체계적으로 자료를 수집하는 것이 필요하다. 따라서 내용에 따라 한 달 또는 1분기, 한 학기 등과 같이 일정한 간격을 두고 영유아가 만들어낸 자료를 체계적으로 수집해야 한다.
- 수집된 작품에는 그날의 날짜와 그 작품에 대한 영유아의 설명, 태도, 활동맥락, 특정 행동의 동기, 다른 영유아들과의 관계 등을 기록한다. 예를 들면, 영유아들이 표현한 자료 밑에 이렇게 표현하게 된 배경, 영유아의 설명, 느낌, 특성 행동, 함께 한 친구들의 이름 등을 간단히 적어 두면 그 작품을 이해하는 데 많은 도움을 받을 수 있다.
- 자기 반영 활동 및 그 결과를 수집해야 한다. 영유아가 자신이 만든 작품에 대해 되돌아보고 반성한 결과들을 포트폴리오에 포함한다. 자신의 활동이 목표한 대로 적절히 이루어졌는지에 대해 자기 판단을 해 보거나 느낀 점, 새로 알게 된 것, 다음 활동 목표 등을 영유아 입장에서 정리하는 것이 포트폴리오 평가의 주요 내용이 되어야 한다.
- 영유아 작품에 대한 교사, 부모, 또래의 의견이나 조언, 기타 작품의 특이한 사항에 대한 기록이 필요하다.

(3) 표준화 검사와 같은 형식적 평가

표준화 검사는 사용자와 관계없이 검사의 실시와 채점, 결과의 해석이 동일하도록 모든 절차와 방법을 일정하게 만들어 놓은 검사이다(황해익, 2004). 표준화 검사는 개인의 특성을 측정하기 위해 고안된 것으로 개별적 또는 집단적으로 시행한다. 표준화 검사의 목적은 능력, 성취도, 적성, 흥미, 태도, 가치, 성격 등을 측정하기 위한 것이며 그 결과는 수업을 계획하고 개인과 집단 간의 차이를 연구하고, 상담과 지도를 하기 위해 사용된다(Wortham, 2005).

표준화된 검사는 유아의 성취도를 표준화된 검사 자료를 통해 측정하는 방법으로 검사의 목적, 내용, 대상, 실시 절차, 채점 및 결과 해석이 표준화되어 있어 객관적인 자료를 수집하는 데 용이하다. 유아에게 주로 사용되는 검사는 발달의 이상 유무를 확인하는 선별 및 진단 검사와 각 발달 영역에서의 상대적인 수준을 파악하고자 하는 지능검사나 성격검사 등을 들 수 있다(정옥분 외, 2010).

표준화 검사에는 지능검사, 성취도 검사, 창의성 검사, 인성검사, 베일리 영아 발달 척도, 유아 발달 수준 검사, 유아 학습준비도 검사, 적성검사 등이 있다. 유아의 인지발달을 측정하는 데 가장 많이 사용되는 지능검사로는 한국 웩슬러 유아 지능검사(박혜원 외, 1996), 고대-비네검사(전용신, 1970), 한국판 지능검사(서봉연 외, 1985), 한국판 K - ABC(문수백 · 변창진, 1997) 등이 있다. 또 유아용 성격검사의 경우 투사검사가 주로 이용된다. 대표적인 것으로 한국판 아동용 통각검사(CAT : 김태련 · 서봉연 · 이은화 · 홍숙기, 1976)가 있다.

표준화 검사는 신뢰도와 타당도가 검증되어 안정된 결과를 제공해 주는 장점을 가지고 있다. 단점으로는 영유아들이 익숙지 않은 검사환경에서 평가를 받아야 하고, 영유아를 다른 영유아와 비교하는 것이 항상 도움이 되는 것은 아니다. 표준화 검사는 영유아의 의도적인 행동, 동기, 창의성, 자발적인 문제해결력 같은 것이 아닌 영유아의 반응을 측정한다. 또한 다수의 검사는 영유아가 할 수 없는 것에 초점을 맞추고 있고, 표준화 검사의 예언적 가치가 의문시되며 그 예언은 매우 도움이 되지 않을 수 있다는 것이다(Wardle, 2003a). 그리고 대개 표준화 검사는 검사 비용이 많이 든다.

(4) 면담법

면담법은 유아와 직접적인 상호작용을 통해 자료를 수집하는 방법으로 읽기나 쓰기가 어려운 유아에게 적당한 평가방법이다. 면담법은 면담자와 피면담자의 상호작용에 의해 평가가 이루어지므로 교사가 유아의 반응을 살펴가며 융통성 있게 질문을 변화시켜 유아의 다양한 사고 수준을 측정할 수 있는 장점을 가지고 있다(정옥분 외, 2010). 또한 교사는 부모와 수시면담으로 유아에 대한 다양한 정보를 수집할 수 있다. 부모 면담, 전화, 등·하원시의 짧은 대화, 정기적인 부모모임을 통해 필요한 정보를 수집한다.

학기 초에 가정환경을 조사하는 것은 교사가 유아를 이해하는 데 많은 도움이 된다.

〈표 10-9〉 면담법의 장단점

장 점	단 점
- 진실한 자료를 얻을 수 있다. - 말하는 사람의 내밀한 사적인 문제까지도 파악할 수 있다. - 다른 평가와 병행하여 사용할 수 있다. - 어떤 형태보다도 유아교육에서 쉽게 활용할 수 있다. - 서면으로 얻어진 것보다 정확하고 상세하게 파악할 수 있다.	- 면담 시 많은 수의 대상을 조사할 수 없어 시간과 비용의 문제가 있다. - 대상자의 표정, 몸짓 등에 의해 왜곡된 평가를 할 가능성이 있다. - 다수를 대상으로 할 경우 편견이 생겨서 신뢰성에 문제가 생긴다. - 질문이 명확하지 않거나 포괄적이지 못하거나 면담의 대상자가 대답할 수 없거나 대답하지 않으려고 하는 경우 수집된 정보가 포괄적이지 못하고 부정확하다.

출처: 김규수 외(2015).

2. 교직원 평가

보육의 질적 향상을 위해 무엇보다 중요한 영향을 미치는 것은 교사의 자질이므로 보육의 질적 관리를 위해 교사 평가는 매우 중요하다. 교사의 자질을 향상시키기 위한 방법으로 교육과 훈련도 있으나 자신이 수행하고 있는 보육활동 평가를 통해 문제점을 파악하고 개선해서 발전의 기회를 삼을 수 있다. 교사를 평가하는 방법으로는 자기평가 방법, 동료 교사에 의한 평가, 상급자(주임교사, 원감, 원장)에 의한 평가, 부모나 외부 사람에 의한 평가가 있다. 교사가 자신의 교수 활동을 스스로 평가하는 것은 교사의 전문성을 향상시켜서 보육의 질적 수준을 높일 뿐만 아니라 교사의 자기발전을 위해서도 필요하다. 교사의 자기평가는 교사의 자발적이고 적극적인 참여로 이루어지므로 자율장학의 성격을 띤다(양옥승 외, 2004). 다른 사람에 의해 교사 평가를 할 때는 어떤 목적으로 어떤 방법에 의해 이루어지는지 교사가 사전에 인지할 수 있도록 하고 평가결과에 대해서 교사에게 알려 주도록 한다.

1) 교사 평가의 필요성과 목적

교사의 자질이 교육의 질을 좌우한다는 말이 있다. 교사 평가는 교사가 하는 일의 가치를 판단하기 위해 교수 활동에 관한 정보를 수집하고, 수집된 정보에 의해 해석해서 가치를 매기는 행위이다(임승렬, 2001). 교사가 스스로 교사로서의 활동을 평가하는 것은 영유아보육의 질적 수준을 향상시키는 길이며 교사의 자기 발전에서 필요한 활동이다. 일반적으로 교사의 자기평가는 6개월에 1회씩, 1학기 말과 2학기 말에 실시하며 매번 그 평가결과를 비교 분석하여 발전의 계기로 삼는다.

교사 자기평가에는 크게 교사의 일반적 특성 부분과 전문적 특성 부분으로 구분될 수 있다. 일반적 특성은 신체, 인성, 교양 및 지적 능력에 관해 평가하며, 전문적 특성은 교직에 대한 태도, 교육 기술, 그리고 전문적인 지식에 관해 평가한다. 이러한 교사의 자기평가를 통해 스스로 자신의 교수 활동을 평가함으로써 교사 개인의 성장을 촉진하고, 교수 방법을 향상시키며, 보육의 질적 향상뿐만 아니라 보육 교사의 자율성과 전문성 확보를 도모할 수 있다(양옥승, 1999; 조성연 외, 2004)

(1) 교사로서의 전문적 자질 향상

보육의 질을 결정하는 데 있어서 교사자질은 매우 중요한 부분을 차지하고 있다. 교사는 자기 스스로 또는 동료 교사나 원장, 부모들에 의한 평가를 통해 교수방법이나 프로그램 운영의 문제점을 발견하여 개선함으로써 전문적 자질을 향상시킬 수 있다.

(2) 교사의 자기계발

교사가 자신의 교수 활동을 평가하여 개인의 성장을 촉진하고 발전시키는 계기로 삼을 수 있다. 또한 보육교사로서 자아에 대한 개념이나 개인의 생활양식, 인생주기 발달단계 등 자신에 대한 이해는 개인적인 발달뿐만 아니라 전문적인 보육교사로서 정체감을 갖게 하는 데 중요하다. 따라서 교사에 대한 다양한 측면의 평가는 교사가 자신의 발달을 확인하거나 자신에 대한 이해를 높이고 자질을 계발하는 기회를 갖게 할 수 있다.

(3) 승진이나 보수 결정을 위한 자료

상급자가 교사의 근무상황, 자질 등을 평가하여 재임용, 승진이나 연봉책정 등의 인사결정의 자료로 참고하기 위하여 평가하기도 한다. 이때 평가에 대한 준거는 교사가 사전에 인지하도록 하는 것이 바람직하다.

2) 교사 평가의 준거

(1) 일반적 특성

① 신체적 특성

신체적 건강상태, 활동성, 체력, 바른 자세, 예의바른 태도, 용모

② 인성

적극성, 정서적 안정감, 자제력, 협동심, 융통성, 성실성, 사려성, 긍정적인 인간관, 공정성, 원만한 인간관계, 자긍심, 인내심, 유머감각

③ 교양 및 지적 능력

다방면에 걸친 풍부한 지적 능력, 순발력, 유창하고 명료한 언어 사용 능력,창의력

(2) 전문적 특성

① 교직에 대한 태도

보육 교사직에 대한 사명감, 보육활동에 대한 열의, 전문성 신장을 위한 노력, 책임감, 영유아에 대한 수용적 태도, 교사로서의 적합성, 교직에 대한 신념 및 직업윤리

② 보육기술

양육기술, 보육과정 재구성 능력 및 실천 능력, 보육내용, 보육 자료, 교수방법 및 융의 발달에 대한 평가 능력 및 활용, 활동에 대한 적절한 자극 및 개입, 교재·교구제작 능력, 보육활동을 융통성 있게 운영하는 능력, 유아 관찰 능력

③ 전문적 지식과 자질

교사의 보육과정에 대한 지식, 영유아 발달에 대한 지식, 생활지도 및 상담지식, 다양한 교수방법에 대한 지식, 평가 지식, 소속기관의 보육 철학에 대한 이해 등을 평가할 수 있다.

교사 평가의 방법으로는 다음과 같은 것들이 있다.

(3) 평가의 유형

① 자기평가

자기평가는 교수행위에 대한 자기반성과 고찰을 통해 교사의 행동을 변화시키고 수업을 개선하기 위한 것이다. 자기평가는 평가 목적보다는 자아개발 용도에 활용하는 것이 바람직하다. 자기평가 방법으로는 자기평정 양식, 비디오 / 오디오 녹화, 교수사례관찰, 다른 교사의 경험비교, 자기연구 도구의 활용 등이 있다.

〈표 10-10〉 교사의 자아 효능감 평가표

	평가내용	매우 부족	약간 부족	보통	대체로 잘함	매우 잘함
1	나는 효과적인 교수방법이 무엇인지 알아내고자 끊임없이 노력한다.					
2	나는 아무리 노력해도 어떤 영역의 활동은 다른 영역의 활동보다 더 잘 지도하지는 못한다.					
3	나는 영유아들을 효과적으로 지도하기 위한 단계를 알고 있다.					
4	나는 영유아들을 지도하는 데 있어서 그다지 유능하지 않은 것 같다.					
5	나는 보통 영유아들을 비효과적인 방법으로 지도한다.					

	평가내용	매우 부족	약간 부족	보통	대체로 잘함	매우 잘함
6	나는 영유아들을 지도하는 데 필요한 만큼의 지식이 있다.					
7	나는 영유아들에게 어떤 활동을 왜 하는지 이해시키는 데 어려움이 있다.					
8	나는 영유아들이 질문할 때, 적절하게 대답할 자신이 있다.					
9	나는 영유아들을 지도하는 교사로서 필요한 능력을 가지고 있는지 염려된다.					
10	나는 나의교수 능력에 대해 외부 전문가로부터 객관적으로 평가받는 것이 꺼려진다.					
11	나는 영유아가 어려움을 나타낼 때 어떻게 지도해야 할지 당황한다.					
12	나는 영유아들이 어떤 것에 관심을 갖도록 하기 위해서 어떻게 해야 할지 모르겠다.					

출처: 조부경 · 백은주 · 서소영(2001).

② 동료평가

동료평가는 교사의 교육현장에서 함께 직무수행을 하는 동료나 주임교사에 의해 이루어지는 평가방법으로 1회 이상의 직접적인 관찰을 통해 평가가 이루어진다. 동료평가 방법에는 세 가지 유형이 있다(Kana & Lawer, 1978; 김정원 외, 2011. 재인용).

첫째, 동료지명 방법으로 자기 자신을 제외한 집단 내의 구성원 중에서 가장 잘하는 사람과 못하는 사람을 지명하는 방법이다.

둘째, 동료평정은 가장 일반적으로 사용되는 방법으로 관리자를 대신해서 동료가 체크리스트를 이용하여 평정하는 방법이다.

셋째, 동료 서열화로 동료들에 대해 가장 잘하는 사람부터 가장 못하는 사람까지 하나, 또는 그 이상의 평가요소에 근거하여 평가하는 것이다.

③ 부모평가

부모들이 교사를 평가하는 것으로 부모와 어린이집 및 교사 사이에 발생할 수 있는 문제를 예방할 수 있다. 평가방법은 교사에 대한 인상을 평정척도에 체크하거나 면접 또는 설문조사를 통해 시행할 수 있다.

3. 보육프로그램 평가

보육프로그램에 대한 평가는 프로그램의 질, 운영과 결과에 대한 정보를 체계적으로 수집하기 위한 과정으로 보육프로그램이 영유아의 발달에 적합하게 구성되어 있으며 효율적으로 운영되고 있는지를 알아보기 위한 것이다.

관찰, 검사, 포트폴리오 같은 평가가 개별 영유아에 대한 평가인 반면 보육프로그램 평가는 영유아에 대한 평가를 포함하여 보육프로그램 운영, 교사 등 전반적인 부분에서 이루어진다. 보육프로그램 평가는 단순하고 표준화된 지표에 의존하기 보다는 다양한 지표들을 사용하여야 하므로(Hyson, 2002) 자료수집방법은 보통 면접법, 체크리스트법, 설문지법, 환경평정척도 등을 조합한 방법이 사용된다.

보육 현장에서 프로그램의 평가란 프로그램의 질적 수준과 효과를 평가하는 것을 의미한다. 프로그램 평가를 정기적으로 실시하여 그 결과를 다음 교육 활동 계획 수립에 활용하도록 하여 보육과정의 질을 개선하고 보육 프로그램의 효율성을 높이는데 그 목적이 있다.

프로그램 평가에는 개별 프로그램 운영의 적절성을 평가하는 것과 여러 프로그램의 효과에 대한 비교 평가를 실시하는 것, 두 가지 종류가 있다.

개별 프로그램 운영의 적절성의 평가는 영유아들의 전인적 성장과 발달을 돕기 위한 보육과정이나 프로그램 계획이 얼마나 적절하며(교육 계획의 적절성), 수업 과정을 통해 어느 정도 실현되었는지(교수-학습 과정의 효율성), 그리고 보육과정 전반에 관해 이루어지는 과정이다(임재택, 1995).

또한 여러 프로그램 효과에 대한 비교 평가는 여러 가지 교육 프로그램 중 어떤 것이 교육적 효과가 높은가를 알아보는 평가로서 프로그램의 개선 및 보완, 어떤 유형의 프로그램을 선정하고 활용하는 것이 좋은가에 대한 정보를 얻기 위하여 실시한다(이은해・이기숙, 1983, 1987).

우리나라의 보육 프로그램에 관한 평가 척도는 일반적으로 물리적 환경과 교육/

보육 계획에 대한 것을 평가하고 있다(조성연 외, 2004). 대부분의 보육 프로그램에 관한 평가 척도는 연구용으로 개발된 것으로 아직 표준화되지 못한 상태이며, 보육 프로그램만 평가할 수 있는 척도는 아직까지 개발되지 않았다(이순형 · 이혜승 · 황혜신 · 이완정 · 이소은 외, 2004).

1) 보육프로그램 평가의 필요성과 목적

보육프로그램 평가는 기관의 철학이나 교육활동의 변화를 결정할 때, 교직원과 영유아, 그리고 학부모의 바람을 확인할 때, 지역사회의 관계 행정기관에 현상이나 문제점을 알리고지 할 때 등과 같이 행정적인 문제점에 직면했을 때 효과적으로 의사결정을 도와준다(Decker & Decker, 1976; 김정원 외, 2011. 재인용).

(1) 보육목표 및 프로그램 목표 달성 확인

보육의 목표가 어느 정도 달성되었는지를 판단하여 보육프로그램의 전반적인 과정을 더욱 발전시키기 위해 평가는 필수적이다. 보육목표의 성취정도를 측정하기 위해서는 그 목표에 의해 선정된 보육의 내용, 보육계획과 방법, 환경구성, 교사와 영유아들의 상호작용 형태 등 보육프로그램의 전반적인 영역이 평가되어야 한다(이순형 외, 2004). 프로그램 평가결과는 새로운 목표설정을 위한 정보로 활용될 수 있다. Spodek이 제시한 교육 프로그램의 평가기준은 다음과 같다(Spodec, 1985, 문미옥 외, 2003; 김경희 외, 2015. 재인용).

- 그 프로그램의 기본 가정은 무엇인가? 아동관, 교육관, 종교관, 교사관
- 프로그램 내용은 어떠한가? 프로그램 내용의 범위, 학습 경험의 계열
- 그 프로그램의 목표는 무엇인가? 장기적 목표, 단기적 목표, 양자관계, 목표의 세분화 정도
- 지도 전략은 어떠한가? 유아와 유아 간의 상호작용의 성질과 그 정도, 교사와 유아 간의 상호작용의 성질과 정도, 유아와 자료 간의 상호작용의 성질과 정도, 지도전략에 대한 서술의 명료성

- 조직은 어떠한가? 시간 조직, 공간조직, 유아집단조직, 요원들의 이용
- 효율성은 어떠한가? 목표의 성취, 다른 프로그램과의 비교
- 실용성은 어떠한가? 프로그램의 경비, 요원들의 자격 요건, 자료들의 조건, 유용한 자료구입의 가능 여부

(2) 교수 · 학습방법 개선

교수는 교수 · 학습과정이 영유아에게 주는 의미를 알아보고 이 과정에서의 경험이 영유아에게 미치는 영향을 파악하기 위해 프로그램을 평가하며 그 결과를 통해 교수 · 학습방법을 개선할 수 있다. 보육프로그램의 질적 수준을 향상시키고 유지하는 데 있어서 교사는 영유아의 학습이 어떻게 이루어지는가? 영유아의 발달 수준에 적합한 교수방법은 무엇인가? 등을 관찰해야 한다. 이러한 관찰을 통해 영유아기 발달단계의 특징과 기본적인 발달적 요구를 고려한 계획과 학습활동에 대한 평가를 실시함으로써 프로그램의 질적 수준을 증진시킬 수 있다.

(3) 보육프로그램 계획

보육프로그램에 대한 평가결과를 다음 프로그램 계획 시 반영할 수 있다. 이때 효과적이라고 평가된 부분은 더욱 발전시키고 문제점이나 부족한 점에 대해서는 변경하거나 보완하기 위한 것이다. 프로그램을 평가할 때는 무엇을 평가할 것인지 명확하고 상세하게 정의해야 하며 어떤 자료가 그 질문에 응답하기 위해 필요한지, 어떻게 자료를 수집하고 분석할지를 결정해야 한다. 그리고 현장에서 나타난 보육효과와 영유아를 위한 바람직한 결과들에 대해 정기적으로 재평가해야 한다.

프로그램의 질적 수준과 효과를 평가하는 프로그램 평가는 교육과정의 질을 개선하고 교육 프로그램의 효율성을 높일 수 있도록 정기적으로 실시하여 그 결과가 다음 교육활동계획 수립에 활용되어야 한다.

4. 부모 평가

1) 부모 평가의 필요성

어린이집과 가정과의 연계가 보육의 질을 결정하는 중요한 하나의 요소가 되기 때문에 부모 평가의 중요성을 간과할 수 없다. 부모는 참여하는 교육의 종류와 참여 수준에 따라 크게 4가지 수준으로 분류되는데(Goodwin & Dricoll, 1980; 황해익, 2004. 재인용),

- 가장 낮은 부모 참여 수준인 프로그램 정보를 제공받는 이로서의 부모
- 부모교육 프로그램에 참여하는 학생으로서의 부모
- 프로그램 자원봉사자로서의 부모
- 가장 높은 부모 참여 수준인 자문위원이나 정책 위원으로서의 부모이다.

2) 부모 평가 방법

일반적으로 부모가 습득한 지식이나 태도, 역할 수행 등 여러 가지 방법에 의해 평가되는데, 부모 면접이나 질문지, 관찰 혹은 가정환경 자극 검사(The Home Observation for Measurement of the Environment; HOME, Caldwell & Bradley, 1980) 등 기존의 다양한 측정 도구를 사용하여 자료를 수집하고 평가할 수 있다.

HOME은 대상 연령에 따라 크게 영아용, 유아용, 아동용의 3가지 유형으로 구성되어 있는데,

- 영아용검사(0~3세)는 부모의 정서적 · 언어적 반응성과 영아 행동에 대한 수용, 물리적 환경과 시간의 조직화, 적절한 놀잇감의 제공, 영아 양육에 대한 부모의 참여, 그리고 일상생활에서의 다양한 자극 제공의 6개 하위 척도에 총 45문항으로 구성되어 있다.

- 유아용 검사(4~6세)는 가정환경의 조직성 및 안정성, 발달을 돕는 자극, 언어적 환경, 욕구를 만족시켜 주는 정도 및 허용, 독립성의 육성, 정서적 분위기, 경험의 다양성, 가정환경의 물리적 측면, 놀이 자료의 9개 하위 영역을 제시하고 있으며 총 88개 문항으로 구성되어 있다.
- 아동용 검사(6~10세)는 정서적・언어적 반응성, 성숙의 장려, 정서적 분위기, 성장을 돕는 자료와 경험 제공, 능동적 자극의 제공, 발달적으로 적합한 자극의 제공에서 가족의 참여 정도, 물리적 환경의 7개 하위 척도에 총 59문항으로 구성되어 있다.

특히 HOME 검사의 목적은 가정 내 물리적 환경의 질과 양, 가정에서 제공되는 발달적 자극의 정도를 측정하기 위한 것으로, 보다 구체적인 적용 목적을 살펴보면 다음과 같다.

- 영유아 발달에 지장을 줄 수 있는 환경의 위험 요소를 판별해 내고
- 부모의 양육 기술 증진을 위한 부모 프로그램을 평가하는 데 사용하며
- 가정환경과 영유아 발달의 관계에 대한 기초 연구에 사용하기 위한 것이다.

이 외에도 부모들이 어린이집의 각종 활동(예: 부모교육에의 참여 횟수나 태도, 부모가 주도한 교사 면담 등)에 얼마나 적극적으로 참여하고 있는지 등을 참고할 수 있는 비 반응적 측정치를 사용하여 평가할 수 있다. 각 원에서 조사하는 부모 만족도 조사가 그 예이다.

아래 〈표 10-11〉은 요즘 부모 모니터링단 활동체크표로 이를 통해 전반적인 모니터링을 접목 원내 부모 평가 자료로 활용하기도 한다.

〈표 10-11〉 **부모 모니터링 체크표**

항목	관찰 내용	평가(√)			비고
		우수	보통	미흡	
1. 예방접종 및 건강검진	① 영유아의 보호자에게 필수예방접종 및 건강검진을 안내한다.	(2)	(1)	(0)	
	② 어린이집 보육교직원의 건강검진을 연 1회 실시하고, 그 증빙서류를 보관한다.	(2)	(1)	(0)	
중략					
12. 아동학대 예방조치	① 보육교직원은 아동학대예방에 관한 외부기관(아동보호전문기관, 육아종합지원센터 등)의 교육을 이수하였거나, 기관 자체적 아동학대 예방교육을 진행하고 있다.	(4)	(2)	(0)	
	② 보육교직원은 아동학대 신고의무자로서의 역할을 알고 있으며, 아동 학대 발견 시 신고 및 상담전화를 이용할 줄 안다.	(4)	(2)	(0)	
	③ 가정에서 아동권리존중(아동학대예방 등)을 위해 실천할 수 있도록 안내한다.	(2)	(1)	(0)	

출처: 보건복지부(2015c).

5. 평가 후의 반영

영유아, 교사, 프로그램 및 어린이집에 관한 평가결과는 영유아보육이 질적인 향상에 도움을 줄 수 있는 방향에서 적용되어야 한다. 이러한 평가결과는 대상 영유아의 현재 발달 수준을 발견하고 이후의 개별화된 학습을 가능하게 해줄 뿐만 아니라, 문제행동을 보이는 영유아를 전문가에 의뢰할 때 유용한 자료로 활용될 수 있다. 평가결과는 가정과 어린이집 간의 친밀한 연계를 위해 가정 통신 또는 면담 자료로 활용되어 부모와 교사 간의 의사소통의 기회를 제공해 줄 수 있다.

평가결과를 바탕으로 자체 연수와 자율장학을 통해 교사로 하여금 질적으로 향상된 역할 수행을 할 수 있도록 도움을 줄 수 있다(이순형 외, 2004; 조성연 외, 2004). 또한 어린이집에 대한 평가결과를 토대로 환경을 개선하고, 효과적인 어린이집 운영에 기초 자료로 활용될 수 있다.

보육평가는 영유아의 전인적인 성장과 발달을 지원하고 지속적으로 보육의 질을 향상시키기 위한 필수적 과정이다. 교사나 어린이집 운영자는 평가의 필요성과 방법을 인식하고 실행하여 그 결과가 다시 보육과정에 적용될 수 있도록 해야 한다. 그러므로 체계적인 평가계획과 그에 따른 평가결과로 영유아에게 도움이 되고, 부모와 교사, 지역사회 및 국가가 만족하는 보육서비스를 제공하도록 할 것이다.

보육 평가는 평가 목적에 따라서 실시되어야 하고 평가결과는 평가 목적에 따라 다음과 같이 활용할 수 있다(황해익, 2004; 보건복지부, 1991). 보육평가의 총체적 활용을 위해 다양한 평가를 시행하여야 함은 물론이다.

① 평가결과는 교사가 유아의 성장 발달을 이해하는 데 좋은 자료가 된다. 장점과 단점을 파악하여 영유아의 욕구를 만족시키며, 발달을 자극할 수 있는 보육경험을 제공하고, 영유아 교육계획의 수립에 활용하며, 영유아의 건전한 성장 발육을 도모하는 데 도움을 줄 수 있도록 활용한다.

② 문제가 있는 영유아를 전문가에게 의뢰할 때 문제해결방안의 기초자료로 활용할 수 있다.

③ 기록을 통해 각 영유아의 향상 정보를 확인할 수 있다.

④ 교사는 영유아에 대한 평가 자료를 부모와의 면담 시 활용할 수 있다. 이러한 평가에 기초하여 효과적인 지도 방법의 대안을 부모와 함께 모색할 수도 있다.

⑤ 보육 프로그램의 운영에 관한 평가결과와 교사의 자기평가 결과는 어린이집 운영에 대한 중요한 지침이 되며, 교사가 질적으로 향상된 역할을 수행하는 데 도움을 주는 방향으로 활용될 수 있다.

⑥ 초등학교에 진학할 때 교육 자료로 활용할 수 있다.

⑦ 정부 차원의 평가는 보육정책 수립이나 어린이집 지원 등에 활용할 수 있다.

생각해 보기

1. 보육평가의 필요성에 대해 설명해 보시오.

2. 영유아평가의 유형을 설명해 보시오.

3. 어린이집의 기타 평가에 대해 논의해 보시오.

제11장
어린이집 평가제

CONTENTS

1. 어린이집 평가제도에 대한 이해

1) 어린이집 평가인증제의 역사

1991년 재정된 「영유아보육법」은 부모의 편의를 목적으로 만들었으나, 2004년에 영유아의 전인적인 성장과 발달에 초점을 맞추어 보육에 대한 국가와 사회의 책임과 어린이집에서의 질 높은 보육을 실시할 수 있도록 전반적으로 개정되었다.

국가의 책임이 확대됨에 따라 정부 예산도 계속 증가하여, 2010년에는 중앙정부 예산만 2조 원에 달하였고, 보육 서비스 질적 수준 제고를 위한 과제로 평가인증제 활성화가 포함되었으며, 이에 따라 보육 예산은 더욱 확대되었다.

평가인증제도란 평가인증을 신청한 어린이집이 평가인증지표를 기준으로 질적 수준을 자체적으로 점검·개선하도록 한 후, 공정한 평가과정을 수행하여 인증을 부여하는 제도(「영유아보육법」 제30조)이다.

우리나라 어린이집 평가인증제도는 2005년에 도입된 이후 2009년까지 제1차 보육시설 인증이 실행되었고, 2010년부터 제2차 어린이집 평가인증을 실시하였다. 제2차 어린이집 평가인증은 평가인증제의 중장기 추진방안 연구들을 기초로 1차 평가인증을 통해 확보된 어린이집의 보편적인 질적 수준을 점진적으로 향상시키고자 추진된 것이다. 또한, 2015년에는 제3차 어린이집 평가인증을 실시하였으며, 2018년부터는 제3차 통합지표를 사용하였다. 통합지표에서는 보육의 질적 향상과 연관이 높은 보육과정 및 상호작용, 교직원 영역의 항목 비중을 높이고, 안전·건강(아동학대 예방 등)을 사용하여 기존 시범지표의 6개 영역(2차 지표 218개)을 4개 영역(통합지표 123개)으로 축소하고, 최하위 평가단위를 축소하여 평가로 인한 현장의 어려움을 약간이나마 해소하였다(보건복지부·한국보육진흥원, 2017).

2004. 1.	2005. 1.~12.	2006. 1.	2010. 2.	2014. 11.	2017. 11.
어린이집 평가인증제도 도입 근거 마련	어린이집 평가인증 시범운영 실시	제1차 어린이집 평가인증 실시	제2차 어린이집 평가인증 실시	제3차 평가인증 시범사업 실시	제3차 어린이집 평가인증 (통합지표) 시행

[그림 11-1] 평가인증제도의 연혁

출처: 보건복지부 · 한국보육진흥원(2017).

2) 어린이집 평가제 전환

이제까지는 어린이집 평가인증의 시기였다면, 2018년 12월 11일 「영유아보육법」 개정안이 공포됨에 따라 2019년 6월 12일부터는 '어린이집 평가제'가 시행된다. 지금까지는 인증을 신청한 어린이집에 한하여 추진되어 온 제도였다면, 평가제로의 전환은 어린이집 질 관리가 전국 모든 어린이집에 대해 의무적으로 이루어지게 된다는 점에서 의의가 있다.

어린이집에 대한 평가에서 지자체의 지도점검 외에는 보육서비스에 대한 질 관리 기제가 없었던 제도 도입 이전에 비해, 어린이집의 평가인증 참여율이 점차 높아지면서 보육의 질적 수준이 전반적으로 향상되었다. 먼저, 어린이집의 물리적 환경이 변하면서 영유아가 생활하기에 청결하고 안전한 환경과 영유아의 놀이에 필요한 놀잇감이 충분하고 다양하게 갖추어졌다. 또한, 인증 준비 과정에서 보육환경과 보육과정, 영유아와의 상호작용, 어린이집 운영관리 등에 대해 지표에서 제시하는 바람직한 실제를 이해하고 적용해 나가면서 교직원들의 전문성은 자연스럽게 향상되었다.

2006년 본격 시행 이후 해마다 평가인증에 참여하여 인증에 통과한 어린이집은 지속적으로 증가하였다. 또한, 2010년부터 인증유효기간 만료에 따라 재인증으로 진입한 어린이집의 인증 통과율은 신규 인증보다 높게 나타났다. 이는 1차 평가인증 참여를 통해 향상된 질적 수준의 영향으로 볼 수 있다. 평가인증 2차 시행에 대한 분야별 간담회 개최 및 설문조사를 실시하여 보육교직원, 전문가, 부모, 공무원 등의 의견을 청취하여 평가인증제도가 보육서비스의 질적 수준 향상에 도움이 되었는지에 대한 질문에 전체 응답자(2,188명)의 90.3%가 '도움이 되었다'고 응답하였고, 평가인증을 통해 가장 도움이 된 부분으로는 어린이집 원장과 보육교사 모두 '어린이집의 환경 개선'(32 8%), '보육서비스의 전반적인 질적 수준 향상'(21.9%), '운영관리의 체계성'(18.1%), '보육교사의 전문성 향상'(15.1%) 순으로 응답하였다(한국보육진흥원, 2017).

이러한 질적, 양적인 발전을 통해 기존의 평가인증보다 아동 존중에 의거한 평가의 전환기를 맞이하게 된 것이다.

평가인증제도 도입 후 십 수 년이 지난 현재, 저출산 및 양육부담에 대한 사회적 책임 강화로 보육서비스에 투입되는 재정 규모가 크게 증가하였고, 영유아 시기의 중요성 및 아동의 권리에 대한 부모와 사회의 인식이 높아졌다.

그러나 평가인증제도는 어린이집의 자발적 신청에 따라 운영되었기에 미인증 어린이집으로 인한 질 관리의 사각지대가 존재하였으며, 최근 아동권리 보호, 아동학대 예방 등 아동 인권 및 안전관리 강화에 대한 사회적 요구 증가로 인해 전체 어린이집의 평가 참여 필요성이 제기되었다.

평가제 시행은 전체 어린이집의 질 관리를 위한 단순한 제도 변화로서의 평가 자체에 목적을 두기보다는 평가를 통해 어린이집이 보육의 질적 수준을 향상시키고 유지하게 함으로써 영유아의 안전과 건강, 조화로운 성장과 발달을 도모하여 부모가 믿고 맡길 수 있는 안심 보육환경 조성에 기여하고자 한다.

3) 평가제의 목적

어린이집 평가제 시행 목적은 다음과 같다.

첫째, 상시적인 보육서비스 질 관리를 위해 주요 핵심지표를 중심으로 질 관리 표준을 제시하고 어린이집 스스로 질적 수준을 제고하도록 한다.

둘째, 전체 어린이집에 대한 주기적 평가를 통하여 보육서비스 품질관리 사각지대를 해소하고 전반적인 보육서비스 수준을 지속적으로 관리하여 국가의 책무성을 강화하고자 한다.

셋째, 궁극적으로 평가제를 통해 보육서비스의 질 향상을 제고함으로써 영유아의 안전과 건강, 조화로운 성장과 발달을 도모하고자 한다. 이를 위해 영유아의 인권과 놀 권리를 보장하고 영유아가 건강하고 행복하게 성장할 수 있는 안심 보육환경을 조성하며, 보육교직원이 영유아보육에 집중할 수 있는 여건을 조성한다.

2. 평가제 운영에 대한 이해

1) 주요 특징

평가제는 전체 어린이집을 대상으로 평가가 원활하게 진행되고 결과 등급별로 질 관리가 지속되도록 설계되었다. 어린이집에는 평가의무가 부여되므로 「영유아보육법」 제44조 제4의6호에 따라 평가를 거부, 방해 또는 기피하거나 거짓, 그 밖의 부정한 방법으로 평가를 받을 시 그에 따른 시정명령 및 행정처분을 받을 수 있다.

어린이집 평가는 정해진 주기에 따라 대상을 선정하여 통보함으로써 시작된다. 대상통보는 총 2회에 걸쳐 진행되는데, 선정통보(1차)는 현장평가 6개월 이전에, 확정통보(2차)는 현장평가 2개월 전에 통보된다. 확정통보를 받은 어린이집에 대해서는 통보 익월부터 기본사항 확인 및 자체점검, 현장평가, 종합평가 등의 과정이 3개월간 진행된다.

각 어린이집의 평가시기는 평가주기와 연계하여 정해지는데, 기존 인증제의 인증유지 어린이집은 인증유효기간과 연계하여 평가시기를 맞추어 대상통보가 된다. 정해진 평가주기 외에 신규개원, 대표자 변경, 행정처분 등의 사유가 발생할 시에는 별도로 정해진 평가시기에 맞춰 통보가 이루어진다. 또한, 평가제 시행 이후에는 평가 참여 수수료를 국가가 전액 부담한다.

이처럼 평가인증제에서 평가제로의 변경과 전환이 이루어지면서 어린이집 평가의 의의가 달라지고, 그에 따른 내용도 달리 구성하였다.

〈표 11-1〉 **평가인증제와 평가제의 특징 비교**

구분	평가인증제	평가제
평가대상	● 평가인증 신청 어린이집	● 전체 어린이집
평가절차	● 어린이집 신청 → 기본사항 확인 → 자체점검 → 현장평가 → 종합평가(총 4개월) 신청 (어린이집) ⇒ 기본사항 확인 (지자체) ⇒ 자체점검 보고서 제출 (어린이집) ⇒ 현장평가 (현장관찰자) ⇒ 종합평가, 결과통보 (종합평가위원회)	● 평가대상 통보 → 기본사항 확인 및 자체점검 → 현장평가 → 종합평가(총 3개월) 대상 통보 (한국보육진흥원) ⇒ 기본사항 확인 및 자체점검 보고서 제출 (지자체, 어린이집) ⇒ 현장평가 (현장관찰자) ⇒ 종합평가, 결과통보 (종합평가위원회)
	● 참여 수수료 어린이집 납부	● 참여 수수료 전액 국가 부담
	● 기본사항: 필수항목 9개, 기본항목 - 필수항목 미준수는 참여 제외 - 기본항목 미준수는 차하위 등급 부여	● 기본사항: 사전점검사항 5개, 위반이력사항 - 사전 점검사항 미준수는 D등급 부여 - 위반이력사항 발생 시 차하위 등급 부여
	● 소위원회와 종합평가위원회에서 심의, 등급 결정	● 소위원회와 종합평가위원회에서 심의, 등급 결정 * 필수지표 및 요소 미충족 시 A등급 불가
	● 재참여, 재평가 과정 운영	● 재참여, 재평가 과정 폐지
평가결과	● 4등급(A, B, C, D), D등급 불인증	● 4등급(A, B, C, D)
평가주기	● 유효기간: 3년(A등급 1년 연장 가능)	● A, B등급 3년 / C, D등급 2년
결과공표	● 평가받은 어린이집의 결과 공시 - 평가인증 결과, 인증이력 등 공개	● 전체 어린이집의 결과 공시 - 평가결과, 평가이력 등 공개

<table>
<tr><th>구분</th><th>평가인증제</th><th>평가제</th></tr>
<tr><td rowspan="2">사후관리 및 등급조정</td><td>● 인증 어린이집 사후 관리
- 연차별 자체점검 보고서 제출
- 확인 점검(무작위, 월 단위 시기 안내)
- 확인 방문(배우자 및 직계존비속 또는 1년 이상 재직교사로 대표자 변경, 주소 변경)
- 인증유효기간 종료</td><td>● 평가 등급별 사후 관리
- 연차별 자체점검 보고서 제출
- 사후방문 지원(C, D등급 의무 실시)
- 확인 점검(평가 관련 민원발생, 법 위반 및 행정처분, 정보공시 부실 어린이집 등에 대하여 불시 점검</td></tr>
<tr><td>● 법 위반 및 행정처분 발생 시 인증 취소</td><td>● 평가 등급 조정 및 관리
- 법 위반 및 행정처분 발생 시 최하위 등급 조정</td></tr>
<tr><td>결과활용</td><td>● 인증어린이집에 대한 행정적, 재정적 지원</td><td>● 평가 등급별 행정적, 재정적 지원 등
● 지도점검 연계(2회 연속 D등급 어린이집)</td></tr>
</table>

출처: 보건복지부(2019).

2) 평가대상 선정 및 통보

(1) 평가대상 및 평가시기

한국보육진흥원에서는 평가주기에 따라 평가대상을 선정하여 해당 어린이집 및 지자체에 통보하고, 6개월 경과하면 현장평가를 진행한다. 다만, 신규개원, 대표자 변경, 소재지 변경, 6개월 이상 운영 중단, 법 위반 및 행정처분 등의 사유 발생 시에는 별도로 평가시기를 정하여 통보한다.

① 인증유지 어린이집은 인증유효기간과 연계하여 평가시기를 통보(유효기간 만료 2개월 전에 현장평가)한다.

② 신규개원, 대표자 변경, 6개월 이상 운영 중단 후 재개한 경우에는 사유 발생일로부터 1년 경과 시 현장평가한다.

- 단, 어린이집에서 희망하는 경우 6개월 경과 후 1년 이내에 평가시기를 조정할 수 있음

③ 소재지가 변경(변경인가일)된 경우에는 6개월 경과 시, 현장평가한다.

④ 인증유지 어린이집이 행정처분 및 법 위반(처분일) 등으로 평가인증이 취소된 경우, 취소 처분월을 기준으로 1년 경과 시에 현장평가한다.

⑤ 미인증 어린이집은 대상 선정통보 후 6개월 경과 시 현장평가한다.

⑥ 국공립 전환 어린이집은 전환 후 3개월 이내에 평가대상으로 확정통보하고, 확정통보월을 기준으로 2개월 경과 시 현장평가(통보 익월 기본사항 확인)한다.

(2) 평가대상 통보 및 확인

한국보육진흥원에서는 평가대상 어린이집을 선정하고, 평가일정을 해당 어린이집 및 지자체에 통보한다.

① 통보 시기: 평가대상 선정통보(1차)는 현장평가월 기준 6개월 전, 확정통보(2차)는 현장평가월 기준 2개월 전에 실시한다.

② 통보 방법: 어린이집 지원 시스템을 통해 평가대상으로 선정된 어린이집에 개별 통보한다.

- 어린이집 지원 시스템을 통해 평가대상으로 선정된 어린이집에 대해 대상 선정 사실 및 평가일정을 통보(1차)하며, 대상 선정통보를 받은 어린이집은 10일 이내에 '평가대상 선정통보서'를 확인한 후 '평가실시에 대한 동의서' 및 '어린이집 정보 확인 및 제공 동의서'를 제출해야 함
- 선정통보(1차)에 의해 '평가실시에 대한 동의서'를 제출한 어린이집에 대하여 확정통보(2차)함
- 어린이집 지원 시스템의 [어린이집 평가] – [평가 진행과정 확인] 메뉴에서 '평가대상 확인 요망'을 클릭하여 평가대상 통보서 확인 및 동의서를 제출함
- 평가대상 통보서 확인 및 동의서를 제출할 시 어린이집의 현재 상태가 '평가대상 확인 완료'로 변경됨

(3) 평가시기 조정

어린이집의 특정 사유로 인해 통보된 일정에 참여하기 어려운 경우에는 3개월 전후로 평가시기 조정이 가능하다.

- 평가시기 조정 희망 어린이집은 평가대상 선정통보일(1차)로부터 익월 1개월 내 어린이집 지원 시스템을 통해 조정신청(조정신청서 및 증빙서류 제출)하고, 한국보육진흥원은 어린이집에서 제출한 조정사유를 최종 확인한 후 그 결과를 해당 어린이집에 통보함

3) 1단계: 기본사항 확인 및 자체점검 보고서 제출

'기본사항 확인 및 자체점검 보고서 제출' 단계에서 지자체(시 · 군 · 구)는 평가대상 확정통보된 어린이집에 대해 기본사항을 확인하고, 어린이집은 자체점검 보고서를 작성하여 제출한다.

(1) 기본사항 확인

한국보육진흥원에서는 평가대상 확정 어린이집 명단을 지자체에 통보하고, 지자체(시 · 군 · 구)에서는 기본사항을 확인하여 그 결과를 정해진 기한 내에 한국보육진흥원에 통보한다.

① 지자체의 기본사항 확인 업무

- 시 · 군 · 구는 해당 기수 평가대상 확정 어린이집의 기본사항(사전점검사항 및 위반이력사항)을 확인하여 그 결과를 정해진 기한 내에 시 · 도에 통보함
- 시 · 도는 시 · 군 · 구로부터 통보받은 결과를 확인한 후, 한국보육진흥원에 최종 보고함

② 기본사항 확인 내용: 사전점검사항(5항목), 위반이력사항

- 사전점검사항 미준수 시에도 현장평가는 진행하되, 종합평가 전까지 개선 완료 여부를 확인하여 반영함(미준수 시 최하위 등급 부여)
- 확정통보월 말일로부터 직전 3년 이내에 위반이력사항이 발생한 경우 종합평가 시 차하위 등급으로 조정함
- 어린이집의 기본사항 확인 결과는 어린이집 지원 시스템의 [어린이집 평가]－[평가 진행과정 확인] 메뉴에서 어린이집의 현재 상태로 확인(기본사항 확인 준수/미준수)

〈표 11-2〉 사전점검사항 및 위반이력사항

〈사전점검사항: 5항목〉

항목	평정	평정 기준
영유아 및 보육교직원 관련 보험 가입	준수	● 모든 영유아에 대한 상해보험과 어린이집에 대한 화재 및 배상보험에 가입되어 있는 경우 ● 임용된 모든 보육교직원에 대한 4대 보험에 가입되어 있는 경우
	미준수	● 영유아 상해보험에 가입되지 않은 경우 ● 화재보험 또는 배상보험에 가입되지 않은 경우 ● 임용된 모든 보육교직원에 대한 4대 보험에 가입되지 않은 경우
어린이집의 설치 기준	준수	● 어린이집 내에 영유아용 화장실, 목욕실, 조리실이 설치되어 있고, 폐쇄회로 텔레비전이 보육실, 공동놀이실 등에 설치되어 있는 경우 * 폐쇄회로 텔레비전의 경우 보호자 전원이 서면으로 동의하여 시·군·구청장에게 설치하지 않을 것으로 신고하거나, 네트워크 카메라를 설치한 경우에는 설치 면제 *「영유아보육법 시행규칙」 제9조 [별표 1] 참조 ● 정원 50인 이상 어린이집에 놀이터가 설치되어 있는 경우
	미준수	● 어린이집 내에 영유아용 화장실, 목욕실, 조리실이 설치되어 있지 않거나 폐쇄회로 텔레비전이 보육실, 공동놀이실 등에 설치되어 있지 않은 경우 ● 인가 공간을 무단 전용하는 경우 *「영유아보육법 시행규칙」 제9조 [별표 1] 참조 ● 정원 50인 이상 어린이집에 놀이터가 설치되어 있지 않은 경우

항목	평정	평정 기준
보육실의 설치 기준	준수	● 인가정원 대비 보육실의 면적이 설치 기준을 충족한 경우 *「영유아보육법 시행규칙」 제9조 [별표 1] 참조 * 기존 어린이집(2005. 1. 29. 이전에 설치 신고된 어린이집)은 구법 적용
	미준수	● 인가정원 대비 보육실의 면적이 설치 기준 미만인 경우 ● 인가 공간을 무단 전용하는 경우 *「영유아보육법 시행규칙」 제9조 [별표 1] 참조
보육교직원 배치 기준	준수	● 보육교직원 배치 기준 중 일반 기준을 모두 충족한 경우 *「영유아보육법 시행규칙」 제10조 [별표 2] 참조
	미준수	● 보육교직원 배치 기준 중 일반 기준을 모두 충족하지 못한 경우 *「영유아보육법 시행규칙」 제10조 [별표 2] 참조
비상재해 대비시설 설치	준수	● 비상재해 대비시설 설치 기준을 총족한 경우(보육사업안내 Ⅰ-11 참조) *「영유아보육법 시행규칙」 제9조 [별표 1] 참조
	미준수	● 비상재해 대비시설 설치 기준을 총족하지 못한 경우(보육사업안내 Ⅰ-11 참조) *「영유아보육법 시행규칙」 제9조 [별표 1] 참조

※ 사전점검사항 미준수 항목이 개선되지 않은 경우 종합평가에서 최하위 등급(D등급)을 부여함

〈위반이력사항〉

구분	확인내용	결과반영
운영정지	●「영유아보육법」 제45조 제1항 제1호에 따라 3백 만 원 이상의 보조금을 거짓이나 그 밖의 부정한 방법으로 교부받거나 유용하여 6개월 이상의 운영정지 행정처분을 받은 경우 ●「영유아보육법」 제45조 제1항 제2호에 따라 3백 만 원 이상의 비용 또는 보조금 반환명령을 받고 반환하지 않은 경우 ●「영유아보육법」 제45조 제1항 제3호에 따라 제44조에 따른 시정 또는 변경명령을 위반하여 6개월 이상의 운영정지 행정처분을 받은 경우 ●「영유아보육법」 제45조 제1항 제4호에 따라 운영정지 이상의 행정처분을 받은 경우 ●「영유아보육법」 제45조 제1항 제5호에 따라 6개월 이상의 운영정지 행정처분을 받은 경우	종합평가 시 차하위 등급 부여
과징금 처분	●「영유아보육법」 제45조의2에 따라 제45조 제1항 제1호 · 제2호 · 제3호 · 제5호의 6개월 이상의 운영정지 행정처분에 갈음한 과징금을 부과받은 경우 ●「영유아보육법」 제45조의2에 따라 제45조 제1항 제4호의 운영정지 이상의 행정처분에 갈음한 과징금을 부과받은 경우	

구분	확인내용	결과반영
보조금 반환명령	● 「영유아보육법」 제40조 제2호 또는 제3호에 따라 3백 만 원 이상 보조금의 반환명령을 받은 경우	종합평가 시 차하위 등급 부여
원장 자격정지 또는 자격취소	● 「영유아보육법」 제46조에 따른 자격정지가 6개월 이상인 경우 ● 「영유아보육법」 제48조에 따른 자격취소	
보육교사 자격정지 또는 자격취소	● 「영유아보육법」 제47조에 따른 자격정지가 6개월 이상인 경우 ● 「영유아보육법」 제48조에 따른 자격취소	
금고 이상의 형	● 어린이집의 설치 · 운영자가 「영유아보육법」을 위반하여 금고 이상의 형을 선고받고 그 형이 확정된 경우	
「아동복지법」 등 위반	● 「아동복지법」 제17조를 위반하거나 「아동 · 청소년의 성보호에 관한 법률」 제2조 제2호의 아동 · 청소년 대상 성범죄 또는 제2조 제3호의 아동 · 청소년 대상 성폭력 범죄를 저지른 경우	
「식품위생법」 위반	● 「식품위생법」 제94조 제1항 제1호 또는 제2호, 제95조 제1호 또는 제4호, 제97조 제1호 또는 제2호를 위반하여 징역 또는 벌금형을 받은 경우	

※ 확정통보월 말일로부터 직전 3년 이내에 위의 위반이력사항이 발생한 경우 종합평가 시 차하위 등급으로 조정

출처: 보건복지부(2019).

(2) 자체점검 보고서 제출

한국보육진흥원은 평가대상으로 확정통보된 어린이집을 대상으로 자체점검 실시 및 자체점검 보고서를 작성하여 제출하도록 안내한다. 평가대상으로 확정통보된 어린이집은 자체점검을 실시하고, 통보된 기한 내에 자체점검 보고서를 작성하여 제출한다.

① 자체점검 시 원장, 보육교사, 원아 부모 각 1인 이상을 포함하여 자체점검위원회(3~7인 이내, 어린이집 운영위원회에서 수행 가능)를 구성하여 평가지표를 기준으로 어린이집의 운영 전반을 점검한다.

② 자체점검 보고서에는 평가항목별 점검결과(Y/N), 총평, 법 위반 및 행정처분 이력사항 등을 작성한다.

③ 자체점검 보고서 제출 시 확정통보월 말일로부터 직전 3년 이내에 법 위반 및 행정처분 이력을 확인하여 제출한다.

- 자체점검 보고서는 어린이집 지원 시스템의 [어린이집 평가] – [평가 진행과정 확인] 메뉴에서 자체점검 보고서 작성을 클릭하여 입력

4) 2단계 : 현장평가

'현장평가' 단계에서는 기본사항 확인 및 자체점검 보고서 제출을 완료한 어린이집을 대상으로 평가지표에 따라 어린이집의 질적 수준에 대한 현장평가 및 보고가 이루어진다.

(1) 현장평가 주간 통보

한국보육진흥원은 기본사항 확인 및 자체점검 보고서 제출을 완료한 어린이집에 현장평가 직전월 말에 1주간의 현장평가 주간을 지정하여 통보하며, 해당 평가 주간 중 현장평가일을 정하여 사전 고지 없이 현장관찰자를 어린이집에 파견한다.

※ 고지된 현장평가 주간은 원칙적으로 변경이 불가능함. 다만, 어린이집의 정상적인 운영 또는 보육교직원의 정상적인 근무가 어려운 경우[예: 보수교육, 상(喪) 등]에 한하여 한국보육진흥원에서 정하는 기준에 따라 어린이집별로 조정 가능함. 어린이집에서는 현장평가 주간을 현장평가월 1주일 전에 어린이집 지원 시스템에서 확인할 수 있음

① 평가 주간 확인 방법

- 현장평가 주간 확인은 어린이집 지원 시스템의 [어린이집 평가] – [평가 진행과정 확인] 메뉴에서 '현장평가 주간 확인'을 클릭하여 확인

② 확인 시기: 기수별 현장평가월 1주일 전

(2) 현장평가 실시

① 현장평가는 어린이집 1개소당 2인(정원 99인 이하 어린이집) 또는 3인(정원 100인 이상 어린이집)의 현장관찰자가 방문하여 1일간 실시한다.

가. 현장관찰자는 실명이 기재된 현장관찰자증을 패용함

- 현장관찰자의 성명을 공개하는 것을 원칙으로 하되 현장평가의 객관성과 공정성을 유지하기 위하여 현장관찰자의 개인정보는 어린이집에 알리지 않음

나. 현장관찰자는 평가대상 어린이집의 보육교직원 근무 및 영유아 재원 상황, 어린이집에서 제시한 하루 일과표와 실내외 배치도를 확인한 후 현장평가를 시작함

다. 현장관찰자는 무작위로 선정된 보육실 2개 반을 중심으로 어린이집의 실내외 전체(인가 공간)를 관찰함

라. 어린이집의 운영 상황을 고려하여 어린이집에서 희망하는 경우 다음과 같이 관찰반을 선정할 수 있음

- 영유아 모두 재원 시, 영아반과 유아반 각 1반씩 포함되어야 함
- 영아반과 유아반을 각각 2개 반씩 무작위로 추첨한 후 어린이집 원장이 2개 반을 최종 선정함

〈표 11-3〉 현장평가 시 준비사항

준비사항	관련 내용
일상적 일과 진행 및 출석 기준 충족	① 현장평가 주간에는 어린이집에 견학 등 행사 없이 일상적 일과가 진행되어야 함 ② 현장평가 당일에는 현원의 2/3 이상의 영유아가 출석하여야 함 ※ 현장평가일에 출석 기준이 충족되지 않아 진행이 불가능한 경우 현장평가가 중단되며, 사유 확인 후 현장관찰자를 재파견함 * 방과 후 아동이 있는 경우의 현원 대비 출석인원 산정 - 방과 후 아동을 제외한 현원의 2/3 이상 예: 현원 33명(종일반 영유아 25명, 방과 후 아동 8명)의 경우, 방과 후를 제외한 종일반 영유아 현원(25명)의 2/3 이상 → 따라서 25명의 2/3 이상=16명 이상

준비사항	관련 내용
현장평가 시 필요한 서류 준비	① 원아 명단: 평가 당일에 현장관찰자가 보육통합시스템을 통해 원아 명단을 출력할 수 있도록 협조 ② 어린이집 실내외 배치도(배치도는 실제 인가받은 공간과 동일하게 준비) ③ 하루 일과표 혹은 일일보육계획안(활동에 따른 시간 명시) ④ 보육교직원(원장, 보육교사) 자격증 사본 ⑤ 임면사항 관련 서류: 보육통합정보시스템 관련 내용 출력물, 임면대장 등 ⑥ 보육교직원 경력 관련 서류: 경력 증명서, 직무 및 승급교육 수료증 등 ※ 직무 및 승급교육 대상자 확인을 위하여 임용되어 있는 모든 보육교직원의 경력 증명서를 비치하여야 함 ※ 직무 및 승급교육의 경우 보건복지부장관이 정하는 직무 및 승급교육 수료증을 반드시 비치하여야 함(보육사업안내 서식 참조) ⑦ 평가지표 관련 문서(예: 보육계획안, 보육일지, 식단표 등) ※ ①, ②, ③은 현장관찰자에게 제출하며, 지표 평정에 필요한 경우 관련 증빙서류(재정 관련 서류 등)에 대한 확인을 요청할 수 있음

출처: 보건복지부(2019).

② 현장평가는 하루 일과 전반에 걸쳐 관찰, 기록(문서) 검토, 면담 등의 방법을 통해 진행한다. 기록(문서) 확인 기간은 다음과 같다.

가. 보육일지: 현장평가월 이전 1개월부터

나. 그 외의 기록(문서): 현장평가월 이전 3개월부터(1년 단위로 이루어지는 항목의 경우 전년도 기록 확인)

③ 현장평가일에는 미임용 보육교직원을 확인하며, 타 어린이집에 임용 중인 보육교직원(원장 포함)은 평가대상 어린이집에 근무하거나 지원활동을 할 수 없다.

④ 현장평가 종료 전 어린이집의 원장과 현장관찰자는 상호 확인 항목에 대해 확인한 후 '현장평가 상호 확인서'에 서명한다.

가. 작성 완료 후 '현장평가 상호 확인서'를 공유(복사본 제공)

- 현장평가 상호 확인서의 항목: 영유아 정원 · 현원 · 출석 현황, 보육실 정보, 어린이집 운영기준, 평가지표 확인 내용 등

나. 현장평가 시 확인한 사항이 허위로 확인될 경우 최하위 등급(D등급)으로 조정

⑤ 어린이집은 원활한 현장평가가 이루어지도록 적극 협조하여야 한다.

- 정당한 이유 없이 현장평가를 거부, 방해 또는 기피할 경우 시정 또는 변경 명령 및 행정처분(「영유아보육법」 제44조 제4의6호)

⑥ 현장관찰자는 현장평가 보고서를 작성하여 제출한다.

- 현장관찰자는 현장평가 후 현장평가 보고서를 작성하여 평가관리 통합시스템에 입력하고, 현장평가 관련 자료를 한국보육진흥원에 제출

(3) 어린이집 운영기준 확인

① 한국보육진흥원은 현장평가 시 어린이집 운영기준 개선의 필요사항이 확인된 경우 시 · 도 및 시 · 군 · 구에 통보하여 개선 여부를 확인한다.

- 확인 항목: 영유아 재원 사항, 보육교직원의 근무 상황

② 시 · 군 · 구는 한국보육진흥원으로부터 통보받은 현장평가 당일에 발견된 어린이집 운영기준 개선의 필요사항에 대하여 확인하고, 그 개선 결과를 7일 이내에 시 · 도에 통보한다.

③ 시 · 도는 시 · 군 · 구로부터 통보받은 사항에 대하여 확인한 후 7일 이내에 한국보육진흥원에 최종 통보한다.

④ 종합평가 전까지 개선 여부가 통보되지 않거나, 미개선된 어린이집에 대해서는 종합평가 단계에서 확인한 후 '최하위 등급(D등급)'을 부여한다.

5) 3단계 · 종합평가

'종합평가' 단계에서는 현장평가를 완료한 어린이집을 대상으로 기본사항 확인서, 자체점검 보고서, 현장평가 보고서 등을 토대로 종합평가가 진행된다.

(1) 종합평가위원회 구성

① 종합평가위원회는 학계전문가, 현장전문가, 보육 담당공무원으로 구성한다.

② 종합평가위원의 위촉기간은 1년을 원칙으로 하되, 재위촉이 가능하다.

※ 소위원회와 종합평가위원회 위원을 겸할 수 없음

(2) 종합평가 진행

① 종합평가는 소위원회와 종합평가위원회에서 진행한다.

② 소위원회에서는 기본사항확인서, 자체점검 보고서, 현장평가 보고서 등을 검토한 후 등급 및 평가결과에 영향을 미치는 사항에 대해 심의하여 종합평가위원회에 안건을 상정한다.

③ 종합평가위원회에서는 소위원회를 거쳐 상정된 안건에 대해 심의 후 전체 종합평가 대상 어린이집의 최종 등급 및 평가주기를 확정한다.

④ 검토한 결과를 토대로 어린이집의 질적 개선 방향을 평가결과서에 제시한다.

(3) 등급 결정 및 평가주기

① 평가결과 등급은 현장평가결과(100%)를 바탕으로 하되, 다음의 등급 조정 사유의 해당 여부에 따라 이를 반영하여 결정한다.

- 확정통보월 말일 이후 「영유아보육법」 제30조 제4항에 따라 최하위 등급 조정 사유, 기타 개선이 필요한 사항에 대한 개선 여부 등을 검토하여 종합평가위원회에서 최하위 등급(D등급)으로 조정함
- 확정통보월 말일로부터 직전 3년 이내 중대한 법 위반에 관한 이력사항(기본사항: 위반이력사항)이 발생한 경우 등과 같이 차하위 등급 조정 사유에 해당하는 경우 차하위 등급으로 조정함

  다만, 법 위반 및 행정처분으로 인해 최하위 등급(D등급) 조정 처분을 받은 어린이집은 차기 평가 시 차하위 등급으로 조정하지 않음

② 어린이집 평가 등급은 4등급(A, B, C, D)으로 구분하며, A · B등급은 3년, C · D등급은 2년의 평가주기를 부여한다.

6) 결과공표

어린이집 평가결과는 매월 15일 전후에 어린이집 지원 시스템의 업무 연락 등을 통해 통보한다.

(1) 평가결과 통보 전

① 통보 전에 어린이집 정보 확인

- 어린이집 지원 시스템의 어린이집 정보는 어린이집 관리, 결과통보, 평가 후 관리에 활용되므로 변동사항이 있는 경우에는 수정하여야 함

② 결과통보 전 설문지 작성

- 평가결과 통보 전 어린이집에서는 변동사항 확인서 및 어린이집용 설문지를 작성하여야 함
- 결과통보 전 설문지 작성 방법: 결과통보 전 설문지는 어린이집 지원 시스템의 [어린이집 평가]－[평가 진행과정 확인] 메뉴에서 '결과 통보 전 설문지 작성'을 클릭하여 입력
- 변동사항 확인서: 평가대상 확정통보 후 행정처분, 대표자 변경 등 변동사항 발생 여부 확인
- 어린이집용 설문지: 평가과정 전반에 대한 의견 수렴용으로 평가제도 발전을 위한 자료로 활용

(2) 평가결과 확인

① 어린이집의 어린이집 등급 및 영역별 등급은 어린이집 지원 시스템의 [어린이집 평가] 메뉴를 통해 확인할 수 있다.

② 확인 방법

- 평가결과는 한국보육진흥원 홈페이지 공지사항, 어린이집 지원 시스템 업무 연락 및 개별 어린이집에 통보함
- 어린이집 지원 시스템의 [어린이집 평가] – [평가 진행과정 확인] 메뉴에서 '평가결과 확인'을 클릭하여 확인

(3) 결과 공표

평가결과(A~D등급) 등 전체 어린이집에 대한 평가 이력 정보를 통합정보공시 홈페이지(www.childinfo.go.kr)에 공개한다.

① 공표 시기: 결과 통보 후 익월 1일

- 평가제가 시행되는 2019. 6. 12. 이후 해당 결과를 공표(단, 인증유지 어린이집은 기존 공표내용을 유지)

② 공표 내용

- 등급 구분 및 정의, 어린이집 및 영역별 등급, 평가결과서, 지역(시 · 군 · 구) 및 설립 유형, 전국 어린이집 등급 분포 등

③ 소명신청 어린이집은 해당 과정 완료 후에 최종 결과를 공표한다.

- 2회 연속 D등급인 어린이집은 지도점검 대상에 우선 선정함

(4) 결과 활용

평가결과에 따라 어린이집 보육서비스 관리, 보육사업에 대한 재정적 · 행정적 지원 등 필요한 조치를 취할 수 있다(「영유아보육법」 제30조 제2항).

3. 평가지표에 대한 이해

우리나라에 비해 보육 선진국들은 보육교직원 및 영유아 프로그램, 제반 어린이집 등에 대해 정부가 주도하여 관련된 다양한 차원을 평가하고, 이를 통해 질 높은 보육 서비스를 제공하기 위해 노력하고 있다. 대표적인 예로, 프로그램의 전반적인 측면을 평가하는 미국의 National Association for the Education of Young Children(NAEYC, 2013)에서는 0~8세까지의 발달에 적합한 보육 및 교육환경을 측정하기 위해 교사-아동 상호작용, 교육과정, 교사-부모 상호작용, 교사자격 및 발달, 운영, 교사 편제, 물리적 환경, 건강 및 안전, 영양 및 급식 등 9개 영역에 걸쳐 프로그램 인증 기준을 제시 · 평가함으로써 보육 서비스의 질을 관리하고 있다. 또한, 미국의 NAFCC(1998)에서도 가정 보육인증 기준을 제시하면서 물리적 환경, 상호 관계, 보육활동, 발달학습 목표, 안전과 건강, 전문성 및 사업 등 6개 영역을 평가해 나가고 있다. 이에 우리나라 또한 평가영역으로 보육환경, 운영관리, 보육과정, 상호작용, 안전, 영양, 부모와 지역사회 협력 등의 평가항목을 시작으로 약 15년의 평가인증제를 운영하며 다변화를 추구한 결과 평가인증에서 평가제로 의무평가제라는 장족의 발전을 하였으며, 2019년 평가제의 영역은 보육과정 및 상호작용, 보육환경 및 운영관리, 건강 · 안전, 교직원으로 현장상황에 맞는 영역과 문항 수의 조정이 이루어졌다.

1) 평가지표의 구성체계

(1) 구성체계

평가지표는 평가영역 〉 평가지표 〉 평가항목 〉 평가내용(평가요소) 순으로 구성된다.

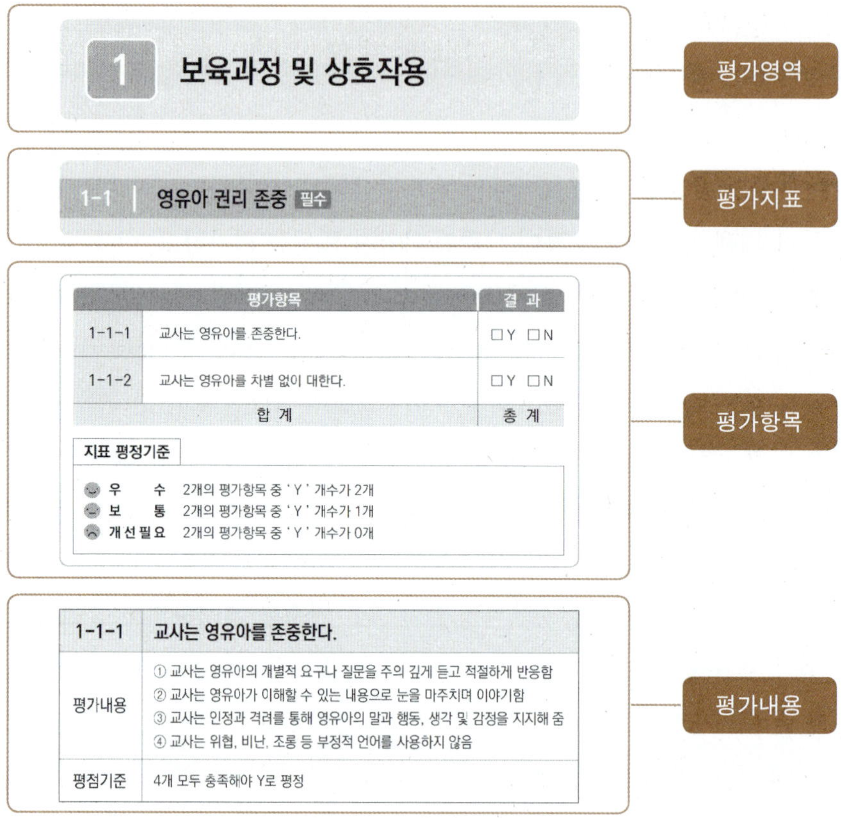

[그림 11-3] 평가제 지표 구성체계

출처: 보건복지부(2019).

(2) 평가방법

평가지표의 평가방법은 관찰, 면담, 기록 확인의 방법으로 이루어진다.

〈표 11-4〉 평가지표의 평가방법

관찰	• 보육환경, 보육과정, 상호작용 등에 대한 관찰을 진행함 • 등원에서 하원까지 일과 동안 이루어짐
면담	• 원장과 교사 등을 대상으로 면담을 진행함 • 평가지표(항목 · 요소)에 관한 실행 여부 및 관련 내용을 확인함
기록	• 평가지표(항목 · 요소)에서 실행 여부 및 내용 확인을 위해 요구되는 관련 기록을 확인함

출처: 보건복지부(2019).

(3) 지표에 따른 어린이집 등급 평정방식

① 평가지표: 각 지표별 평가항목의 '충족' 개수에 따라 3개 등급(우수, 보통, 개선 필요) 중 1개를 부여

* 평가항목은 체크리스트 방식에 의해 '충족(Y)' 또는 '미충족(N)'에 체크

평가항목 수	지표 평정 충족(Y) 항목 수		
2	2개	1개	0개
3	3개	2개	1개 이하
4	4개	2~3개	1개 이하
5	5개	3~4개	2개 이하
6	6개	3~5개	2개 이하
	▼	▼	▼
	우수	보통	개선 필요

출처: 보건복지부(2019).

② 평가영역: 각 영역별 평가지표 중 '우수', '개선 필요' 지표의 개수에 따라 3개 등급(우수, 보통, 개선 필요) 중 1개를 부여

* 평가지표 중 '개선 필요' 등급이 하나라도 있을 경우 개선 필요 등급 부여

<table>
<tr><th>평가영역(지표 수)</th><th colspan="3">영역 평정</th></tr>
<tr><td>1. 보육과정 및 상호작용(5)</td><td>'우수' 지표 4개 이상
(필수 포함)</td><td rowspan="4">'우수' 및 '개선 필요' 등급에 해당하지 않는 경우</td><td rowspan="4">'개선 필요' 지표 1개 이상</td></tr>
<tr><td>2. 보육환경 및 운영관리(4)</td><td>'우수' 지표 3개 이상</td></tr>
<tr><td>3. 건강 · 안전(5)</td><td>'우수' 지표 4개 이상
(필수 포함)</td></tr>
<tr><td>4. 교직원(4)</td><td>'우수' 지표 3개 이상</td></tr>
<tr><td></td><td>▼</td><td>▼</td><td>▼</td></tr>
<tr><td></td><td>우수</td><td>보통</td><td>개선 필요</td></tr>
</table>

출처: 보건복지부(2019).

③ 어린이집 등급: 4개 평가영역 중 '우수', '개선 필요' 등급 개수에 따라 어린이집 등급(A, B, C, D) 중 1개를 부여

〈평가 등급 기준 및 평가주기〉

등급 구분	등급 부여 기준	평가주기
A	4개 영역 모두 '우수'인 경우(※ 필수지표 및 요소 모두 충족)	3년
B	'우수' 영역이 3개 이하이며, '개선 필요' 영역이 없는 경우	
C	'개선 필요' 영역이 1개인 경우	2년
D	'개선 필요' 영역이 2개 이상인 경우	

출처: 보건복지부(2019).

2) 평가지표

평가지표는 제3차 평가인증에서 적용하였던 통합지표(국무조정실 영유아교육보육 통합 추진단의 「유치원 · 어린이집 평가체계 통합 방안」을 기초로 유치원과 어린이집이 공통으로 사용하도록 개발된 지표. 2017년 11월부터 적용)를 기반으로 하되 어린이집의 고유한 특성을 반영하고, 2020년부터 시행되는 개정 누리과정 및 개정 표준보육과정과 맥락을 같이하는 세부내용을 반영하였다.

① 기존 지표 간 항목 수 차이로 인해 나타났던 등급 산정의 불합리성을 해소하고자 지표를 21지표에서 18지표로, 79항목에서 59항목으로 축소하였고, 지표별 평가항목 수를 평균 3~4개로 균형 있게 배치하였다.

② '영유아 안전권리 존중'과 '놀이'의 가치 강조를 통해 영유아 중심의 안심 보육환경을 조성하고자 영유아 권리 존중(1-1) 지표를 필수지표로 지정하여 그 의미를 강조하고, 놀이 중심의 보육과정 운영을 강화하였다. 또한, 급간식 위생 및 안전 항목에는 영유아가 등원부터 하원까지 안전하게 생활하는 데 필요한 필수요소(8개)를 지정하여 필수지표 또는 필수요소 충족이 최상위 등급을 받을 수 있는 필수조건이 되도록 하였다.

③ 보육교직원의 근무 여건 개선과 보육에 집중할 수 있는 보육환경 마련을 위

하여 보육교직원의 처우, 스트레스 관리 관련 지표를 강조하고 직무역량 제고를 위한 항목을 강화하였다.

〈표 11-5〉 평가인증제와 평가제의 주요 평가지표

구분	평가인증제		평가제	
영역 (4)	지표 (21)	항목 (79)	지표 (18)	항목 (59)
Ⅰ. 보육과정 및 상호작용 (31 → 18)	1-1. 보육계획 수립 및 실행	4	1-1. 영유아 권리 존중 **필수**	2
	1-2. 일과운영	5	1-2. 보육계획 수립 및 실행	6
	1-3. 교수-학습방법 및 놀이 지원	6	1-3. 놀이 및 활동 지원	3
	1-4. 교사-영유아 상호작용	6	1-4. 영유아 간 상호작용 지원	4
	1-5. 영유아 간 상호작용 시 교사역할	4	1-5. 보육과정 평가	3
	1-6. 평가	4		
	1-7. 일상생활	2		
	소계	31	소계	18
Ⅱ. 보육환경 및 운영관리 (19 → 14)	2-1. 실내공간 구성	5	2-1. 실내공간 구성 및 운영	4
	2-2. 실외공간 구성	3	2-2. 실외공간 구성 및 운영	3
	2-3. 기관운영	4	2-3. 기관운영	4
	2-4. 가정 및 지역사회와의 연계	5	2-4. 가정 및 지역사회와의 연계	3
	2-5. 어린이집 이용 보장	2		
	소계	19	소계	14
Ⅲ. 건강·안전 (15 → 15)	3-1. 실내외 공간의 청결 및 안전	4	3-1. 실내외 공간의 청결 및 안전	3
	3-2. 급간식	3	3-2. 급간식	3
	3-3. 건강증진을 위한 교육 및 관리	3	3-3. 건강증진을 위한 교육 및 관리	3
	3-4. 등·하원의 안전	2	3-4. 등·하원의 안전	3
	3-5. 안전교육 및 사고 대책	3	3-5. 안전교육과 사고 예방	3
	소계	15	소계	15
Ⅳ. 교직원 (14 → 12)	4-1. 원장의 리더십	4	4-1. 원장의 리더십	3
	4-2. 보육교직원의 근무환경	3	4-2. 보육교직원의 근무환경	3
	4-3. 보육교직원의 처우와 복지	3	4-3. 보육교직원의 처우와 복지	3
	4-4. 보육교직원의 전문성 제고	4	4-4. 보육교직원의 전문성 제고	3
	소계	14	소계	12

출처: 보건복지부(2019).

생각해 보기

1. 평가제의 목적을 설명해 보시오.

2. 평가제의 운영체계를 설명해 보시오.

3. 평가인증제와 평가제의 변경 내용을 설명해 보시오.

제12장
특수보육

CONTENTS

1. 시간연장형 보육 및 시간제 보육

〈표 12-1〉 시간연장형 보육 개념도

- 시간연장형 보육 개념

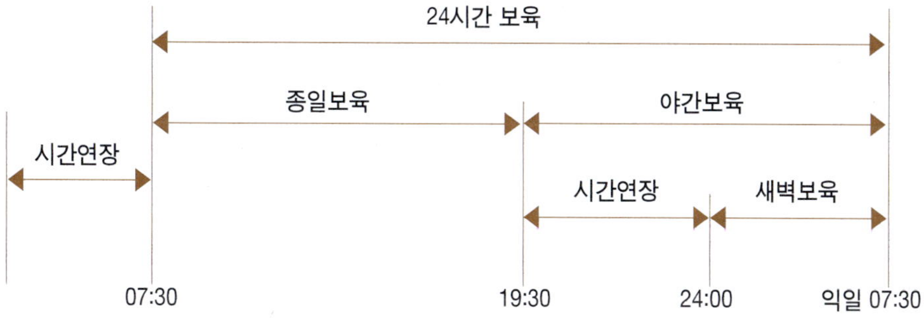

※ 시간연장형 보육 : 24시간보육(종일보육 + 시간연장보육 + 새벽보육), 시간연장보육, 야간보육(시간연장 + 새벽보육), 휴일보육.

출처: 보건복지부(2015).

1) 시간연장형 보육의 필요성과 지원

시간연장 · 휴일 · 24시간 보육 프로그램은 영유아들에게 신체적 · 지적 · 언어적 · 정서적 · 사회적 측면의 균형 있는 발달을 도울 수 있어야 하며, 이러한 서비스를 통하여 부모의 경제적 · 사회적 활동을 지원하여 궁극적으로는 가정의 복지 증진에 기여하는 것을 목적으로 한다(강문희 · 김매희 · 이경희 · 정정옥, 2000).

시간연장형 보육이란 기준 보육시간(07:30 ~ 19:30)을 경과하여 시간을 연장하여 보육하는 것을 말한다. 원칙적으로, 국공립 및 정부 지원 비영리법인시설의 경우 부모의 취업 등으로 1명 이상이 보육 시간 연장을 필요로 할 경우 시간연장형 보육을 의무적으로 실시하여야 한다. 정부 지원시설 및 민간 어린이집 중 시 · 군 · 구청장으로부터 시간연장형 어린이집으로 지정받은 어린이집은 보육료 지원을 받을 수 있으며, 지원 기준은 인건비의 경우 보육 교사를 별도로 채용한 경우에만 지원하며 정부 지원 시설은 시간연장 보육 교사 월 지급액의 80%를 지원하고, 민간 어린이집은 시간연장 보육 교사 1인당 100만 원을 지원한다.

2) 시간연장형 보육 프로그램의 개발

시간연장형 보육 프로그램 개발의 기본 원칙을 살펴보면 다음과 같다.

- 영유아들은 항상 안전한 보육 서비스를 제공받을 권리가 있다.
- 인지적 학습보다는 가정의 사회화 기능을 대행할 수 있는 보육 프로그램이 필요하다.
- 학습 위주의 구조화된 기관 중심 프로그램보다는 원만한 일상생활을 영위하기 위한 지도와 정서적 안정과 사회성 발달 도모에 중점을 두어야 한다.
- 시간 연장 보육 시 발생할 수 있는 각종 안전사고와 비상사태에 적절하게 대처할 수 있는 능력을 갖추어야 한다.
- 담당 교사는 부모 역할 수행을 대행하여 영유아들에게 따뜻함과 정서적 지지를 제공하여야 한다.
- 시간 연장 보육 프로그램은 영유아의 가정복지 증진에 일조해야 한다.

24시간 보육의 경우 가급적이면 가정에서와 같은 환경(수면실 등)과 조 · 석식을 포함한 균형적인 급 · 간식 제공 및 별도의 보육 프로그램(기본생활습관형성, 가족과의 유대 강화 프로그램 등)을 시행하여야 한다.

3) 시간연장형 보육 프로그램의 종류

(1) 시간연장 보육

기준 보육시간(07:30~19:30)을 경과하여 최대 24:00까지 시간을 연장하여 보육 가능한 시설로 해당시설의 종일보육 아동을 연장하여 보육하는 것이 원칙이나, 주간에 다른 어린이집 등을 이용한 경우에도 가능하며 원칙적으로 별도 교사를 두어야 한다. 단, 시간 연장 보육교사 근무수당을 지원받는 어린이집의 경우 교사 겸직 원장이나 보육교사가 시간 연장반 교사 겸임 가능하다. 국공립 및 정부지원 비영리법인시설의 경우 부모의 취업 등으로 1명 이상이 보육시간 연장을 필요로 할 경우에는 시간 연장 보육을 의무적으로 실시(위반 시 과태료 부과 대상)해야 한다.

시 · 군 · 구청장은 국공립시설의 운영자를 신규로 선정하거나 재위탁 계약을 하는 경우에 시간 연장 보육 실시를 전제로 위탁한다. 기 수탁자에 대한 재위탁 심사 시에도 시간 연장 보육을 실시한 운영자에게는 가산점을 부여할 수 있다.

(2) 24시간 보육

24시간 보육은 24시간 동안(07:30~익일 07:30) 보육 서비스를 제공하는 것으로 부모의 야간 경제 활동, 한 부모 또는 조손가정 등의 사유로 불가피하게 주간보육(07:30~19:30)과 야간 보육(19:30~익일 07:30)을 모두 이용하는 보육 형태이다. 시 · 도지사는 지역 내 야간 및 24시간 보육 서비스 수요를 감안하여 정부 지원 시설 및 직장 어린이집을 대상으로 24시간 어린이집을 지정할 수 있으며, 이때 시 · 군 · 구청장은 야간 보육 및 24시간 보육서비스 아동 입소 관리 등을 통해 아동이 장기간 방치되는 사례가 없도록 지도하여야 한다.

이를 위해 24시간 보육 서비스 이용 아동 등록은 반드시 시 · 군 · 구에서 확인 후 등록 승인하고, 주기적인 관리를 실시하여야 한다. 24시간 보육 아동의 부모(보호자)는 최소한 주 3회 이상 아동과 전화 또는 방문 등의 방식으로 아동과 접촉하고, 최소한 주 1회 이상 아동을 가정에 데려가 보호하여야 하며, 상시적으로 어린이집과 연락체계를 유지하여야 한다.

또한 1개월 이상 아동의 보호의무를 해태하거나 연락이 안 될 경우 시 · 군 · 구청장이 아동복지법상 보호조치를 취할 수 있음을 유념하여야 한다(보건복지부, 2012a).

- 야간보육 : 야간보육은 야간(19:30~익일 07:30)에 이루어지는 보육형태이고,
- 24시간 보육 : 부모의 야간경제활동, 한 부모 또는 조손가정 등의 사유로 불가피하게 주간보육(07:30~19:30)과 야간보육(19:30~익일 07:30)을 모두 이용하는 보육 형태로 주간이용과 야간이용 어린이집이 동일한 경우에만 24시간 보육료를 지원한다.
- 시 · 도지사는 지역 내 야간 및 24시간 보육서비스 수요를 감안하여 정부지원시설 및 직장어린이집을 대상으로 24시간 어린이집을 지정할 수 있다.

- 시 · 도지사가 야간보육 및 24시간 보육서비스 수요를 판단할 경우에는 아동복지를 담당하는 부서와 반드시 협의해야 한다.
- 보건복지부장관은 지역별 수요를 감안하여 시 · 도와 협의하여 지정물량을 배정한다.
- 24시간 어린이집을 지정한 경우 시 · 군 · 구청장은 야간보육 및 24시간 보육서비스 아동 입소관리 등을 통해 아동이 장기간 방치되는 사례가 없도록 지도한다.
- 24시간 보육서비스 이용아동 등록은 반드시 시 · 군 · 구에서 확인 후 등록 승인하고, 주기적인 관리 실시한다.
- 지정시설에 대해서는 일정기준에 따라 인건비를 지원한다.
- 시 · 도지사는 국공립 · 법인 등 정부지원시설 및 직장어린이집을 우선적으로 지정하되, 지역별 수요를 감안하여 민간 또는 가정어린이집 등에 대해서도 예외적으로 지정할 수 있다.
- 24시간 어린이집은 보육아동이 수면하기에 적합한 시설(수면실 등)과 조 · 석식을 포함한 급 · 간식 제공 여건 및 자체 야간 보육프로그램을 구비하여야 한다.

(3) 휴일 보육

휴일 보육은 일요일 및 공휴일에 보육하는 것을 의미한다. 인건비 지원대상은 국공립, 법인시설(사회복지시설, 학교 · 종교 부설 설치비 지원 어린이집 포함) 중 휴일 어린이집으로 지정받은 시설이며, 보육교사 1인당 3명 이상 영유아를 5시간 이상 보육할 경우 실제 근무 보육교사에 대해 각각 휴일 근무수당 일일 5만 원을 지원한다.

- 일요일 및 공휴일에 보육하는 시설
- 휴일 어린이집은 공휴일에 보육하는 시설이므로 원래 시설 정원과는 별도로 휴일 보육정원을 책정할 수 있다.
- 지원 대상 : 국공립 · 법인시설(사회복지시설, 학교 · 종교부설 설치비 지원 어린이집 포함) 및 직장 어린이집 중 휴일 어린이집으로 지정받은 시설이다.

- 휴일 보육 교사 대 아동비율은 1:5를 원칙으로 하되, 장애아, 0세아는 보육교직원의 업무량을 고려하여 일부 달리 적용할 수 있으며, 유아로만 편성된 경우 1:7까지 조정할 수 있다.
- 휴일보육 미지정 시설의 경우 시설 당 휴일 반 2개 반을 초과할 수 없다.

4) 시간제 보육

종일제 보육을 이용하지 않더라도 지정된 제공기관에서 시간단위로 보육서비스를 이용하고 이용한 시간만큼 보육료를 지불하는 보육서비스이다. 법령상 명칭은 임시보육이나, 2014년 이후 시간제보육(시간 차등형 보육) 명칭 사용예정이다.

영유아보육법 제26조의2, 같은 법 시행령 제21조의3, 같은 법 시행규칙 제28조의2에 의하며, 보육료 또는 유아학비를 지원받지 않고, 양육수당을 수급 중인 자(6~36개월 미만의 양육수당을 지원받는 영아)로 유아반(36개월 이상~만 5세)의 경우, 시범운영 중으로 추후 운영 지속여부 검토 중이다.

〈시간제보육 세부 운영기준〉

가. 시간제보육 제공기관 설치 기준

- 관련 법령(영유아보육법 제26조의2, 제2항)에 의거, 특별자치시장 · 특별자치도지사 · 시장 · 군수 · 구청장은 다음 각 호의 어느 하나에 해당하는 시설을 임시보육 서비스를 제공하는 기관(이하 이 조에서 "임시보육 서비스지정기관"이라 한다)으로 지정한다. 육아종합지원센터와 어린이집, 그 밖에 임시보육 서비스의 제공이 가능한 시설로서 보건복지부령으로 정하는 시설이다.

〈표 12-2〉 시간제 보육실 설치 기준

필수항목	어린이집	어린이집 외 시간제보육 제공기관
시간제 보육정원	- 5명 (1개 반 기준) - 시간제보육반 정원은 총 정원 내 포함	

<table>
<tr><th>필수항목</th><th>어린이집</th><th>어린이집 외 시간제보육 제공기관</th></tr>
<tr><td rowspan="3">보육실
확보</td><td>- 어린이집 전용면적 4.29㎡(영유아 1인당)</td><td>- 영유아의 실제적 보육 공간
- 21.45㎡ (4.29㎡x 5명) 이상
- 영유아의 실제적 보육 공간 : 영유아가 사용할 수 있는 공간이 연속되어 있는 경우 모두 포함</td></tr>
<tr><td colspan="2">- (공통) 보육실 2.64㎡ (영유아 1인당)</td></tr>
<tr><td colspan="2">- 영유아보육법 시행규칙 제9조 [별표 1]에 따른 보육실 기준 충족
- 육아종합지원센터는 [별표 1]의 제1호 및 제3호 중 층수제한, 조리실, 목욕실, 놀이터는 제외 가능</td></tr>
<tr><td>비상재해
대피시설</td><td colspan="2">- 영유아보육법 시행규칙 [별표 1] 제3호 '가목의 사' 요건 충족 필수</td></tr>
<tr><td>소방설비
기준</td><td colspan="2">- 소방시설 설치·유지 및 안전관리에 관한 법률 시행령 제5조 및 [별표 2]에 따른 '노유자 시설' 중 아동 관련 시설로서 요구되는 ①소화설비, ②경보설비, ③피난설비 등의 요건 충족 필수</td></tr>
<tr><td rowspan="2">보험가입</td><td colspan="2">영유아 보육법 제26조의 2, 제5항</td></tr>
<tr><td>- 안전공제회 '임시보육 특약' 가입 의무
- 임시보육 특약은 '시간제 보육'으로 명칭 변경 후에도 동일 적용됨</td><td>- 가입되어 있는 보험에 '시간제보육 아동' 적용 여부 확인 또는 추가 가입 의무</td></tr>
</table>

출처: 보건복지부(2015c).

- 설치 기준 참고사항

·「2015년도 보육사업 안내」 및 「영유아보육법」 시행규칙 제9조 [별표1] 기준

· 평가인증 통과(유효기간 내 점수가 90점 이상 유지) : 어린이집의 경우에 한하며, '14년도 이후 신규인가 및 대표자 변경된 어린이집은 '15년 말까지 인증을 서약하고 참여 가능하다.

나. 시간제보육 관리기관

- 수행기관 : 시 · 군 · 구 육아종합지원센터(또는 시 · 도 육아종합지원센터)
- 시 · 군 · 구 내에서 시간제보육 제공기관이 지정되어 시간제보육 서비스를 제공하는 경우, 시 · 군 · 구 육아종합지원센터는 관리기관으로서 반드시 참여하여야 하며, 시 · 군 · 구 육아종합지원센터가 설치되지 않은 경우, 시 · 도 육아종합지원센터가 관리기관으로 참여하고 육아종합지원센터에서 시간제보육서

비스를 제공하는 경우 반드시 보육교사와 시간제보육 관리자를 각각 배치여하여야 한다.

다. 인력 관리

- 어린이집 외 제공기관은 육아종합지원센터에서 일괄 채용하여 파견하되, 참여기관 특성에 따라 다르다.

〈표 12-3〉 시간제보육 제공기관 보육교사

구 분	어린이집	어린이집 외 시간제보육 제공기관
채용기관 및 관리	어린이집	육아종합지원센터
채용조건	보육교사 자격 소지자(1~3급) - 경력 : 총 보육경력 3년 이상 - 영아보육 특별직무교육 기 이수자 채용 원칙 - 불가피하게 사전 이수하지 못한 경우에는 채용 후 6개월 이내에 이수할 수 있도록 지속적으로 독려	
담당업무	- 시간제보육서비스 제공 및 부모상담 등 - 그 외 시간제보육 관련 업무	

출처: 보건복지부(2015a).

라. 운영기준

- 보육료 또는 유아학비를 지원받는 아동이 시간제보육반을 이용할 경우에는 전액 본인 부담이므로 원칙적으로 급 · 간식이 제공되지 않으며 아이행복(사랑)카드 이외의 결제수단(현금)으로 결제 시에는 전액 본인부담(시간당 4,000원)하여야 한다.

〈표 12-4〉 대상별 이용 및 지원시간

구 분	시간제보육	
	기본형	맞벌이형
대상 연령	6~ 36개월 미만 영아 ※유아반(36개월 이상 ~ 만 5세)의 경우, 일부기관에서 시범운영 중	
이용 부모	양육수당 수급자인 가정양육 가구	양육수당 수급자 등 시간제 근로자 등 맞벌이가구, 한 부모 가구, 기타 양육부담 가구 등

구분		시간제보육	
		기본형	맞벌이형
지원 시간		월 40시간	월 80시간
보육료	이용 단가	시간당 4천원	
	지원 단가	시간당 2천원	시간당 3천원
	부모 부담	시간당 2천원	시간당 1천원

출처: 보건복지부(2015a).

- 시간제 보육반은 초과보육 불인정이므로 종일제 정원 내, 시간제보육을 위한 5명 이상의 정원 확보하여 운영한다.

〈표 12-5〉 교사 대 영아 비율

반 구분	교사 대 영아 비율
24~35개월 영아만 보육하는 경우	교사 1명 : 영아 5명
6~23개월 영아가 포함된 경우	교사 1명 : 영아 3명 (24개월 미만, 장애아 등이 예약한 경우)
등록 장애아가 포함된 경우	

출처: 보건복지부(2015a).

현재 시간 연장 · 휴일 · 24시간 보육에 대한 사회적 요구는 증대되고 있으나 현실적인 여건은 이러한 요구를 충분히 수용하지 못하고 있다. 따라서 시간 연장 · 휴일 · 24시간 보육에 대한 실태와 요구를 파악하여 보육 현장에서 유용하게 활용할 수 있는 체계적인 시간 연장 · 휴일 · 24시간 보육 프로그램이 개발되고 보급되어야 할 것이다.

2. 장애아 통합보육

1) 장애아 통합보육

장애아 통합보육이란 일반 영유아를 대상으로 한 프로그램 안에 장애 영유아를 함께 배치하여 보육하는 것으로 정의되며, 완전 통합 또는 부분 통합으로 장애 아동이 정규 학급에 배치되는 프로그램으로 적당한 수의 장애 영유아를 환경적, 교육적, 사회적으로 일반 영유아와 함께 보육하는 것을 의미한다. 「영유아보육법」 제1장 제1조와 제2조에 따르면, 보육기관은 6세 미만의 모든 취학 전 영유아를 어떠한 종류의 차별도 받지 아니하고 건강하고 안전한 심신의 보호와 발달 특성에 적합한 보육을 통하여 건강한 사회 구성원으로 육성함과 아울러 보호자의 경제적 · 사회적 활동을 원활하게 함으로써 가정복지 증진에 기여함을 모적으로 한다고 명시하고 있다. 특히 영유아보육법 제4장 제26조에 의하면, 국가 또는 지방자치단체와 사회복지법인 그 밖의 비영리법인이 설치한 어린이집과 대통령령으로 정하는 어린이집에서는 장애아 등에 대한 취약보육을 우선적으로 실시하여야 한다고 규정하고 있다.

우리나라에서는 1994년 특수교육 진흥법 개정에 의해 '통합교육'이라는 용어(「특수교육 진흥법」 제2조 6항)와 그 실행에 관한 법규(동법 제15조)가 명시됨으로써 장애아 통합교육에 대한 법적인 근거가 마련되었다. 즉, 통합교육이라 함은 특수교육 대상자의 정상적인 사회 적응 능력의 발달을 위하여 일반 학교(특수교육기관이 아닌 학교를 말함)에서 특수교육 대상자를 교육하거나, 특수교육기관의 재학생을 일반 학교의 교육과정에 일시적으로 참여시켜 교육하는 것을 말한다고 명시하고 있다. 이러한 측면에서 볼 때, 통합보육의 이념은 정상화(normalization)와 사회 통합(social integration)으로 요약할 수 있다. 정상화의 원리는 될 수 있는 한 장애 영유아에 대한 지원은 문화적으로 정상적인 환경과 분위기 속에서 이행되어져야 한다는 것으로 하나의 시대정신이며, 지역사회통합이란 아동을 격리된 환경에서 물리적으로 옮겨 지역사회 프로그램에 배치하는 것 이상의 의미를 내포하고 있다. 결국 통합보육이란 장애를 지닌 아동들도 비장애 아동들과 동등한 교육의 기회를 갖고 누려야 한다는 평등의 원리에 입각한 것으로, 통합은 본질적으로 비장애 아동들과 장애 아동들을 일반교육체제 속의 시간과 공간에 동등하게 참여시켜 함께 교육받게 하는 것을 의미하는 것이라고 할 수 있다(이현섭 · 김순자, 2001).

이러한 장애아 보육은 장애나 장애 위험을 지닌 영유아들에게 적절한 보호와 교육 및 치료를 제공하여 장애가 미칠 수 있는 부정적인 영향을 최소화하며 장애 영유아들의 가정을 지원하고 나아가 사회 · 경제적인 혜택으로 연결시키는 것이다. 즉, 장애아 보육은 장애아가 지니고 있는 불리한 조건들을 약화시키고, 문제들을 극복하도록 도와주며, 성장과 발달에 긍정적인 영향을 미침으로써 잠재력을 최대한으로 이끌어 낸다는 것을 전제로 한다(조주현, 2004).

2014년 12월 현재 전국 장애아 통합 어린이집은 872개이며, 장애아 전담 어린이집에 비해 국공립 어린이집이 거의 60%를 차지해 상당히 높은 비율을 보이고 있으나 아동 정원에 비해 현재 보육을 받고 있는 장애 영유아의 수는 매우 적다.

그중에서도 장애아 전담 보육은 장애 아동만을 보육하는 것으로 1997년 보건복지부는 장애아 전담 어린이집에 대한 지정과 운영기준을 설정하였다. 하지만 현실적으로 장애아 보육이 활성화되는 데는 많은 한계와 어려움이 있어 장애아 전담 어린이집은 크게 증가하지 못하였으며, 2014년 12월 현재 174개의 장애아 전담 어린이집이 있고, 그중 국공립 어린이집 입소 아동은 3,565명으로 집계되고 있어 전담보육이 통합보육에 비해 보육 아동 수가 약 1.7배 정도 많은 상황이다. 이는 2004년도에 전담 보육 아동이 2배 이상 많았던 상황에 비해 차이가 줄어든 것으로 장애아 보육의 기본 방향인 통합보육의 활성화 결과가 반영된 것으로 볼 수 있다.

2) 장애아 보육 제도

장애아 전담 어린이집은 상시 장애아 18명 이상을 보육하는 국공립, 비영리법인 민간(개인, 가정) 어린이집으로 민간 어린이집의 경우 시 · 도별로 배정된 수량 범위 내에서 전담 어린이집으로 지정받은 경우에 지원 대상이 된다. 장애아 전담 어린이집은 장애의 종류 및 정도에 따라 반을 편성 · 운영하고 12세까지 입소할 수 있다. 또한 장애아 전담 어린이집은 통합보육을 위하여 정원 범위 내에서 장애아의 40%의 비장애아를 보육할 수 있다. 보육 교사는 장애아 3인당 1인, 3인을 초과할 때마다 1인씩 증원하며, 장애아 9인당 특수 교사 자격을 가진 자 1인을 포함해야 한다. 또한 장애아 전담 어린이집은 보육 교사, 특수 교사 배치 기준 외에 장애인복지법이 정하는 장애인 재활시설의 시설별 종사자 기준을 갖추어야 한다. 지원 기준을 살펴보면, 현원이 18명 이상이고 6개 반 이상 편성된 경우 원장 월 지급액의 80%를 지원하고, 보육 교사 또는 특수 교사 소요 현원에 대하여 월 지급액의 80%를 지급하며, 장애 아동 9명당 1명의 치료사(정규 인력으로 채용되었을 경우)에 대하여 월 지급액의 100%를 지원한다(보건복지부, 2012a).

2004년은 장애아 보육에 있어서 무상보육이라는 획기적인 지원을 시작한 해이다. 0~5세에 해당하는 장애인 등록증을 소지한 아동에게 무상보육을 실시하는 것을 원칙으로 하되, 예외 규정으로 입학을 유예한 만 7세(취학 유예 확인서 제출 시)의 장애 아동에게까지 무상보육을 할 수 있으며, 만 0~2세 장애 영아는 장애인 등록증이 아닌 의사의 진단서만으로 무상보육이 가능하게 되었다. 2010년에는 발달지체 의심 아동의 조기 선별을 통해 적절한 치료 및 보육과 연계하여 건강한 사회 구성원으로 성장할 수 있도록 지원하기 위하여 「장애인 등에 대한 특수교육법」 제15조에 따라 특수교육 대상자로 선정된 발달지체 영유아에 대한 무상보육을 확대하였다.

3) 장애아 통합보육의 효과

(1) 장애 영유아

장애 영유아가 정상적인 발달을 보이는 영유아들과 함께 교육을 받음으로써 나이에 적절한 행동을 관찰하게 되고 그러한 행동을 보이는 또래와 상호작용할 수 있기 때문에 의사소통 및 사회성 영역의 발달에 긍정적인 영향을 미친다(이소현, 1997. 재인용). 이렇듯 통합보육을 통하여 장애 영유아의 발달적 성취가 촉진될 수 있는 것으로 나타났으나, 이 같은 발달의 촉진은 물리적 통합에 의해 저절로 성취되는 것이 아니라 교과과정의 운영이나 교수의 질에 의해서 더 많은 영향을 받는 것으로 밝혀져 프로그램의 질적인 면을 중요하게 고려해야 함을 알 수 있다(이소현, 1997. 재인용).

(2) 비장애 영유아

장애 영유아를 통합할 때 흔히 부딪치게 되는 문제 중의 하나는 비장애 영유아에게 부정적인 영향을 미치지 않을까 하는 비장애 영유아 부모들의 우려이다(이소현, 1997). 하지만 선행연구의 결과에 따르면, 통합보육이 비장애 영유아에게 미친 부정적인 영향은 없었으며, 오히려 교과과정과 교수 방법에 대한 신중한 배려로 인하여 발달과 행동적 측면에서 혜택을 받은 것으로 나타났다(이소현, 1997. 재인용).

(3) 장애 영유아와 비장애 영유아의 가족

통합보육에 대한 부모의 태도는 다양하게 보고되고 있다. 연구들에 의하면, 장애 영유아의 부모의 관심사는 자신의 자녀들이 통합 환경에서 필요한 특수교육적 서비스를 잘 받을 수 있는지와 또래들과의 사회적 관계 면에서 거부 당하지 않을지에 대한 것으로 나타났으며, 자녀의 장애 유무와 관계없이 어머니들의 통합에 관한 인식은 긍정적인 것으로 나타났다(이소현, 1997. 재인용).

4) 장애아 보육에서의 다양한 준비 내용

(1) 상호작용에서 장애아동의 관찰의 중요성

장애아동 관찰은 교사가 직접적인 상호작용을 하기 전에 먼저 장애아동을 이해하고자 주의와 관심을 기울이는 행위를 뜻한다. 장애아동의 개별적인 발달 특성, 사회적 경험의 정도, 기질과 문제 행동 등에 있어서 각기 다른 상황에 처한 장애아동 개개인을 이해하는 데 있어, 장애아동의 관찰이 매우 중요하다. 따라서 교사는 장애아동을 관찰함으로써 상호작용에 있어 다음과 같은 도움을 받을 수 있다.

- 장애아동 개인의 발달 정도를 알 수 있다.
- 자연적 상황에서 장애아동 개인의 특성을 알 수 있다.
- 장애아동이 갖고 있는 문제를 분석하고 진단해 볼 수 있다.
- 교사가 장애아동과 상호작용할 때 기초자료가 된다.
- 학부모와의 상담에서 중요한 자료가 된다.
- 교사 자신의 상호작용을 평가할 수 있는 기초를 제공한다.
- 교사의 편견을 줄이고 객관적으로 장애아동을 평가할 수 있다.

(2) 개별화교육계획(Individulized Education Plan: IEP)이란?

장애 영 · 유아가 일반적인 교육과정에 참여하기 위해서는 개별화된 교육 프로그램이 제공되어져야 한다.

개별화교육프로그램이란 각 아동들이 지니는 개인차와 장애로 인한 발달상의 개인차로 인해 단일 교육과정으로는 대상 아동의 필요를 충족시킬 수 없음으로 인해, 교육을 계획하고 실시함에 있어 아동의 발달에 적절한 프로그램을 계획하고 시행하는 것을 말한다.

여기서 개별화란 교사와 아동이 일대일로 교육하는 것이 아닌 교육프로그램이 각 아동에게 맞추어서 작성되는 것을 의미한다(조윤경 외, 2010. 재인용).

〈표 12-6〉 장애아동 개별화 보육 진행과정

입소 전
반배치, 신입 아동 부모 오리엔테이션
↓
입소초기
신입 아동 적응프로그램 현행 수준 파악하기 (관찰/ 상담/ 검사)
↓
초기 평가회의
장·단기 목표 정하기
↓
중간 평가회의
단기목표 수행정도 평가하기 장·단기 목표 수정하기 전이계획하기
↓
최종평가회의
장기목표 수행정도 평가하기

(3) 장애아 평가척도

〈표 12-7〉 주의력 결핍 과잉행동장애 평가척도

총점: 점 평정기준: 그렇지 않다(0점), 가끔 그렇다(1점), 자주 그렇다(2점), 아주 그렇다(3점)		그렇지 않다	가끔 그렇다	자주 그렇다	아주 그렇다
1	학교 수업이나 일, 혹은 다른 활동을 할 때 주의집중을 하지 않고 부주의해서 실수를 많이 한다.	0	1	2	3
2	가만히 앉아 있지를 못하고 손발을 계속 움직이거나 몸을 꿈틀거린다.	0	1	2	3
3	과제나 놀이를 할 때 지속적으로 주의 집중하는 데 어려움이 있다.	0	1	2	3
4	수업시간이나 가만히 앉아 있어야 하는 상황에서 자리에서 일어나 돌아다닌다.	0	1	2	3
5	다른 사람이 직접 이야기하는 데도 잘 귀 기울여 듣지 않는 것처럼 보인다.	0	1	2	3
6	상황에 맞지 않게 과도하게 뛰어다니거나 기어오른다.	0	1	2	3
7	지시에 따라서 학업이나 집안일이나 자신이 해야 할 일을 끝마치지 못한다.	0	1	2	3
8	조용히 하는 놀이나 오락 활동에 참여하는 데 어려움이 있다.	0	1	2	3
9	과제나 활동을 체계적으로 하는 데 어려움이 있다.	0	1	2	3
10	항상 끊임없이 움직이거나 마치 모터가 달려서 움직이는 것처럼 행동한다.	0	1	2	3
11	공부나 숙제 등, 지속적으로 정신적 노력이 필요한 일이나 활동을 피하거나 싫어하거나 또는 하기를 꺼린다.	0	1	2	3
12	말을 너무 많이 한다.	0	1	2	3
13	과제나 활동을 하는 데 필요한 것(장난감, 숙제, 연필 등)을 잃어버린다.	0	1	2	3
14	질문을 끝까지 듣지 않고 대답한다.	0	1	2	3
15	외부자극에 의해 쉽게 산만해진다.	0	1	2	3
16	자기 순서를 기다리지 못한다.	0	1	2	3
17	일상적인 활동을 잊어버린다. (예: 숙제를 잊어버리거나 도시락을 두고 학교에 간다.)	0	1	2	3
18	다른 사람을 방해하고 간섭한다.	0	1	2	3

출처: 조윤경 · 김수진(2008). 유아교사를 위한 특수아동지도.

(4) 장애아 보육 프로그램

2004년 획기적으로 장애아 보육에 있어 무상보육을 실시하였다. 0~5세에 해당하는 장애인 등록증을 소지한 아동에게 무상보육을 실시하는 것을 원칙으로 하되, 예외 규정으로 입학을 유예한 만 7세(취학 유예 확인서 제출 시)의 장애 아동에게까지 무상보육을 할 수 있으며, 만 0~2세 장애 영아는 장애인 등록증이 아닌 의사의 진단서만으로 무상보육이 가능하게 되었다. 2010년에는 발달지체 의심 아동의 조기 선별을 통해 적절한 치료 및 보육과 연계하여 건강한 사회 구성원으로 성장할 수 있도록 지원하기 위하여 '장애인 등에 대한 특수교육법' 제15조에 따라 특수교육 대상자로 선정된 발달지체 영유아에 대한 무상보육을 확대하였다. 이러한 기본적인 관점을 바탕으로 장애 영유아 보육을 위한 적절한 물리적 · 인적 환경이 고려되어야 할 것이다. 다음의 〈표 12-8〉는 장애아 보육과 관련된 필수 교육의 구체적인 내용이다.

〈표 12-8〉 장애아 보육을 위한 기초 교육 내용

번호	범주	구체적인 내용
1	전반적인 필수 기초	- 아동 발달/인지/성격/학습 심리학 및 아동 발달에 대한 전문적인 지식 - 유아특수교육, 응용행동분석, 정서/행동/언어/학습/자폐 장애아 교육 등 특수교육 전반에 걸친 전무적인 지식 - 장애 전반에 대한 이론 및 증상과 특성에 대한 전무적인 지식
2	장애에 대한 진단과 평가	- 장애 정도를 측정하는 다양한 심리/발달 평가 및 진단 검사 도구들에 대한 지식과 적절히 실시하는 기술 - 심리/발달평가 및 진단 검사의 결과를 정확하게 해석하는 기술 - 개별화 교육 프로그램의 과정 및 결과를 정확히 평가하고 대안 적용
3	개별화교육 계획의 수립과 실행	- 장애아를 교육하는 여러 가지 특수교육 프로그램에 대한 지식 - 장애아의 특이성과 선호도를 고려한 교육/치료 프로그램을 선택하고 고안 - 프로그램의 실시 목직에 알맞은 장·단기 계획과 효과적인 전략을 설성 - 장애아의 상태를 정확히 관찰하고 이해하기 위한 방법적 접근 - 장애아의 부정적이거나 공격적인 행동과 반응에 대처하고 인내할 수 있는 행동 지원
4	가족에 대한 지원	- 발달장애아의 부모 및 가족 지원 방법에 대한 지식 - 발달 장애아의 생활환경 및 발달 과정에 대한 정보를 수집하고 분석하고 아동과 부모 및 가족과의 상호 관계를 정확히 파악하는 방법 - 부모 및 가족과의 적절한 의사소통과 상담을 통해 적극적 참여를 유도하는 방법적인 접근

번호	범주	구체적인 내용
5	기관 내와 유관 분야 전문가와의 협력	- 장애아의 보육을 위해 협력하는 팀 구성원으로서의 역할을 수행 - 시설의 보육 프로그램 종료 후 지속적으로 추후 지도하거나 타 기관에 연계하는 방법 - 장애아를 교육/치료하는 유관 분야의 전문가들과 원활히 의사소통하고 관련 정보를 교환
6	행정업무 및 학생 지도	- 장애아에게 알맞은 교육/치료 교재 및 기자재를 선택하거나 제작하는 방법 - 임상실습 수련 과정의 학생들을 지도, 감독하고 평가 - 효과적인 장애아 보육 프로그램 운영을 위해 컴퓨터를 활용할 수 있는 능력

또한 장애 영유아를 위한 보육 프로그램 수행의 기본 관점이 되는 다섯 가지 요소들을 살펴보면,

- 차별되지 않은 보육관: 장애 영유아의 보육활동은 차별되지 않은 일반 영유아의 보육론을 기반으로 한 영유아 발달의 기본적 순서의 공통성을 기초로 보편적인 보육 과제를 통해 장애, 건강, 발달에 초점을 맞춘 보육 활동의 실천이 되어져야 함을 전제로 해야 한다.

- 영유아의 기본적인 인권 보장: 장애를 이유로 외면당해 온 장애아들에게 생존과 발달의 권리 보장이 되어져야 하며, 이 권리 보장은 영유아가 생존하고, 학습하고, 발달한다고 하는 영유아의 기본적인 인권을 실질적으로 보장해 주는 차원에서 이념의 기본적 틀로 삼아져야 한다.

- 유아기에서 성인기에 이르기까지의 총체적인 복지 실천 계획: 장애 영유아의 생존과 발달을 보장하기 위해서는 보육의 장뿐만 아니라 학교교육, 가정교육, 사회교육 등에도 역점을 두면서, 보건의료, 복지, 노동까지 유기적으로 연계를 가지면서 유아기부터 성인기에 이르기까지 장기적인 전망 밑에서 일관성 있는 총체적인 복지 실천의 관점이 필요하다.

- 주권자로서의 장애인: 장애 영유아 보육은 장애인이 주권자로서 사회생활을 영위하고 자립을 달성해 가기 위한 기초를 쌓는 기초 집단으로서 중요한 임무가 있다. 즉, 장애인과 비장애인이 서로의 인격과 인권을 존중하며 민주적인

사회를 형성해 가는 기반이 되는 기초 집단이라고 하는 관점이 우선시되어야 한다.

- 영유아의 주체적인 활동을 존중하는 가치 체계의 확립: 장애 영유아 보육에 관해 과거로부터 자혜적, 자선적인 입장에서 보호나 구호적인 성격이 강했고 특수 교육론적인 입장에서 훈련주의, 적응주의적인 흐름이 강했으나, 이러한 현실을 비판 · 극복하고 영유아의 능동적인 의욕, 주체적인 활동을 존중하면서 각각의 영유아가 가지고 있는 가능성을 최대한 발휘시키는 가치 체계가 확립되어야 한다(서화자, 1999).

마지막으로 장애아는 가족과 함께 지원할 때 더 효과적이라는 연구를 전제로 가족 지원 프로그램을 운영한다. 프뢰벨과 페스탈로치의 시기까지 돌아가, 부모, 가족과 긴밀하게 협력하는 것은 항상 유아교육 철학과 프로그램의 핵심요소가 되어 왔다. 좀 더 최근에는 헤드스타트의 주된 목표 중 하나는 자녀 교육의 부모를 참여시키는 것으로, 오늘날 상당한 수의 유아교육기관의 부모가 운영하는 조합에 의한 것이다(Wardle, 2003a). 더 나아가 Powell이 제안한 것처럼, 가족과 협력하는 우리의 방법은 전통적 대가족의 현대적인 변형으로 기능하도록 하는 가족 지연 시스템으로 유아교육 프로그램을 보도록 관점을 바꾸어 놓았다. 우리가 대상으로 하는 학생과 가족들의 다양성이 증가하는 것을 포함한 여러 이유로 인해, 학교는 가족과의 협력관계를 증진하도록 시도하고 있다(Powell, 1998; Wardle, 2003a. 재인용).

특별한 도움이 필요한 유아의 가족과 유아교육 프로그램 사이의 관계는 새로운 모형을 토대로 한다. 헤드스타트의 초기 성공 사례와 브론펜브레너(Bronfenbrenner, 1979)의 이론, 그리고 다른 이론들에 토대하여 전문가들은 현재 조기개입의 필수요소가 그 유아의 가족과 함께 협력하는 것이라고 믿는다. 양육 기술을 제공하고, 부모가 구체적 교육 프로그램의 목적을 실행할 수 있는 방법과 행동적인 경영 전략을 가지는 것이 포함된다. 가족지원 활동은 장애유아의 가족이 특별한 어려움과 도전에 직면하고 있다는 신념을 기초로 한다. 그러므로 지역사회 서비스, 자원, 추천 프로그램, 부모 간의 네트워킹, 전이 서비스에 접근하는 방법에 관한 정보와 지식을 제공하는 부모 지원 집단처럼 장애아를 양육하는 것과 관련된 문제에 초점을 맞춘다.

① 조기 중재 프로그램에서 부모의 역할

장애아와 일하는 전문가는 가족 지원을 조기 중재의 주된 목표로 삼아야 한다. 이러한 목적을 위해 다음과 같은 지침이 중요하다.

- 장애유아와 일하는 모든 전문가는 그 유아를 위한 모든 노력을 함에 있어 가족을 지원해야 하고, 가족이 궁극적으로는 전문가의 도움 없이 독립적으로 기능할 수 있도록 능력과 힘을 부여한다.
- 전문적 서비스는 독특한 문화와 각 가족의 장점, 가치, 규칙, 기술, 기대, 요구에 맞게 개별화해야 한다.
- 가족들은 법에 포함되어 있는 개념으로 그들과 자녀에게 제공되는 서비스의 본질과 정도를 결정하는 데 주된 역할을 할 권리와 책임을 가지고 있다. 부모들은 모든 가능한 서비스의 사용자이며 이 서비스들을 선택하고 사용하도록 교육받을 필요가 있다.
- 조직은 부모가 자녀를 위한 다양한 지역사회 서비스를 이해하도록 도와야하며, 그들의 모든 잠재력을 위해 서비스를 사용하도록 도와 주어야 한다. 관련 기구들은 서로의 서비스를 상호 조정할 방법을 찾아야 하며, 그들의 서비스가 가족 친화적임을 확신해야 한다.

② 가족 내에서의 놀이

놀이가 모든 장애아에게 매우 중요한 것이라고 믿기 때문에, 장애의 종류나 심각성에 관계없이 우리는 가족이 그들의 자녀와 자주 놀이해야 한다고 생각한다. 아래와 같은 몇 가지 생각이 이 같은 개념을 증진시키는 데 도움을 줄 수 있다.

- 가족들은 유아의 구체적인 장애와 그들의 전반적인 발달을 지지하는 데 있어서의 놀이의 교육적이고 발달적인 가치를 배워야 한다.

- 놀이를 증진시키기 위해 비계설정과 모델링 같은 놀이 기반 활동과 기법을 가족에게 제공하고, 가족들이 이러한 기법을 실행하도록 도와야 한다.
- 가족놀이 집단과 교수학습을 어떻게 효과적으로 만드는지 가족에게 제공한다.
- 유아의 프로그램에서 풍부한 놀이 기회를 제공한다. 만약 유아가 치료나 특수교육 프로그램과 정규 프로그램 사이에서 나누어 시간을 보낸다면, 그 특수교육 기관은 수많은 놀이 기회를 제공하는 것으로 놀이의 가치를 시연해야 한다.
- 장애아 가족들이 놀이하는 것에 대하여 부모협의회 시간에 부모 훈련과 수업을 제공한다.
- 가족놀이를 지원하는 방법에 대해 직접적이고 단순하고 용이하게(부모가 사용하는 언어로 되어 있으며 읽기 쉽고 삽화를 넣은 것) 부모와 의사소통해야 한다.
- 장애아를 가진 부모와 함께 일하는 전문가들을 위한 훈련을 제공하고, 가정에서 놀이를 증진시키는 구체적인 방법을 제공한다.

가족놀이는 장애유아가 성장하고 발달하는 데 도움이 될 뿐만 아니라 가족들이 서로 기쁨을 주고, 느긋한 마음으로 과제 중심에서 벗어나 부모와 장애유아 간의 결속을 강화시켜 주는 데 좋은 기회가 된다.

3. 영아 전담 보육

보건복지부는 국민의 다양한 복지 욕구에 따라 1996년도 영아 전담 시범 어린이집 운영을 시작으로 어린이집에서 영아만 전담하는 '영아 전담 지정 시설'이란 규정을 만들게 되었다. 영아 전담 어린이집은 영아를 전담하여 보육하여야 하나 예외적으로 형제, 자매가 영아 전담 어린이집을 이용한 경우 시설 정원의 40% 범위까지 보육시킬 수 있다. 2014년 말 613개 영아 전담 어린이집에서 29,844명의 영아가 보육되고 있으며, 이들 어린이집에는 원장 및 교사 인건비 80%, 취사부 인건비 100%가 지원되고 있고, 농어촌 어린이집인 경우에는 월 20만 원의 차량 운영비도 지원하고 있다. 하지만 영아 전담 어린이집은 만 3세가 되면 다른 어린이집으로 옮겨야 하는 등 보육의 연속성이 저해되고, 부모의 접근성 및 적재적소 배치 등에 한계가 있어 2005년부터 추가 지정 사업을 중단하고 대신에 2006년부터 민간 시설 영아 기본 보조금 지원을 확대하여 영아 보육을 활성화하고 있어 가정 어린이집은 대부분 영아를 보육 대상으로 하고 있다.

1) 영아 보육의 개념과 필요성

우리나라의 보육 사업 안내서에서는 출생 이후 만 2세까지를 영아로 보고 있다. 영유아보육법에서 '보육'이란 '보호'와 '교육'을 의미한다. 따라서 보육은 영유아의 신체적 보호뿐만 아니라 교육적 차원에서 영유아의 경험과 활동을 자극하고 발달상 적절한 환경을 제공해야 함을 시사한다. 탁아사업이 보호에 중점을 두었으나 영유아보육법에 의한 보육은 보호와 교육 모두에 중점을 두고 있음을 알 수 있다. 현대 사회는 산업화 · 도시화 · 핵가족화 · 기혼 여성의 취업 등으로 인해 가정 내에서 영아 보육이 어렵게 되었으며, 한 부모 가족의 증가 등 가족 구조의 변화로 어린 자녀를 사회화하고 교육하는 데 많은 문제들이 발생됨으로 인하여 영아 보육의 필요성이 사회적으로 확대되게 되었다(배소정, 2004). 어머니의 취업 여부에 따른 영아의 어린이집 이용률은 취업모인 경우 51.3%, 미취업모인 경우 23.4%로 취업 모가 두 배 이상 높게 나타났다. 반면 유아의 경우는 취업모와 미취업모의 어린이집과 유치원 이용률은 유사한 수준으로 보이는 것으로 나타나, 영아의 보육 서비스에 대한 수요는 취업모가 미취업모에 비해 상대적으로 높다는 것을 말해 준다(유해미 · 서문희 · 한유미 · 김문정, 2011).

한편 영아의 경우 소득이 낮을수록 기관보육 및 교육 서비스의 이용률이 높고, 소득이 높을수록 비혈연 개인양육 지원 이용률이 높다는 점에 주목할 필요가 있다. 연구결과에 따르면, 저소득층 가정일수록 영유아 보육문제가 여성의 소득활동 참여기회를 저해하는 주요 요인 중의 하나로 밝혀지고 있다. 따라서 저소득층 여성의 사회적 참여 및 소득 확대를 위해서도 영아보육의 활성화가 필요하다(윤선오, 2002).

2) 영아 보육 프로그램의 영향과 내용

영아 보육 프로그램은 보육에 대한 부모의 요구 및 영아의 신체적 · 정서적 · 사회적 · 인지적 욕구를 충족시키며, 어린이집의 상황과 종사하는 교직원의 요구도 고려되어야 한다. 따라서 기존의 유아 보육 프로그램이나 유치원 교육 프로그램보다 고려하여야 할 측면이 많고 포괄적이고 통합적이어야 한다.

또한 영아를 위한 보육 프로그램에는 먹이고, 씻기고, 안전하게 보호하는 것뿐만 아니라 영아의 사랑받고 싶은 욕구, 탐색하고 알고 싶은 욕구를 충족시켜줄 수 있도록 안전하고 건강한 환경 속에서 적절하게 보호와 교육을 병행해 주는 프로그램이 제공되어야 한다(보건복지부. 1998).

따라서 영아반 교사의 역할은 영아를 돌보아 주는 일상적인 활동 속에서 교육적 경험이 함께 제공되도록 지도하는 것이며, 영아의 발달 특징상 신체 · 생리적인 욕구의 충족에 대해 우선적으로 주의를 기울여야 한다.

4. 방과 후 보육

방과 후 보육은 우리나라에서 방과 후에 대한 어떤 대책도 없이 민간 공부방의 비영리 사업개념에 의존하던 시기에 유아기만이 아닌 아동기의 아동 보호를 위해 생겨난 유형으로 어린이집의 하원 이후 오후 시간에 방과 후 아동을 케어하기 위해 시작되었다. 이는 아동들이 방과 후 성인의 보호를 받지 못하여 올바른 생활습관 형성이나 전인적인 학습 활동이 제대로 이루어지지 못하며, 각종 안전사고의 위험에 노출되어 있고 지나친 TV 시청, 부적절한 비디오 프로그램 시청뿐만 아니라 아동유괴, 성폭행 등에 노출될 가능성이 높아지고 있다는 연구(임재택 외, 1999) 등에 그 필요성이 나타나 있다. 영유아보육법에 만 13세까지 대상연령을 규정하여 보호기관으로 어린이집이 업무 수행을 하였다. 그러나 2004년 초등학생들을 대상으로 하는 방과 후 사업들 간의 중복의 문제로 더 이상 어린이집에서의 방과 후 보육은 확대하지 않기로 조정되었다(서영숙 · 박진옥 · 서혜전, 2009). 방과 후 아동 지도의 유형은 초등학교에서 개설한 방과 후 학교, 저소득층 지역의 종합사회복지관의 프로그램의 하나인 방과 후 교실, 어린이집이나 유치원에서의 방과 후 보육, 청소년수련시설에서 제공하는 청소년 방과 후 아카데미, 대도시 저소득층 밀집 지역의 민간이나 종교시설의 비영리 공부방, 그리고 2004년도 아동복지법의 개정으로 아동복지시설의 하나로 명시된 지역아동센터로 다양화되었기 때문이다.

1) 방과 후 보육의 개념

방과 후 보육은 장애아 보육, 영아 보육과 더불어 특수보육의 한 형태로, 어린이집에서 초등학교 아동을 대상으로 학교에 가지 않는 시간, 즉 방과 전 · 후 시간 동안 아동과 가족을 위해 제공되는 서비스다. 1995년 영유아보육법 개정 이후 2004년까지 특수보육의 한 형태로 발전되어 왔으나 방과 후 보육은 영유아 보육과 마찬가지로 특정 계층과 특정 아동만을 대상으로 하는 것이 아니라 보편주의 측면에서 아동들의 보호 · 교육받을 권리와 어머니들의 일할 권리를 보장해 주기 위한 제도이다. 즉, 계층과 어머니들의 취업 여부를 떠나 모든 아동들이 풍부한 인간관계 속에서 건강하게 자라나도록 지원해 주며, 이를 개인의 책임뿐만 아니라 사회 국가적 책임이라는 차원에서 다루어지는 것을 의미한다(정원주, 2003).

하지만 2004년 이후 정부 지원의 축소와 지역아동센터의 증가로 방과 후 어린이집은 점차 들어들고 있는 추세이며, 2007년 1,007개소, 2009년 554개소, 2014년 351개소로 감소되었다.

2) 방과 후 보육의 필요성

산업화의 진행에 따라 우리나라는 핵가족화, 이혼 및 결손가정의 증가, 이웃 간의 결속력 약화, 맞벌이 부부의 증가 등의 사회적 변화에 직면하고 있으며, 이러한 변화로 인해 아동을 돌보아 줄 친척이나 이웃이 사라지게 되면서 자기보호아동이 증가하는 추세이다(정원주, 2003). 따라서 많은 현재 각종 학원이 아동의 방과 후 보육을 목적으로 나름대로 역할을 수행하고 있으나, 이에 따른 부작용이 지적되고 있다. 즉, 아동이 여러 학원을 다닐 경우 이들에게 신체적 · 정신적 부담을 가중시키고, 수강 시간이 한정되어 있어 그 이후의 보육은 여전히 보장되지 못하고 있는 실정이다. 방과 후 보육의 필요성을 아동의 측면에서 살펴보면, 방과 후 보육은 아동의 복지권과 교육권 보장의 한 방법이라고 볼 수 있다. 헌법, 아동복지법, 영유아보육법뿐만 아니라 아동 권리 협약에서도 방과 후 보육의 근거를 찾아볼 수 있다. 즉, 방과 후 보육은 아동의 전인적 발달과 안전한 보호를 통하여 행복한 삶을 보장하기 위해 필요한 것이다.

3) 방과 후 보육 프로그램과 일과 운영

방과 후 보육 프로그램은 아동과 부모, 초등학교의 요구와 방과 후 어린이집의 환경을 잘 파악하여 아동들에게는 건강하고 안전하며 재미있는 방과 후 시간을 제공하고 부모에게는 안심하고 일할 수 있는 여건을 마련할 수 있는 방향으로 구성되어야 한다. 이러한 목적을 달성하기 위하여 임재택과 동료들(1999)은 방과 후 보육 프로그램의 목표를 다음의 네 가지로 진술하고 있다.

- 아동이 또래와 어울리며 원만한 인간관계를 발달시키고 함께 살아가는 공동체 의식을 배우면서 심리적 안정을 가지도록 돕는다.
- 급간식 제공, 규칙적인 일과 운영, 안전하게 또래와 어울릴 수 있는 공간 마련으로 아동이 부모 및 가정이 안정된 생활을 돕는다.
- 아동의 흥미와 요구를 충족시킬 수 있는 다양한 활동을 제공한다.

- 가정교육과 학교교육을 보완하여 숙제 및 예습 · 복습 지도를 실시하여 학업 성취의 기쁨을 배울 수 있게 한다.

방과 후 보육 프로그램의 일과 운영은 학교 시간표처럼 짜여지지 않은 자유로운 분위기에서 할 일과 하고 싶은 것을 해볼 수 있도록 구성하는 것이 좋다. 즉, 몇 시에 무엇을 한다는 식으로 계획해서 그대로 실천하는 것이 아니라 시간대별로 기본적인 활동만 계획해 두고, 그 계획과 아동의 요구에 따라 느슨하게 일과를 운영해 나가는 것이 효과적이다(임재택 외, 1999). 그 이유는 오전 시간 내내 학교 시간표에 따라 수업을 받느라고 몸과 마음이 긴장된 상태로 방과 후 어린이집으로 오기 때문인데, 가능한 자유로운 분위기에서 교사 중심으로 운영하는 것보다는 아동의 흥미 중심 그리고 놀이 중심으로 교육을 전개하도록 한다. 보육 시간은 4시간 이상으로 아동의 방과 후부터 오후 7시 30분까지 운영한다.

초등학교 방학 기간 동안의 보육 시간 운영은 학기 중과 같이 오후반으로 실시하거나, 제반 여건이 가능하다면 학기 중보다 시간대를 늘려서 종일 운영할 수도 있다. 방학 기간 동안에는 방학 특별 프로그램을 계획하여 다양한 경험을 할 수 있도록 운영한다.

생각해 보기

1. 시간연장의 종류들에 대해 설명해 보시오.

2. 영아전담과 방과후 어린이집의 유형을 설명해 보시오.

3. 어린이집의 장애통합에 대해 논의해 보시오.

참고문헌

강문희 외(2002). 21세기 유아교육. 서울: 학지사.

교육부(1995). 유치원 교육과정에 기초한 유아 관찰 척도.

권대도 외(2011). 보육학개론. 고양 : 양서원.

근로복지공단(2011). 함께 만드는 행복-직장어린이집 운영관리. 근로복지공단직장보육시설 지원센터.

기순신 외(2014). 보육학개론. 경기: 공동체.

김경진(2011). 영유아보육법 제・재정과정에서의 참여집단 활동 연구. 한성대학교 행정대학원 석사학위논문.

김정회・문혁준・심선영・심신영・심지은・심혜금・서소정・안선희・안효진・이희경・정선아・황혜원(2006). 보육학개론. 서울: 창지사.

김규수・박승순・김선혜・권가영(2015). 보육학 개론. 경기: 공동체.

김수희・김지현・김정숙(2014). 보육학개론. 경기: 공동체.

김신옥・민혜영・이혜란・홍길회(2014). 유아발달의 이해. 서울: 창지사.

김익균(2011). 보육정책론. 서울: 교문사.

김정원 외(2011). 보육학 개론. 파주: 양서원.

김제한・곽노의(1995). 유아교육학개론. 서울: 학문사.

김지은(2002). 미국 공보육의 실상과 동향. 한국영유아보육의 공보육화 구현방안. 한국영유아보육학회 2002 추계학술대회 자료집. 133-169.

김태련・서봉연・이은화・홍숙기(1976). CAT : 한국판 아동용 통각검사.

김희진・박은혜・이지현(2000). 유아교육기관에서의 관찰. 서울: 창지사.

나정・장영숙(2002a). OECD 국가들의 유아교육과 보호정책의 동향. 서울: 양서원.

나정・장영숙(2002b). 미국의 유아교육과 보호정책. 서울: 양서원.

나정・장영숙(2002c). 영국의 유아교육과 보호정책. 서울: 양서원.

나종혜・김상림・김송이・신나리・권연희・손승희(2014). 보육학개론. 서울: 양서원.

데이터뉴스(2015. 10. 5). 다문화 소통교육 교사 포럼 개최, “다문화 가정은 ‘다문화’를 싫어한다” … 지난해 다문화가정 자녀수 20만 4000명 넘어서.

류민정(2014). 유치원 및 어린이집의 평가제도 개선방안: 유보통합의 관점에서. 입법과 정책. 6(1). 219-252.

문수백 · 변창진(1997). 한국판 K - ABC.

문혁준 · 김경희 · 김혜영 · 서기남 · 이성복 · 정다운(2012). 어린이집 운영관리. 서울: 창지사.

박경자 · 김송이 · 권연희 · 김지현(2009). 영유아의 사회정서발달과 교육. 서울: 교문사.

박덕숭(2005). 질 높은 서비스를 위한 보육교사의 전문성강화 방안. 교수논문집, 9, 297-323.

박은혜 · 김명순 · 신동주 · 정미라(2003). 세계의 유아교육제도. 서울: 양서원.

박찬옥 · 전경화 · 구수연 · 곽현주 · 정연희 · 서의정 · 백영숙 · 이옥임 · 이예숙(2013). 보육학개론. 경기: 정민사.

방인옥 · 박찬옥 · 이기현 · 김은희(2009). 유아교육과정. 경기: 정민사.

백혜리 · 노은호 · 황성원 · 조미환 · 박종옥 · 이순영 · 곽혜경 · 최효영(2006). 개정 보육과정. 서울: 창지사.

박혜원 외(1996). 한국 웩슬러 유아 지능검사.

배소정(2004). 영아 보육시설의 발전방안에 대한 연구. 아동 교육, 13(1), 133-146.

배호순(2000). 수행평가의 이론적 기초. 서울: 학지사.

보건복지가족부(2008). 0~5세 보육 프로그램.

보건복지부(1998). 영유아보육프로그램. 보건복지부.

보건복지부(2008). 저출산고령화 기본계획. 보건복지부.

보건복지부(2011). 제2차 저출산 고령사회 기본계획. 보건복지부.

보건복지부(2012). 2012년도 보육사업안내. 보건복지부.

보건복지부(2013a). 어린이집 표준보육과정에 기초한 영아보육프로그램2세. 보건복지부.

보건복지부(2014). 보육교직원 자격기준 변경사항 안내. 보건복지부.

보건복지부(2014). 보육통계. 보건복지부 보육정책과.

보건복지부(2014). 어린이집 평가인증 안내 -3차 지표 시범사업용. 보건복지부.

보건복지부(2014). 제3차 표준보육과정. 보건복지부.

보건복지부(2015). 2015 보육사업안내. 보건복지부.

보건복지부(2015). 제3차 어린이집 평가인증 안내. 보건복지부.

보건복지부(2015). 어린이집 학부모 모니터링운영. 보건복지부.

보건복지부(2015). 제1차 ('15~'19)아동정책 기본계획(시안)자료. 보건복지부.

보건복지부(2017). 제3차 어린이집 평가인증 안내. 보건복지부.

보건복지부(2019). 2019 어린이집 평가 매뉴얼. 한국보육진흥원.

보건복지부 · 교육과학기술부 · 육아정책연구소(2012). 3~5세 연령별 누리과정지원을 위한 시도 교육청 강사요원 중앙연수 자료집. 육아정책연구소.

보건복지부 · 중앙보육정보센터(2013). 어린이집 표준보육과정 및 0~2세 영아보육 프로그램의 이해. 중앙보육정보센터.

보건복지부 · 한국보육진흥원(2017). 제3차 어린이집 평가인증 설명회 자료.

서문희 · 신희연 · 송신영(2009). 보육시설 평가인증 효과 분석. 육아 정책연구소.

서문희 · 양미선 · 이정원 · 김온기 · 원종욱 · 송신영(2013). 어린이집의 질 제고를 위한 평가인증제도 중장기 개편방안. 육아정책연구소.

서문희 · 조애정 · 김유경 · 최은영 · 박지혜 · 최진원(2005). 2004년 전국보육 · 교육 실태조사 · 보육 · 교육 이용 및 욕구 실태조사 보고. 서울: 여성부 · 보건사회연구원.

서봉연 외(1985). 한국판 지능검사.

서영숙 · 김경혜(2006a). 보육학개론. 서울: 양서원.

서영숙 · 김경혜(2006b). 영유아보육론. 서울: 양서원.

서영숙 · 박진옥 · 서혜전(2009). 방과후 아동지도. 아동 학회지, 30(6), 281-295.

서울특별시(2005). 보육시설의 설치와 운영. 서울특별시.

서울특별시보육정보센터 홈페이지 (http://children.seoul.go.kr)

서화자(1999). 장애 영유아 발달 권리 보강을 위한 보육제도와 실천에 관한 연구. 사회복지정채, 8, 149-171.

심성경 · 백영애 · 이희자 · 이영희 · 변길희 · 김은아 · 박유미 · 박주희(2014). 보육학개론. 경기: 공동체.

심성경 외(2015). 보육학개론. 경기: 공동체.

어린이집안전공제회 · 중앙육아종합지원센터(2014). 어린이집 교직원 안전교육 교재.

우정순(2014). 유능한 교사의 첫 출발 보육실습. 서울: 태영출판사.

유구종 · 조희정(2007). 개정 영유아보육학개론. 경기: 공동체.

유구종 · 조희정(2015). 보육학개론. 경기: 공동체.

유해미 · 서문희 · 한유미 · 김문정(2011). 영아 양육비용 지원 정책의 효과와 개선방안-양육 수당을 중심으로. 서울: 육아정책연구소.

육아정책개발센터(2008). 2008 보육시설 평가인증 지침서(40인이상 보육시설).

육아정책연구소(2011). 교육청 강사요원 중앙연수 자료집. 육아정책연구소.

윤선오(2002) 지방자치 단체의 국.공립 영아 전담 보육시설 설치 및 운영에 관한 연구. 산업기술연구논문지. 5(1), 385-390.

윤홍식(2014). 보육정책의 공공성 강화 방향. '보육시스템 대안은 무엇인가?'. 참여연대 토론회 자료집.

이경선(2000). 보육의 질에 영향을 주는 관련 변인 연구. 성균관대학교 대학원 박사학위 청구논문.

이경희(1995). 유아교육기관의 질적 수준, 유아의 기질, 가정양육 환경이 사회성 발달에 미치는 영향. 서울여자대학교 대학원 박사학위 청구논문.

이기숙(2008) 영유아교육과정. 고양: 공동체.

이남주 · 김소양 · 이재삼 · 장현주(2013). 보육학개론. 경기: 공동체.

이미화 · 서문희 · 최윤경 · 엄지원(2012). 보육서비스 품질 제고를 위한 어린이집평가인증 발전방안 연구. 육아정책연구소.

이민경(2001). 아동발달에 영향을 미치는 보육관련변인에 관한 메타분석. 숙명여자대학교 대학원 박사학위 청구논문.

이소현(1997) 장애 영유아 통합교육의 동향 및 과제. 인간발달 연구, 25(1), 1-10.

이순형 외(2004). 보육학 개론. 서울: 학지사.

이순형 · 이혜승 · 권혜진 · 이영미 · 정윤주 · 한윤주 · 성미영 · 권기남 · 김정민(2014). 아동관찰 및 행동연구. 서울: 학지사.

이은해 · 이기숙(1983) 유아교육 프로그램 유형에 따른 효율성에 관한 연구. 교육학 연구, 21(2), 80-104.

이은해 · 이기숙(1987) 유치원교육의 효과에 관한 종단적 연구. 교육학 연구, 25(2), 119-137.

이은해 · 최혜영 · 신혜영(2003). 어린이집 프로그램 관찰척도: 사용지침. 서울: 다음세대.

이현섭 · 김순자(2001) 장애 유아의 통합보육에 대한 교사의 태도. 산업과학기술연구소보, 8, 338-353.

임승렬(2001). 유능한 유아교사의 학급운영 문제와 그 해결방안. 서울: 다음세대.

임재택(1995). 현대유아교육과정. 파주: 양서원.

임재택 외(1999). 방과후 보육 프로그램 개발연구. 영유아보육연구, 5, 51-69.

전남련 · 김재환 · 이해배(2007). 아동행동 연구 및 관찰평가. 서울: 창지사.

전용신(1970). 고대-비네검사.

정옥분 외(2010). 보육학개론. 서울: 학지사.

정원주(2003). 방과후 보육 서비스에 관한 학부모 만족도 조사연구. 협성논총, 15, 107-136.

조부경 · 백은주 · 서소영(2001). 유아교사의 발달을 돕는 장학. 파주: 양서원.

조성연 외(2004). 영유아보육론. 서울: 학지사.

조성자(2005). 유아교육의 역사와 철학적 이해. 서울: 창지사.

조윤경 · 김수진(2008). 유아교사를 위한 특수아동지도. 경기: 공동체.

조윤경, 김수진 외 (2010). 장애아보육 운영 매뉴얼. 한국보육진흥원.

조주현(2004) 장애 영유아의 보육 현황과 개선 방안에 관한 연구. 인천대학교 행정대학원 석사학위 청구논문.

조혜경 · 곽혜경 · 구경선(2015). 보육학개론. 서울: 창지사.

중앙보육정보센터(2012). 2012년 어린이집 운영서식 및 문서자료집.

천은영 · 유수정(2014). 보육학개론. 정민사.

통계청(2010). e-나라지표.

통계청(2014). e-나라지표.

한국보육진흥원 평가인증 사무국(2012). 2012 어린이집 평가인증 안내.

한국보육진흥원(2011). 다문화보육의 이해와 적용. 한국보육진흥원.

한국보육진흥원(2013). 어린이집 원장사전직무교육. 한국보육진흥원.

한국보육진흥원(2015). 보육교사 승급교육교재. 한국보육진흥원.

한국보육진흥원(2017). 어린이집 평가인증 12년.

황해익 · 임재택(2004). 영유아관찰 및 평가. 경기: 양서원.

Caldwell, B. M., & Bradley, R. H.(1980). *The Home Observation for Measurement of the Environment*. little Rock : University of Arkansas at little Rock.

Caldwell, B.(1991). Educare: New product, new future. *Developmental and Behavioral Pediatrics*, *12*(3), 199-205.

Decker, C. A., & Decker, J. R. (2001). Plamming and administering early Childhood program (7th ed). Columbus, OH: Prentice-Hall.

Dunn, L.(1993). Proximal and distal features of ay care quality and children's development. *Early Childhood Research Quarterly*, *8*, 167-193.

Essa, E.L.(2003). *Introduction to Early Childhood Education*. New York: MacMillan Publishing Co.

Harms, T., & Clifford, R. M. (1980). *Early childhood environment rating scale*. New York: Teachers College Press.

Harms, T., Clifford, R., & Cryer, D. (1990). *Infant/toddler environment rating scale*. New York: Teachers College Press.

Harms. T., Clifford, R., Cryer, D. (1998). *Early Childhood Environment Rating Scale*(Rev. ed.).

New York: Teachers College Press.

Howes, C., Philips, D. A., & Whitebook, M.(1992). Thresholds of quality implication for the social development of children in center-based child care. *Child Development*, *63*, 449-460.

Hyson(2002) Curriculum and Assessment in Early Childhood Program. *Young Children*, *May*, 56-57.

Johnson. J. E., Christie. J. F., & Wardle. F.(2006). 놀이, 발달, 유아교육 (이진희 · 손원경 · 안효진 · 유연옥 DUR). 서울: 아카데미프레스. (원전은 2009년에 출판)

Karz, L(1980). Morhering and teaching - Some significanr distincrions. *Current Topics In Earty Childbood Education*, *3*, 47-64.

McCartney, K.(1984). The effect of quality of day care environment upon children's language. *Developmental Psychology*, *20*, 244-260.

Ruopp, R., Travers, J., Glantz, F., & Coelen, C.(1979). *Children at the center: Final results of the National Day Care Study*(Vol. 5). Cambridge, MA: Abt Associates.

Smith, A. B.(1996). Early childhood educare: Quality programmes which care and educate. (ERIC Document Reproduction service No. ED 403 053).

Spodeck, B.(1985). *Teacbing in the earty years*(3rd Ed.). New Jersey: Prentice-Hall. Inc.

Thomas, A., & Chess, S.(1991). Temperament in adolescence and its functional significance. In R. M. Lerner, A. C. Pertersen, & J. Brooks - Gunn(Eds.). *Encyclopedia of adolescence*(Vol.2). NY: Garland.

Vandell, D. L., & Powers, C. P.(1983). Day care quality and children's free play activities. *American Journal of Orthopsychiatry*, *53*, 493-500.

Wardle, F.(2003a). *Introduction to Early Childbood Education*. Boston: Allyn and Bacon.

Wortham, S.C.(2005). *Assessment in Early Childhood Education*. New Jerey: Pearson Merrill Prentice Hall.

보건복지부 홈페이지. http://www.mw.go.kr

중앙보육정보센터 홈페이지 http://central.childcare.go.kr

한국보육진흥원 평가인증사무국 https://www.kcpi.or.kr

한국보육진흥원 평가인증사무국 http://www.kcac21.or.kr

저자 약력

박 희 숙

전) 서울 성동구 육아정책심의위원, 성동구 육아종합지원센터 운영위원

현) 백석예술대학교 사회복지학부(영유아보육전공) 교수

김 란 옥

전) 종합환경연구단지어린이집 원장, 백석예술대학교 사회복지학부 외래교수

현) 국공립 서창그린어린이집 원장

김 정 실

전) 시흥시 육아종합지원센터장

현) 유피영유아교육연구소장

우 정 순

전) KC대학교 보육교사교육원 전임교수, 서울시청직장어린이집원장

현) 영유아교육연구소 소장

제3판

보육학개론

초 판 1쇄 발행 2016년 1월 20일
개 정 1쇄 발행 2017년 8월 28일
제3판 1쇄 발행 2019년 8월 20일

지 은 이 | 박희숙 · 김란옥 · 김정실 · 우정순
펴 낸 이 | 김기섭
편 집 인 | 김민수
펴 낸 곳 | 창지사 www.changjisa.com
08589 서울시 금천구 가산디지털 1로 83 파트너스타워 1차 9층
전화 (02)719-2211~3
팩스 (02)701-9386
등 록 | 1977년 4월 28일 · 제1-421호

ISBN 978-89-426-1223-9 (93370)

값 21,000원

「이 도서의 국립중앙도서관 출판예정도서목록(CIP)은 서지정보유통지원시스템 홈페이지(http://seoji.nl.go.kr)와 국가자료공동목록시스템(http://www.nl.go.kr/kolisnet)에서 이용하실 수 있습니다.(CIP제어번호: CIP2019032067)」